Basiswissen Testautomatisierung

Thomas Bucsics ist als Automatisierungsexperte, Testmanager und Trainer für die ANECON Software Design und Beratung GmbH im Bereich Softwaretest tätig. Seit 2010 ist er als ISTQB® Certified Tester – Full Advanced Level zertifiziert.

Manfred Baumgartner leitet das strategische Geschäftsfeld Softwaretest bei der ANECON Software Design und Beratung GmbH und ist seit 25 Jahren im Bereich Softwaretest und Qualitätssicherung tätig. Seine umfangreichen Erfahrungen bringt er in viele Präsentationen auf Konferenzen im gesamten deutschsprachigen Raum und in Artikeln und Büchern zum Thema Softwaretest ein.

Richard Seidl leitet den Bereich Verifizierung, Validierung & Test bei der GETEMED Medizin- und Informationstechnik AG. Seine Leidenschaft gilt Software, die den Anwender rundum zufrieden macht: durch Topqualität, intuitive Bedienung und Erfüllung der Bedürfnisse. Seine Vision: Der Anwender muss Spaß an der Applikation haben – ganz gleich ob App, Website oder Business Application.

Stefan Gwihs ist begeisterter Softwareentwickler, Softwaretester und Testautomatisierer für die ANECON Software Design und Beratung GmbH. Aktuell beschäftigt er sich vor allem mit Themen im Bereich mobiler Testautomatisierung und agiler Softwareentwicklung.

Thomas Bucsics · Manfred Baumgartner ·
Richard Seidl · Stefan Gwihs

Basiswissen Testautomatisierung

Konzepte, Methoden und Techniken

2., aktualisierte und überarbeitete Auflage

dpunkt.verlag

Thomas Bucsics
thomas.bucsics@gmail.com

Manfred Baumgartner
manfred.baumgartner@anecon.com

Richard Seidl
mail@richard-seidl.com

Stefan Gwihs
stefan.gwihs@anecon.com

Lektorat: Christa Preisendanz
Copy-Editing: Ursula Zimpfer, Herrenberg
Herstellung: Frank Heidt
Umschlaggestaltung: Helmut Kraus, www.exclam.de
Druck und Bindung: M.P. Media-Print Informationstechnologie GmbH, 33100 Paderborn

Bibliografische Information der Deutschen Nationalbibliothek
Die Deutsche Nationalbibliothek verzeichnet diese Publikation in der Deutschen Nationalbibliografie; detaillierte bibliografische Daten sind im Internet über http://dnb.d-nb.de abrufbar.

ISBN:
Buch 978-3-86490-194-2
PDF 978-3-86491-705-9
ePub 978-3-86491-706-6
mobi 978-3-3-86491-707-3

2., aktualisierte und überarbeitete Auflage

Wieblinger Weg 17
69123 Heidelberg

5 4 3 2 1 0

Vorwort zur 2. Auflage

»Mit Testautomatisierung automatisch besser!?«

100% Testabdeckung, 400% Effizienzsteigerung, deutlich reduziertes Risiko, schnellere Time to Market und stabile Qualität – das waren und sind die Versprechen der Testautomatisierung oder besser gesagt jener, die mit Werkzeugen und Beratungsleistungen rund um dieses Thema ihr Geld verdienen. Und seit dem Erscheinen der ersten Auflage dieses Buches steht der Einsatz von Testautomatisierung auf der To-do-Liste von vielen, in Wirklichkeit fast allen Unternehmen, die Software produzieren oder implementieren. Die versprochenen und erwarteten Ziele wurden aber kaum erreicht. Im Gegenteil: Es gibt eine große Diskrepanz zwischen den in den Hochglanzprospekten der Werkzeughersteller dargestellten Errungenschaften und der in vielen Unternehmen vorhandenen Unsicherheit bezüglich des erfolgreichen und nachhaltigen Einsatzes von Testautomatisierung.

Mit der aktuellen und in weiten Teilen überarbeiteten zweiten Auflage von »Basiswissen Testautomatisierung« wollen wir Dreierlei:

Erstens, Sie davor bewahren, dass Sie aufgrund überzogener Erwartungshaltungen enttäuscht werden. Testautomatisierung ist nicht eine Frage der Werkzeuge, nicht ein Auftrag, die Marketing-Schlagworte diverser Hersteller umzusetzen, sondern lediglich ein Instrument, das es Ihnen ermöglicht, die stetig wachsenden Anforderungen an den Softwaretest besser zu bewältigen.

Zweitens, Ihnen eine Anleitung geben, wie Sie dieses Instrument bestmöglich nutzen können. Dabei stehen insbesondere die Langfristbetrachtung, die Nachhaltigkeit der Investition und der tatsächliche Business Value im Vordergrund. Diese Aspekte messen sich nicht in einer Codeabdeckung oder in einer Anzahl von Testskripten, sondern am Total Cost of Ownership der Applikationsentwicklung und -evolution sowie am Nutzen und Anwenderfeedback am Markt.

Drittens haben wir neue, wesentliche Aspekte der Testautomatisierung eingearbeitet. In erster Linie seien hier der automatisierte Test mobiler Applikationen und das Thema Service-Virtualisierung als Voraussetzung stabiler komplexer Testabläufe genannt.

Mit Testautomatisierung automatisch besser? Nein! Eine Fertigungsmaschine, die falsch justiert ist, liefert nur Ausschuss. Wenn sie unzulänglich bedient wird, erzeugt sie zufällige und unbrauchbare Ergebnisse. Wenn sie nicht oder unpassend gewartet wird, kommt sie zum Stillstand oder wird gar unbrauchbar. Ausgebildete Mitarbeiter, nachhaltige Konzepte, das Bewusstsein, dass Testautomatisierung ein wesentlicher Produktionsfaktor ist, und der verantwortungsvolle Umgang mit diesem sind Voraussetzung dafür, dass die Potenziale und Möglichkeiten dieser Technologie auch tatsächlich realisiert werden können. Und dies ist in den meisten Fällen auch erfolgskritisch, denn Testautomatisierung ist unabdingbar, um in agilen Projektumwelten stabile Qualität liefern zu können, um mit der Geschwindigkeit moderner Continuous-Delivery-Verfahren Schritt zu halten und gleichzeitig die langfristige Wirtschaftlichkeit von Softwareentwicklungsprojekten insgesamt zu gewährleisten.

Für die Umsetzung in Ihrem Unternehmen wünschen wir Ihnen viel Erfolg. Begleitende Informationen zu diesem Buch und weitere wertvolle Hinweise zum Thema Testautomatisierung finden Sie auf unserer Internetseite *www.software-test-automation.at*.

Thomas Bucsics, Wien 2015
Manfred Baumgartner, Wien 2015
Richard Seidl, Potsdam 2015
Stefan Gwihs, Wien 2015

Danksagung

Die Autoren danken den tatkräftigen Unterstützern Michael Hombauer, Silvia Seidl, Sonja Baumgartner, Dominik Schildorfer, Anita Bogner, Christian Mastnak, Roman Rohrer, Martin Schweinberger, Stefan Denner, Stephan Posch, Yasser Aranian, Georg Russe, Vincent Bayer sowie den Unternehmen ANECON Software Design und Beratung GmbH und GETEMED Medizin- und Informationstechnik AG.

Geleitwort von Mark Fewster[1]

Seit es uns Menschen auf diesem Planeten gibt, haben wir immer danach getrachtet, mithilfe von Werkzeugen unser Leben zu vereinfachen, Aufgaben schneller zu erledigen und unsere Fähigkeiten zu erweitern. Vom Faustkeil des Steinzeitmenschen über die Erfindung des Rades bis hin zu den hoch technisierten Produktionsmaschinen von heute: Werkzeuge sind ein integraler Bestandteil und Ausdruck unserer Evolutionsgeschichte. Daher ist es kein Wunder und nur ganz natürlich, dass wir solche auch beim Testen von Software einsetzen möchten. Allerdings gibt es über den natürlichen Instinkt hinaus noch weitaus überzeugendere Gründe für den Einsatz von Testwerkzeugen.

Das Erfordernis, Software in besserer Qualität immer schneller und billiger liefern zu können, treibt die Suche nach einfacheren Methoden des Testens voran. Werkzeuge sind dabei eine der effektivsten Möglichkeiten, genau diese Ziele zu erreichen.

Testen ist eine herausfordernde Tätigkeit, die sowohl Denken als auch Aufwand erfordert. Das Denken ist notwendig, um einerseits das zu testende System zu analysieren und andererseits zu identifizieren und zu priorisieren, was getestet werden soll. Darüber hinaus müssen Testfälle geschrieben werden, die Fehler aufzeigen, und der Tester muss entscheiden, wann diese Tests und etwaige Wiederholungen durchgeführt werden. Ohne entsprechende Gedankenarbeit wird der Test kaum erfolgreich Fehler finden und lediglich dazu führen, dass er als ineffektiv, zu teuer und aufwendig wahrgenommen wird.

Softwaresysteme sind immer größer und komplexer geworden. Dies gilt in gleicher Weise für die Anforderungen an das Testen. Das Wachstum für den Testbedarf verläuft somit nicht linear, sondern exponentiell. Wenn zu einem bestehenden System ein neues Feature hinzugefügt wird, ist nicht nur dieses Feature und seine Funktionsfähigkeit zu

1. Die Übersetzung des Geleitwortes aus dem Englischen erfolgte durch Manfred Baumgartner. Das Original ist auf der Website zum Buch *www.software-test-automation.at* zu finden.

testen, sondern auch die kombinatorische Explosion der Interaktionen zwischen dem bestehenden System und dem neuen Feature. Und mit jeder Erweiterung wächst die Anzahl möglicher Interaktionen.

Eine Veränderung in einem Teil der Software kann zu neuen Fehlfunktionen führen bzw. bisher unbekannte Defekte in anderen Teilen der Software aufdecken. Daher darf sich der Testumfang nicht nur auf Regressionstests der Veränderung selbst beschränken, sondern muss das gesamte System, inklusive Interaktion zwischen bestehendem System und neuen Features, berücksichtigen. Darüber hinaus müssen viele Tests für mehrere Umgebungen wiederholt werden. Tests werden nicht nur einmal durchgeführt, sondern mehrmals mit jeder neuen Version der Software über die gesamte Nutzungsdauer hinweg.

Diese repetitive Arbeit kann einen solch großen Anteil am Testeinsatz einnehmen, dass für den kreativen Teil des Testens nur mehr wenig Raum bleibt. Darunter leidet die Qualität des Tests und in der Konsequenz die Qualität der Software.

Es ist daher nur verständlich, dass Werkzeuge insbesondere dort eingesetzt werden, wo Tests immer und immer wieder erneut durchgeführt werden müssen – und mag es nur dem Ziel dienen, ausreichendes Testen innerhalb eines akzeptablen Zeitrahmens sicherzustellen. Darüber hinaus vermag der Werkzeugeinsatz dabei zu helfen, immer gründlichere Regressionstests innerhalb eines vorgegebenen Zeitraums durchzuführen. Am reizvollsten ist jedoch der Aspekt, dass Werkzeuge die Regressionstests übernehmen und den Testern damit mehr Freiraum für die kreativen Aspekte des Testens verschaffen. Damit wird neben der Qualität des Tests auch die Effizienz und Effektivität vom Test als Gesamtheit erhöht (der Werkzeuggebrauch kann dabei helfen, mehr Fehler zu finden).

Testwerkzeuge für den Regressionstest zu nutzen ist nur der erste und augenscheinlichste Schritt, wenn es darum geht, Werkzeuge einzuführen, die letztlich das gesamte Spektrum der Testaktivitäten unterstützen können.

Zusätzlich zu den Vorteilen, die durch die Automatisierung von Regressionstests erreicht werden können, helfen uns Testwerkzeuge dabei, Tests durchzuführen, die rein manuell nicht möglich sind. Damit unterstützen sie uns, detaillierter, tiefgreifender und vielfältiger zu testen.

Es ist leicht nachzuvollziehen, dass der Werkzeugeinsatz im Testbereich großes Potenzial hat. Die Verwendung von Werkzeugen ermöglicht es, Tests mit kürzeren Zeitaufwänden durchzuführen. Außerdem können Tests zu Zeiten erfolgen, zu denen menschliche Tester normalerweise nicht verfügbar sind – etwa in der Nacht und am Wochenende.

Bei all diesen überragenden Vorteilen, warum nutzt dann nicht jeder Werkzeuge für den Softwaretest?

Der Erfolg beim Einsatz von Testwerkzeugen ist nicht automatisch garantiert. In der Tat haben viele Organisationen versucht, Testwerkzeuge einzuführen, und sind dabei kläglich gescheitert. Der unzweckmäßige und uninformierte Werkzeugeinsatz kann großen Schaden anrichten. Selbst das einfachste Tool kann missbräuchlich verwendet werden. Halten Sie sich dafür ein dreijähriges Kind vor Augen, dem wir einen Hammer in die Hand geben – ein einfaches und effektives Werkzeug, das bei unsachgemäßer Handhabung jedoch sehr gefährlich und schädlich sein kann. Wenn wir nicht verstehen, wie wir Werkzeuge gut und adäquat einsetzen, kann das Endresultat darin bestehen, dass wir eher Zeit und Ressourcen verschwenden, als sie zu sparen. Falsch eingesetzte Tools können zudem falsche oder irreführende Informationen liefern.

Das Problem ist, dass Testwerkzeuge – trotz ihres Namens – uns das Testen nicht abnehmen. Sie sind letztlich Werkzeuge, leblose Dinge, des Denkens und der kreativen Analyse nicht fähig. Sie können nicht die Verantwortung für das Testen übernehmen. Sie können lediglich die Aktivität der handelnden Personen unterstützen. Ohne menschlichen Einsatz haben sie keinen Wert.

Um Testwerkzeuge erfolgreich einsetzen zu können, müssen Testautomatisierer, Tester und Testmanager die Einsatzmöglichkeiten und Beschränkungen eines jeden verwendeten Werkzeugs kennen. Ein verbreiteter Grund von Testautomatisierungsversagen liegt in unrealistischen Erwartungen begründet. Beispielsweise wird ein Testmanager, der davon ausgeht, im ersten Monat nach Einführung eines Testwerkzeugs doppelt so effektiv bei lediglich der Hälfte der Kosten zu sein, sehr enttäuscht werden.

Testmanager müssen auch den Unterschied zwischen Test- und Automatisierungsfähigkeiten verstehen. Um automatisierte Testfälle zu schreiben braucht es Zeit, Wissen und Fähigkeiten, die sich grundlegend von jenen unterscheiden, die notwendig sind, um zu testen. In gleicher Weise sollten sich die Verantwortlichkeiten für das Testen und die Automatisierung unterscheiden. Testmanager müssen aus ihrer Rolle heraus sicherstellen, dass Einzelpersonen wissen, wann sie sich auf die Automatisierung von Tests und wann auf das Testen als solches konzentrieren sollen.

Testwerkzeuge einzuführen braucht Zeit und führt letztlich dazu, dass sich Testprozesse ändern. Diese Veränderung muss kontrolliert stattfinden, um zu gewährleisten, dass ein koordinierter und konsistenter Zugang die erwünschten Vorteile des Werkzeugeinsatzes sicherstellt und gleichzeitig Fallstricke vermeidet.

Erfolg in der Testautomatisierung bedeutet den Einsatz derselben im Rahmen einer gesamtheitlichen Teststrategie. Damit ist Werkzeugunterstützung und nicht die Übernahme der Testtätigkeiten durch Werkzeuge gemeint.

Qualifizierte Menschen werden immer ein integraler Bestandteil des Testprozesses sein. Jedoch führt die wachsende Größe und Komplexität unserer Systeme und der gestiegene Anspruch an hohe Qualität in kurzer Zeit und mit geringen Kosten dazu, dass der Einsatz von Testwerkzeugen nicht mehr optionaler, sondern essenzieller Bestandteil eines reifen Testprozesses ist.

Wie können wir sicherstellen, diese Werkzeuge gut und weise einzusetzen? Das ist der Sinn und Zweck des vorliegenden Buches.

Egal, ob Sie erst mit Testautomatisierung beginnen wollen oder nach Wegen zur Verbesserung bereits bestehender Automatisierungsansätze suchen – hier sind Sie richtig. Lesen Sie weiter und lernen Sie von den Autoren – erfinden Sie das Rad nicht neu. Nutzen Sie die aus jahrelanger Erfahrung destillierte Weisheit.

Ich wünsche Ihnen viel Erfolg bei Ihren Automatisierungsvorhaben!

Mark Fewster
Grove Software Testing Ltd., 2015

Geleitwort von Harry M. Sneed

Die nunmehr zweite Auflage von »Basiswissen Testautomatisierung« untermauert deutlich die Notwendigkeit des Einsatzes von automatisierten Testverfahren in der modernen Softwareentwicklung. Ohne leistungsfähige Testwerkzeuge ist der Test komplexer IT-Systeme und erst recht eingebetteter Echtzeitsysteme kaum vorstellbar. Solche Systeme mit ihren vielfachen Nutzungsvariationen stellen die Menschen vor eine manuell nicht zu bewältigende Aufgabe, vor allem nicht in der Zeit, die ihnen dafür zur Verfügung steht. Zu bedenken ist, dass diese Systeme Tausende Durchlaufpfade und Abertausende Datenzustände haben. Um nur einen repräsentativen Ausschnitt davon abzudecken, werden mehrere Zehntausend Testfälle benötigt. Testfälle, die nicht nur einmal ausgeführt werden, sondern immer wieder, jedes Mal, wenn sich das System ändert. In einer iterativen Entwicklung wird der Test ebenfalls viele Male wiederholt, bis das Produkt überhaupt freigegeben wird. Dies ohne Testautomatisierung zu bewältigen ist undenkbar. Insofern ist die Automatisierung der Testaufgaben eine unabdingbare Voraussetzung für die Entwicklung und Erhaltung größerer Softwaresysteme.

Demzufolge muss sich jeder Tester von größeren Softwaresystemen mit Testwerkzeugen auseinandersetzen. Er muss wissen, welche es gibt und welche zu seinem spezifischen Test passen. Es genügt nicht, sie nur bedienen zu können. Er muss auch in der Lage sein, sie zu evaluieren und zu beurteilen. Das setzt voraus, dass er weiß, was er von ihnen erwarten kann, was automatisierbar ist und was nicht. Die Testlandschaft ist sehr vielfältig geworden. Sie hat mindestens drei Dimensionen:

- Eine horizontale Dimension der unterschiedlichen Systemtypen wie eingebettete Systeme, Prozesssteuerungssysteme, Standalone-Systeme, vernetzte Systeme, Webapplikationen, Telekommunikationssysteme usw. Jede Systemart wird anders getestet und das bedeutet, dass verschiedene Testwerkzeuge benötigt werden.
- Eine vertikale Dimension der abzuarbeitenden Testaktivitäten, z.B. Testplanung, Testspezifikation, Testdesign, Testdatenerstellung,

Testausführung und Testauswertung. Jede Aktivität stellt eigene Aufgaben, die gelöst werden müssen. Daraus folgt, dass jede Testphase andere Anforderungen an die Testwerkzeuge stellt. Hierzu kommen auch die unterschiedlichen Teststufen wie Komponententest, Integrationstest, Systemtest und Abnahmetest.

- Eine dritte Dimension ist die technische Testumgebung, bestehend aus Hardware und Software. Für eine Mainframe-Testumgebung werden andere Werkzeuge benötigt als für eine Client-Server-Umgebung oder für eine vernetzte Webumgebung. Im Gegensatz zu den Entwicklungswerkzeugen, die von der Zielumgebung unabhängig sein können, müssen die Testwerkzeuge zu der jeweiligen Testumgebung passen.

Dies erklärt die Vielfalt des Toolangebots: Das breite Angebot ist nur eine Antwort auf die breit gefächerte Nachfrage. Tester brauchen nicht ein Tool für alles, sondern ein Tool zu jedem Zweck in jeder Situation. Da es kein allumfassendes Testwerkzeug geben kann, das wäre die sogenannte eierlegende Wollmilchsau, müssen sich Tester mit einem Testwerkzeugkasten ausrüsten, ein Kasten mit dem richtigen Tool für jeden Zweck. Es ist von Vorteil, wenn die verschiedenen Tools miteinander kompatibel sind, besser ist es, wenn sie miteinander verknüpfbar sind, und noch besser, wenn sie aufeinander aufbauen. Der Tester wird immer mit der Frage konfrontiert, ob er das »best of breed«-Tool für den jeweiligen Zweck nimmt oder ob er das Tool verwendet, das mit den anderen Tools am besten integriert oder integrierbar ist.

Manche Testwerkzeuge werden als Standalone-Lösung zu einer bestimmten Testaufgabe angeboten, andere als Teil einer Werkzeugfamilie. Es hängt von der Projektsituation ab, welche Alternative der Testverantwortliche wählt. Für einmalige, vorübergehende Projekte genügen Standalone-Werkzeuge. Für dauerhafte, wiederholende Projekte ist es preiswerter und effektiver, wenn die Werkzeuge integriert sind. Dann ist nämlich die Kontinuität des Tests am besten gewährleistet.

Die Fähigkeit zu entscheiden, welche Testwerkzeuge wo und wann einzusetzen sind, setzt voraus, dass sich der Testverantwortliche mit der Testautomatisierung auskennt. Die Fähigkeit, die gewählten Testwerkzeuge richtig einzusetzen, setzt wiederum voraus, dass der einzelne Tester mit den Möglichkeiten und Grenzen der Testautomatisierung vertraut ist. Beide Voraussetzungen werden durch dieses Buch geschaffen. Das Buch zielt sowohl auf den Testverantwortlichen als auch auf den durchführenden Tester ab.

Dem Autorenteam ist es gelungen, beiden Zielgruppen – Testmanagern und Testern – gerecht zu werden. Im ersten Kapitel erfahren Sie, warum Sie sich mit Testautomatisierung befassen sollten. Es gibt eigentlich keine Alternative, um das Mengenproblem des Testens zu bewältigen.

Im zweiten Kapitel lernen Sie, wie Testautomatisierung in den Testprozess einzubinden ist. Ein mehr oder weniger willkürlicher, unkontrollierter Einsatz von Werkzeugen, ohne diesen einen geordneten Prozessrahmen zu geben, ist ebenso wenig zweckmäßig wie die Definition theoretischer Abläufe und Methoden, die ohne eine verfügbare Werkzeugunterstützung nicht sinnvoll umsetzbar sind. Der Diskurs zwischen den Anforderungen und deren Machbarkeiten ist in jedem Unternehmen, oft auch in jedem Projekt immer wieder aufs Neue zu führen, denn beide Dimensionen unterliegen laufenden Anpassungen und Innovationen.

Das dritte Kapitel erläutert die unterschiedlichen methodischen Ansätze zur Testfall- und Testdatenspezifikation, die wie im manuellen Test auch in der Testautomatisierung eine wichtige Voraussetzung darstellen. Das Kapitel beschreibt weiterhin verschiedene Arten der Durchführung von automatisierten Tests und welche möglichen Fehlerquellen lauern.

Das vierte Kapitel zeigt, wie ein automatisiertes Testframework aufzubauen ist. Dies ist für Tester wichtig, die verschiedene Testwerkzeuge einsetzen und miteinander verbinden oder eine eigene Testarchitektur aufbauen wollen. Sie lernen hier anhand praktischer Beispiele, wie man vorgeht, um so einen Werkzeugrahmen zu bauen, nach dem Motto »selbst ist der Mann«. Dies ist in vielen Fällen notwendig, wenn es darum geht, die Werkzeuge anzupassen. Hierfür gibt es bewährte Muster bzw. Patterns, die von den Autoren geschildert werden.

Dazu gehört auch das grundlegende Verständnis der verschiedenen Testautomatisierungsansätze, z.B. der skriptgetriebene Ansatz, der datengetriebene Ansatz, der schlüsselwortgetriebene Ansatz und der modellgetriebene Ansatz. Hier lernt der Leser, dass hinter jedem Testwerkzeug eine Testideologie steckt, eine Grundannahme, wie man testen sollte. Wer die zugrunde liegende Ideologie eines Werkzeugs nicht versteht oder nicht akzeptiert, wird sich mit dem Einsatz des Tools schwertun. Des Weiteren geht es um die Bedienung der Werkzeuge durch den Tester. Viele Werkzeuge unterscheiden sich in ihren technischen Konzepten im Handling der vielfältigen Applikationsszenarien. Es ist ein Unterschied, ob eine Webapplikation, Webservices oder Client-Server-Systeme zu testen sind. Es ist etwas anderes, Testszenarien auf GUI-Ebene zu automatisieren oder auf Protokollebene einer Systemschnittstelle. Den unterschiedlichen Konzepten ist jedoch gemeinsam, dass diese den Prinzipien der Einfachheit, Wiederverwendbarkeit und Wartbarkeit entsprechen müssen.

Im fünften Kapitel gehen die Autoren auf die diversen Einsatzgebiete für Testautomatisierung ein. Diese reichen von Desktop-Standalone-Anwendungen bis zu breit angelegten, serviceorientierten Architekturen. Auf jeder Plattform und auf jeder Teststufe braucht der Tester Werkzeugunterstützung. Hier werden die Formen der Unterstützung zusammengefasst. Wichtig ist, dass die Werkzeuge zur Umgebung passen.

Im sechsten Kapitel wird eine Auswahl der auf dem Markt angebotenen Testwerkzeuge kurz beschrieben. Dabei sind sowohl Open-Source- wie auch kommerzielle Produkte im Fokus. Angesichts der Menge der weltweit angebotenen Tools ist es kaum möglich, sie alle zu erwähnen, geschweige denn zu beschreiben. Das würde den Rahmen dieses Werkes sprengen. Hier werden in erster Linie Produkte vorgestellt, mit denen die Autoren in ihrer praktischen Tätigkeit als Tester Erfahrung gesammelt haben. Das ist insofern legitim, als die Autoren nicht einfach Broschüren zitieren, sondern ihre persönlichen Erfahrungen weitergeben, und dadurch dem Leser zusätzliche Informationen und Einschätzungen zur Verfügung stellen.

Das siebente Kapitel beschreibt die organisatorische Eingliederung der Testwerkzeuge bzw. welche Auswirkung die Testautomatisierung auf die Testorganisation hat. Die Art der Testautomatisierung bestimmt, welche Rollen es im Testteam geben wird und wie diese Rollen miteinander zu vereinbaren sind. Anderseits können die im Unternehmen vorhandenen Skills die Auswahl der einzusetzenden Werkzeuge beeinflussen. So gesehen hat die Testautomatisierung einen maßgebenden Einfluss auf die Organisation eines Testprojekts und umgekehrt. Das müssen die Testverantwortlichen zur Kenntnis nehmen.

Das achte und letzte Kapitel des Buches fasst den Stand der Technologie zusammen und vermittelt einen Einblick in die künftige Weiterentwicklung. Betont wird die zunehmende Bedeutung der Testautomatisierung für alle Testbereiche. Eines steht fest, die Testautomatisierung befindet sich noch am Anfang. Viele Testaufgaben sind bereits automatisiert, aber es warten noch viele mehr. Eine Horde menschlicher Tester auf die Software loszulassen, ist teuer und ineffektiv. Gefordert sind nicht mehr »Tester«, sondern gut ausgebildete und ausgerüstete Testspezialisten, die mit ihren Werkzeugen weitaus mehr erreichen können als die Testhorden ohne Ausrüstung. Allerdings müssen wir noch viel mehr in die Toolentwicklung investieren, um den Automatisierungsstand zu erreichen, den wir brauchen. Bis dahin bleibt der Test in den Augen vieler nach wie vor ein großer Ressourcenfresser, der uferlose Kosten verursacht und unberechenbaren Nutzen bringt. Mit dem Einsatz von Testautomatisierung kann dieses Bild gewandelt werden.

Harry M. Sneed, Wien 2011/2015

Inhaltsverzeichnis

1 Motivation und Einleitung

Die Softwareentwicklung als Ganzes erlebt eine Entwicklung hin zu einer industriellen Disziplin. Die zunehmende Standardisierung der Entwicklungs- und Betriebsprozesse sowie die vermehrte Verbreitung von Standardprodukten und -services sind wesentliche Treiber für den Einsatz von immer effizienteren und effektiveren Methoden im Softwaretest, also auch in der Testautomatisierung. Die rasante Expansion mobiler Applikationen und die sich stetig ändernde Vielfalt der Endgeräte prägen diese Entwicklung ebenfalls nachhaltig.

Ein wesentliches Merkmal der fortschreitenden Industrialisierung seit dem Ende des 18. Jahrhunderts ist die Mechanisierung kräfteraubender oder zeitaufwendiger manueller Tätigkeiten in beinahe allen Produktionsprozessen. Was vor über 200 Jahren mit den mechanischen Webstühlen und Dampfmaschinen in den Textilfabriken Englands seinen Ursprung nahm, ist heute höchstes Ziel und gelebte Praxis in allen produzierenden Unternehmen: die laufende Steigerung und Optimierung der Produktivität. Dabei geht es immer darum, das gewünschte Ergebnis in Menge, Qualität und Zeit mit dem geringst möglichen Mitteleinsatz zu erzielen. Der Mitteleinsatz bezieht sich dabei sowohl auf den Einsatz menschlicher Arbeitskraft als auch auf den Einsatz von Maschinen, Arbeitsmitteln und sonstiger (Energie-)Ressourcen.

Softwareentwicklung und Softwaretest auf dem Weg zur industriellen Produktionsreife

Im Bestreben, immer besser zu werden und im globalen Konkurrenzdruck zu bestehen, gibt es keinen Industriebetrieb, der sich nicht laufend mit Optimierungen im Produktionsprozess beschäftigen muss. Vorbild und bestes Beispiel dafür ist die Automobilindustrie, die zu den Themen Prozesssteuerung, Produktionsgestaltung und -messung sowie Qualitätsmanagement immer wieder neue Ideen und Ansätze – auch für andere Industriezweige – hervorgebracht hat und auch weiter hervorbringt. Ein Blick in die Produktions- und Fertigungshallen eines Automobilherstellers beeindruckt durch die Präzision des Zusammenspiels zwischen Mensch und Maschine und den reibungslosen, hochautomatisierten Fabrikationsablauf. Ein ähnliches Bild zeigt sich heute in fast allen Produktionsprozessen.

Eine nicht unbedingt rühmliche Ausnahme stellt jedoch die Industrie der Softwareentwicklung dar. Trotz vieler Entwicklungen und Bemühungen der letzten Jahre ist diese von der Professionalität anderer Fertigungsprozesse immer noch weit entfernt. Dies ist insofern verwunderlich, wenn nicht sogar bedenklich, da Software jene Technologie ist, die in den letzten Jahrzehnten wohl die größte Auswirkung auf gesellschaftliche, wirtschaftliche und technische Veränderungen hatte. Vielleicht liegt es daran, dass die Softwareindustrie noch eine relativ junge Disziplin ist und somit noch nicht die Reife anderer erreichen konnte.

Auch in den internationalen Standards hat sich die Softwareentwicklung erst als industrieller Zweig etablieren müssen. So findet sich z.B. in der Revision 4 der International Standard Industrial Classification of All Economic Activities (ISIC), veröffentlicht im August 2008, die neue Section J »Information and Communication«, während in der Vorgängerversion des Standards die Softwareentwicklungsleistungen noch auf unterster Ebene einer Section »Real estate, renting and business activities« versteckt waren [ISIC 08, NACE 08].

Softwareentwicklung als industrielle Einzelfertigung

Das Argument der jungen Disziplin wird jedoch jedes Jahr schwächer. Dennoch wird Softwareentwicklung immer noch gerne als eher künstlerische statt ingenieurmäßige Tätigkeit gesehen und wäre demnach anders zu bewerten als die identische Reproduktion Zigtausender Türbeschläge. Aber auch wenn Softwareentwicklung nicht den Prozessen einer Massenfertigung unterliegt, so ist diese heutzutage dennoch als industrielle Einzelfertigung zu definieren.

Was bedeutet aber »industriell« in diesem Zusammenhang? Ein industrieller Prozess ist durch mehrere Merkmale gekennzeichnet, insbesondere durch die breite Anwendung von Standards und Normen, den intensiven Einsatz von Mechanisierung und den Umstand, dass es meist um die Bewältigung von großen Mengen und Massen geht. Entlang dieser Merkmale wird auch die Wandlung der Softwareentwicklung von der Kunst hin zu einer professionellen Disziplin deutlich.

1.1 Standards und Normen

Seit den Anfangszeiten der Softwareentwicklung gab es eine ganze Reihe von Ansätzen auf der Suche nach dem idealen Entwicklungsprozess. Viele dieser Ansätze waren für ihre Zeit und Rahmenbedingungen praktikabel und »state of the art«. Die rasante Entwicklung der technischen Innovationen, die exponentielle Zunahme fachlicher und anwendungsbezogener Komplexitäten und die ständig wachsenden wirtschaftlichen Herausforderungen bedingen eine laufende Anpassung der Vorgehensweisen: Wasserfall, V-Modell, iterative und agile Softwareentwicklung; ISO 9001:2008, ISO 15504 (SPICE), CMMI, ITIL; unstrukturierte, strukturierte, objektorientierte Programmierung, ISO/IEC/IEEE 29119 Software Testing – und das Ende der Fahnenstange ist noch lange nicht erreicht. Auch in Bezug auf die Disziplin des Softwaretests im engeren Sinne hat sich besonders in den vergangenen Jahren sehr viel getan. Seit der Gründung des International Software Testing Qualifications Board (ISTQB®) im November 2002 und der damit initiierten, standardisierten Ausbildung zum Certified Tester in den verschiedenen Qualifikationslevels, hat sich ein neues Berufs- und Rollenbild des Softwaretesters entwickelt und international etabliert [URL: ISTQB]. Dennoch, im Vergleich zu anderen Ingenieurdisziplinen und deren meist Jahrhunderte oder Jahrtausende alten Tradition und Entwicklung, steckt die Disziplin des Softwaretests noch in den Kinderschuhen. Dies betrifft nicht nur die inhaltliche Ausgestaltung oder etwa die Durchdringung in Lehre und Praxis. Ein wesentlicher Grund dafür, dass trotz vieler auch in Standards manifestierter Erfahrungen Softwareprojekte immer noch im großen Stil – nachvollziehbar oder nicht nachvollziehbar – in den Misserfolg schlittern, ist die weitestgehende Unverbindlichkeit aller bekannten »Best Practices« der Softwareentwicklung. Wer heute ein Softwareprodukt in Auftrag gibt, kann sich a priori nicht auf einen nachprüfbaren Fertigungsstandard verlassen.

Dabei ist es nicht nur so, dass im Grunde jedes Unternehmen für sich entscheidet, ob es gewisse Produkt- und Entwicklungsstandards anwenden will oder nicht, sondern es ist auch vielerorts eine tolerierte Praxis, dass sich diese Unverbindlichkeit auch innerhalb des Unternehmens fortsetzt: Jedes Projekt ist ja anders. Das »not invented here«-Syndrom ist und bleibt ein ständiger Begleiter der Softwareentwicklungsvorhaben [Katz & Allen 1982].

Noch fehlen in der Testautomatisierung vielfach Normen und Standards.

Auch im Bereich der Testautomatisierung unterliegen die technischen Konzepte keinen allgemeinen Normen, sondern sind abhängig von kommerziellen Herstellern oder Open-Source-Communitys. Diesen geht es ja auch naturgemäß weniger um die Schaffung einer Norm als vielmehr um die Generierung eines Wettbewerbsvorteils am Markt bzw. der Umsetzung kollektiver Ideen. Eine Ausnahme stellt hier die Testing and Test Control Notation (TTCN-3) des European Telecommunication Standards Institute (ETSI) dar [URL: ETSI]. Die Anwendung dieses Standards ist in der Praxis aber im Wesentlichen auf sehr spezifische Einsatzgebiete beschränkt, zum Beispiel in den Telekommunikations- und Automotiv-Sektoren.

Für ein Unternehmen, das Testautomatisierung einführt, bedeutet dies meist eine enge Bindung an einen Lieferanten. Ein umfangreiches, automatisiertes Testset wird man auch in Zukunft nicht einfach von einem Werkzeug in ein anderes übertragen können, da derzeit die technologischen Konzepte stark unterschiedlich sind.

Dies betrifft auch das Investment in die Ausbildung der Mitarbeiter, die ebenfalls eine stark werkzeugbezogene Komponente beinhaltet.

Dennoch gibt es einige allgemeine Prinzipien in der Konzeption, Organisation und Durchführung automatisierter Softwaretests. Diese helfen, die Abhängigkeit von spezifischen Werkzeugen zu reduzieren und die Produktivität in der Automatisierung zu optimieren. Das vorliegende Buch gibt Anleitungen dazu. Diese sind aus der Praxiserfahrung der Autoren abgeleitet, eine allgemeine Theorie dazu existiert (noch) nicht.

1.2 Der Einsatz von Maschinen

Ein weiteres wesentliches Merkmal der industriellen Fertigung ist der Einsatz von Maschinen zur Erleichterung und Reduktion von manuellen Tätigkeiten. In der Softwareentwicklung sind diese Maschinen selbst wieder Software. Dazu zählen etwa Entwicklungsumgebungen, die die Erstellung und Verwaltung des Programmcodes und weiterer Softwarebestandteile vereinfachen bzw. erst ermöglichen. Im Prinzip sind dies jedoch meist nur Bearbeitungs- und Verwaltungssysteme mit gewissen Kontrollmechanismen, wie sie etwa ein Compiler durchführt. Die Programme müssen immer noch »mit Hand und Verstand« geschrieben werden. Eine »Mechanisierung« der Programmierung ist das Ziel der modellbasierten Ansätze, in denen die mühsame Arbeit der Codierung von Generatoren erledigt wird. Ausgangsbasis dafür sind Modelle, z.B. in der UML-Notation, die in ihrer Ausprägung entsprechend dafür geeignet sind. In einigen Bereichen wird diese Technologie bereits umfassend eingesetzt: etwa zur Generierung von Datenzugriffsroutinen oder dort, wo Spezifikationen in formalen Sprachen vorliegen, wie etwa bei der Entwicklung von eingebetteten Systemen. In der Breite jedoch ist Softwareentwicklung immer noch Handwerk.

Die Mechanisierung im Softwaretest

Einsatz von Werkzeugen zur Testfallgenerierung und Testdurchführung

Eine Aufgabe des Softwaretesters ist die Identifikation und Erstellung von Testfällen. Ähnlich den Ansätzen zur modellbasierten Entwicklung zielt der modellbasierte Test auf die automatische Ableitung von

Testfällen aus vorhandenen Modellbeschreibungen der Applikation ab. Als Ausgangsbasis dienen z.B. Objektmodelle, Use-Case-Beschreibungen und Ablaufgraphen in verschiedenen Notationen. Aber auch auf Basis textueller Spezifikationen können durch Anwendung eines semantischen Regelwerks fachliche Testfälle abgeleitet werden. Und nicht zuletzt generieren entsprechende Parser aus dem Sourcecode selbst abstrakte Testfälle, aus denen dann konkrete Testfälle ausgearbeitet werden. Für die Verwaltung dieser Testfälle steht eine Vielzahl geeigneter Testmanagementwerkzeuge zur Verfügung, die in die unterschiedlichen Entwicklungsumgebungen integriert sind. Ähnlich der Generierung von Code aus den Modellen ist auch die Generierung von Testfällen noch nicht sehr weit verbreitet. Ein Grund dafür ist der Umstand, dass das Ergebnis, der generierte Testfall, im hohen Grad von der Qualität und der »passenden« Beschreibungstiefe der Modelle abhängt. Diese sind zumeist nicht zufriedenstellend gegeben.

Eine weitere Aufgabe des Softwaretesters ist die Durchführung und Protokollierung der Testfälle. An dieser Stelle ist zu unterscheiden, ob es sich um Tests handelt, die auf der Ebene technischer Schnittstellen, Systemkomponenten, Modulen oder Methoden durchgeführt werden, oder um fachliche, anwenderbezogene Tests, die eher auf der Ebene der Benutzerschnittstellen definiert sind. Für erstere werden bereits vorwiegend technische Hilfsmittel eingesetzt: Testtreiber, Unit-Testumgebungen, Hilfsprogramme etc. Diese Tests werden auch fast immer von »Technikern« durchgeführt, die sich die »mechanischen Hilfsmittel« selbst bereitstellen können. Der fachliche Test wurde und wird zum überwiegenden Teil von Mitarbeitern aus den Fachbereichen oder dedizierten Testern manuell ausgeführt. Für diesen Bereich stehen ebenfalls Werkzeuge zur Unterstützung und Erleichterung der manuellen Testdurchführungen zur Verfügung. Deren Einsatz ist jedoch mit entsprechenden Kosten und Lernaufwänden verbunden. Dies ist mit ein Grund dafür, dass der Einsatz von Testautomaten in der Vergangenheit keine allgemeine Verbreitung gefunden hat. Aber die Weiterentwicklung der Werkzeuge hat in den letzten Jahren zu einer Verbesserung der Kosten-Nutzen-Relation geführt. Die vereinfachte Erstellung eines automatisierten Testfalls sowie seine einfachere Wartbarkeit durch die zunehmende Trennung von fachlicher Logik und technischer Implementierung führten dazu, dass sich Automatisierung nicht erst dann rechnet, wenn riesige Mengen von Testfällen durchzuführen oder im x-ten Regressionsfall zu wiederholen sind, sondern bereits bei erstmaligen, manuell aufwendigen Testdurchführungen.

1.3 Mengen und Massen

Während in der Programmierung eine beschränkte Anzahl von Programmen oder Objekten und Methoden einmal entwickelt wird und dann bestenfalls noch adaptiert bzw. korrigiert werden muss, ist im Test theoretisch eine fast grenzenlose Anzahl an Testfällen möglich. In der Praxis gehen die Testfallanzahlen meist in die Hunderte oder Tausende. Eine einmal entwickelte Eingabemaske und ein einmal entwickelter Verarbeitungsalgorithmus muss im Test unzählige Male getestet werden, z.B. durch verschiedene Eingabe- und Dialogvariationen oder etwa durch die Erfassung von hundert Verträgen mit unterschiedlichen Tarifen im datengetriebenen Test. Diese Tests sind aber nicht nur ein einziges Mal zu erstellen und durchzuführen. Mit jeder Änderung am System müssen Regressionstests durchgeführt und angepasst werden, um die Funktionstüchtigkeit des Systems nachzuweisen. Um eventuell entstandene Nebeneffekte von Änderungen zu erkennen, ist jedes Mal eine möglichst große Testabdeckung anzustreben, die aber erfahrungsgemäß aus Kosten- und Zeitgründen meist nicht erreicht werden kann.

Der notwendige Testumfang kann nur mit dem Einsatz von Automaten bewältigt werden.

Diese Ausgangslage, die notwendige Bewältigung von großen Mengen und Massen, schreit förmlich nach dem Einsatz der industriellen Mechanisierung, nach dem Einsatz von Testautomaten. Und wenn die Lage nicht schreit, so tun dies die Tester, die im Gegensatz zu einem Automaten bei der zehnten Durchführung desselben Testfalls menschliche Reaktionen wie Frustration, mangelnde Konzentration oder Ungeduld zeigen. Individuelle Priorisierungen lassen dann unter Umständen gerade die falschen Testfälle unter den Tisch fallen.

Betrachtet man die obigen Punkte, ist es eigentlich verwunderlich, dass Testautomatisierung nicht schon längst durchgängig im Einsatz ist. Fehlende Standardisierungen, bisherige Kosten-Nutzen-Rechnungen und der Entwicklungsstand der Werkzeuge mögen Gründe dafür gewesen sein. Heutzutage führt jedoch an der Testautomatisierung kein Weg mehr vorbei. Der Anstieg der Komplexität der Softwaresysteme und der dadurch erhöhte Testbedarf, der steigende Druck auf Zeit und Kosten sowie die wachsende Verbreitung agiler Entwicklungsansätze und mobiler Applikationen zwingen Unternehmen, die Software entwickeln, in diese Richtung.

1.4 Was ist unter Testautomatisierung zu verstehen?

»Testautomatisierung ist die Durchführung von ansonsten manuellen Testtätigkeiten durch Automaten.« Unsere Definition zeigt sowohl die mögliche Bandbreite als auch die gegebenen Grenzen der Testautomatisierung auf. Das Spektrum umfasst alle Tätigkeiten zur Überprüfung der Softwarequalität im Entwicklungsprozess, in den unterschiedlichen Entwicklungsphasen und Teststufen sowie die entsprechenden Aktivitäten von Entwicklern, Testern, Analytikern oder auch der in die Entwicklung eingebundenen Anwender.

Die Grenzen der Automatisierung liegen darin, dass diese nur die manuellen Tätigkeiten eines Testers übernehmen kann, nicht aber die intellektuelle, kreative und intuitive Dimension dieser Rolle. Diese Dimension ist jedoch maßgeblich für die Qualität des Softwaretests selbst. Jene, die bei Testautomatisierung nur an Einsparungspotenziale denken, ignorieren diesen Umstand oft sträflich. Auf der anderen Seite gibt es auch Beteiligte, die den Softwaretest als rein kreative Aufgabe betrachten und die Potenziale einer Testautomatisierung gänzlich verkennen.

Wir sehen in der Testautomatisierung nicht die Gefahr, dass mit ihr die Tester wegrationalisiert werden, sondern ein Werkzeug, das es dem professionellen Softwaretester erlaubt, seine kreativen Ideen umzusetzen und auch die großen »Testmengen« mit vernünftigem Aufwand und in gebotener Zeit zu bewältigen.

Der Einsatz von Automaten schafft Freiraum für kreative Testtätigkeiten.

Das vorliegende Buch soll ein Ansporn und eine Anleitung für den Leser sein, einen Schritt in Richtung Industrialisierung der Softwareentwicklung zu gehen. Ein idealer, weil unabdingbarer Bereich ist jener der Automatisierung im Softwaretest. Diese Aufgabe erstreckt sich von den automatisierten Unit Tests, den Tests der unterschiedlichen Applikationsschnittstellen bis hin zu den automatisierten fachlich funktionalen Tests. Automatisierung ist aber nicht nur auf die Testdurchführung beschränkt, sondern ist ebenso bei der Testfallerstellung, der Testdatengenerierung, der Testauswertung oder auch der Testumgebungsherstellung und -wiederherstellung einsetzbar. Da diese Bandbreite den Umfang eines einzelnen Buches sprengen würde, liegt der Fokus in den folgenden Kapiteln auf der automatisierten Testdurchführung im funktionalen Systemtest – in der nunmehr zweiten Auflage des Buches erweitert um die Aspekte des Last- und Performanztests, den Einsatz von Service-Virtualisierung zur erweiterten Automatisierung von Testumgebungen sowie die Nutzung von Cloud-Testservices, insbesondere im Zusammenhang mit dem Test mobiler Applikationen.

1.5 Kontrollfragen zum Kapitel

1. Was ist ein wesentliches Merkmal beim Einsatz von Maschinen?
2. Wozu dienen Parser in der Testautomatisierung?
3. Was sind technische Hilfsmittel für Tests von technischen Schnittstellen und Systemkomponenten?
4. Warum war der Einsatz von Testautomaten in der Vergangenheit nicht sehr verbreitet und was hat sich heute verändert?
5. Welcher Test sollte nach jeder Änderung durchgeführt werden?
6. Welche Probleme treten auf, wenn Tester zu oft dieselben Testfälle durchführen müssen?
7. Was versteht man unter Testautomatisierung?
8. Warum führt heutzutage kaum ein Weg an der Testautomatisierung vorbei?
9. Wo liegen die Grenzen der Testautomatisierung?
10. Wofür kann die Testautomatisierung eingesetzt werden?
11. Warum sollten in jedem Projekt manuelle und automatisierte Tests durchgeführt werden?

2 Testprozess und Entwicklungsvorgehen

In diesem Kapitel werden die einzelnen Aktivitäten eines Testprozesses beschrieben und erklärt, worauf bei der Testautomatisierung zu achten ist. Zudem werden klassische und agile Softwareentwicklungsmodelle betrachtet und was bereits im Vorfeld und bei der Planung von Projekten zu beachten ist, wenn Testautomatisierung eingesetzt werden soll.

2.1 Der fundamentale Testprozess

Strukturierte Beschreibung der Testaktivitäten

Kein Projekt gleicht dem anderen, da die verwendeten Entwicklungsmodelle und -vorgehen sehr unterschiedlich sein können. Dies gilt auch für die Testaktivitäten, die in unterschiedlicher Intensität oder Ausprägung in jedem Projekt zu erledigen sind. Eine gute Zusammenfassung dieser Testaufgaben beschreiben Spillner und Linz im fundamentalen Testprozess, der an den Lehrplan des ISTQB® Certified Tester angelehnt ist [Spillner & Linz 12]. Wer strukturiert testet, wird, unabhängig vom jeweiligen Vorgehen, diese Aktivitäten auf die eine oder andere Weise abbilden.

Ob die Phasen sequenziell, iterativ, seriell oder parallel, ein- oder mehrfach durchlaufen werden, ist eine Frage des Softwareentwicklungsmodells. Uns interessiert im Folgenden, was in den einzelnen Phasen in Bezug auf Testautomatisierung zu beachten ist. Wie auch beim manuellen Test können und müssen die ersten Aktivitäten der Testautomatisierung bereits frühzeitig beginnen. Dies spart Ressourcen und Zeit und entspannt den Projektablauf, da die Aktivitäten nicht erst mit Fertigstellung des Testobjekts starten. Es fehlt auch meist schlichtweg die Zeit, um auf die ersten Entwicklungsergebnisse oder auf fertige Testfälle warten zu können. Viele Überlegungen zum Einsatz der Testautomatisierung und deren Konzeption können bereits mit Projektbeginn durchgeführt werden. Eine große Herausforderung des manuellen Tests trifft uns bei der Testautomatisierung noch viel stärker: die Qualität der Anforderungen. Wenn die Anforderungen von Beginn an konsistent, vollständig und vor allem testbar sind, kann die Automatisierung viel effizienter ansetzen.

Abb. 2–1
Der fundamentale Testprozess

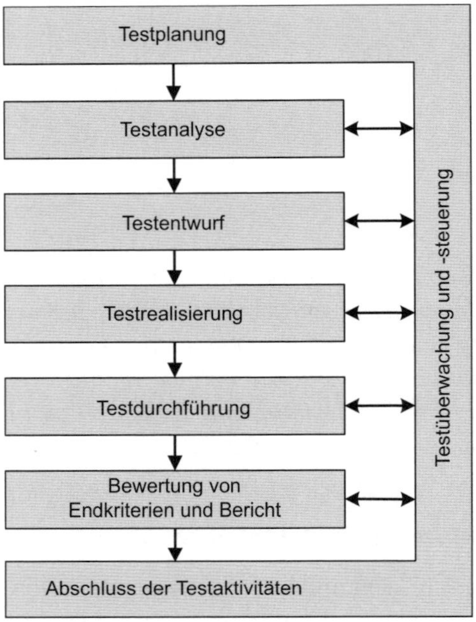

2.1.1 Testplanung, Testüberwachung und -steuerung

Im Zuge der Planung werden die Rahmenbedingungen für die Testaktivitäten festgelegt. Dies geschieht meist durch den Testmanager. Die Planung umfasst im Wesentlichen folgende Punkte:

- Teststrategie
- Testziele
- Testobjekte
- Testbedingungen und Testbasis
- Testarten und -stufen
- Risikobetrachtung
- Testtiefe und -intensität
- Auswahl der Testfallspezifikationsmethoden
- Metriken und Testendekriterien
- Aufwandsschätzung
- Zeitliche Planung der Testaktivitäten
- Ressourcen
- Testwerkzeuge, -frameworks und -umgebungen

Testkonzept

All diese Informationen und Festlegungen werden in einem Testkonzept dokumentiert. Eine mögliche Gliederung für dieses Dokument liefert z.B. die internationale Norm IEEE 829-2008 Standard for Software and System Test Documentation [IEEE 829]. Die dort hinterlegte Struktur deckt die wesentlichen Rahmenbedingungen für ein Testprojekt ab und kann zudem problemlos an die Projekt- oder Unternehmensbedürfnisse angepasst werden. Da das Testkonzept im Laufe des Projekts meist noch geändert wird und für alle Beteiligten eine Referenz und ein »Arbeitswerkzeug« darstellt, finden sich neben klassischen Dokumenten immer öfter Testkonzepte in Form von Wikis.

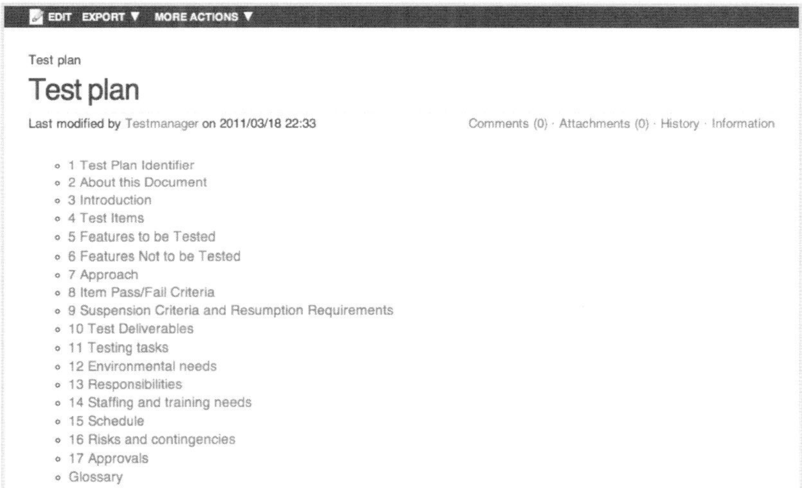

Abb. 2–2
Testkonzeptstruktur in einem Wiki-System

Fortschritt und Status

Die Steuerung des Tests erfolgt parallel zu den Testaktivitäten im Projekt. Der Fortschritt der Tests und des Projekts werden laufend erhoben, geprüft und bewertet. Meist wird der Status auch in regelmäßigen Statusberichten oder -meetings besprochen. Sofern sich Probleme abzeichnen oder Risiken eintreten, muss der Testmanager geeignete Maßnahmen treffen und gegensteuern. Er hat dafür eine Vielzahl an Möglichkeiten zur Hand: So kann er z.B. die Priorisierung der Tests ändern, die zeitliche Planung adaptieren oder zusätzliche Ressourcen einsetzen.

Testautomatisierung beginnt nicht erst beim Schreiben von Testfällen. Viele Überlegungen müssen schon vorab durch den Testmanager und den Testautomatisierer angestellt werden und sind wesentlicher Bestandteil der Teststrategie.

Konzeption der Testautomatisierung

Sinnvoller Einsatz der Testautomatisierung

Der Testmanager muss entscheiden, in welchen Teststufen und in welchem Ausmaß Testautomatisierung eingesetzt werden soll. Testautomatisierung ist in allen Teststufen vom Komponententest bis zum Abnahmetest möglich, jedoch sind das Vorgehen und meist auch die Werkzeuge in den unterschiedlichen Stufen sehr verschieden.

Ebenso muss sich der Testmanager die Frage stellen, in welchen Bereichen eine Testautomatisierung sinnvoll sein wird. Dafür gibt es einige Faktoren, die bei der Entscheidung zu berücksichtigen sind:

- **Regressionstests**
  Je öfter Testfälle wiederholt werden, desto größer kann die Ersparnis an Zeit und Kosten durch die Testautomatisierung werden. Jedoch ist auch hier zu bedenken, dass eine Änderung am Testobjekt oft auch eine Änderung an der Testautomatisierung zur Folge hat und damit Aufwand bedeutet.
- **Lifecycle**
  Die Lebensdauer des Testobjekts kann ein wichtiger Faktor sein. Applikationen mit langen Entwicklungszeiträumen können ggf. mehr von der Testautomatisierung profitieren als Applikationen mit sehr kurzer Entwicklungs- und Lebensdauer.
- **Entwicklungszyklus**
  Ebenso spielt der Entwicklungszyklus, d.h. wie oft und wie schnell Iterationen durchlaufen werden, eine entscheidende Rolle.
- **Bedienbarkeit**
  Manche Abläufe bzw. Testszenarien lassen sich manuell nur schwer oder gar nicht testen und erfordern zwingend eine Automatisierung. Ein Beispiel dafür sind technische Schnittstellen. Auf der anderen Seite gibt es spezifische Oberflächen oder zu testende End-to-End-Prozesse, für die eine Implementierung von Testautomatisierung zu zeitaufwendig oder kostenintensiv sein kann und ein manueller Test vollkommen ausreicht.
- **Kombinatorik**
  Die Wiederholung von gleichen Abläufen mit unterschiedlichen Daten kann ein guter Grund für die Testautomatisierung sein, da ein weitaus größerer Prozentsatz von möglichen Datenkombinationen getestet werden kann.
- **Fehleranfälligkeit**
  Wenn derselbe Testfall oder Ablauf öfter getestet werden soll, führt ein automatisierter Test diesen immer in gleichbleibender Qualität

aus. Im manuellen Test kann die Qualität der Durchführung durch die immer gleiche Wiederholung sinken, da die Aufmerksamkeit des Testers schwindet.

- **Nicht funktionale/technische Tests**
  Testautomatisierung kann bei nicht funktionalen Tests die einzige Möglichkeit sein, sinnvoll zu testen. Auch kann die Automatisierung dazu genutzt werden, um Referenzwerte für eine spätere Betriebsüberwachung zu messen.
- **Fehlerfindung**
  Testautomatisierung ist nur dann sinnvoll, wenn damit im Regressionstest eine gewisse Sicherheit hergestellt werden kann, dass die bestehende Funktionalität durch die Änderungen am Testobjekt nicht beeinträchtigt wurde. Somit ist die Qualität der Testautomatisierung ausschlaggebend, nicht die Quantität der Testfälle.

Diese Informationen fließen in das allgemeine Testkonzept ein und reichern die dort definierten Rahmenbedingungen an. So können z.B. auch die Testendekriterien um Maße für die Testautomatisierung erweitert werden. Manchmal lohnt es sich, aufgrund des Umfangs auch ein eigenes Testkonzept für die Testautomatisierung zu erstellen.

Ressourcen

Nicht jeder Tester oder Entwickler eignet sich als Testautomatisierer. Somit muss bei der Auswahl der Mitarbeiter und der Zusammenstellung des Testteams darauf geachtet werden, dass die erforderlichen Skills abgedeckt sind. Sowohl für die Konzeption der Testautomatisierung als auch für die Umsetzung müssen im Team entsprechende Kompetenzen vorgesehen werden.

Werkzeuge und Frameworks

Jede Teststufe hat einen anderen Fokus und benötigt zum Teil andere Werkzeuge. Somit muss sich der Testmanager über die Auswahl der Werkzeuge und Frameworks Gedanken machen. Ausgehend von den Anforderungen an die Testautomatisierung kann er erheben, welche Werkzeuge im Unternehmen bereits im Einsatz sind und welche ggf. noch beschafft werden müssen. Es existiert eine Fülle an Automatisierungswerkzeugen und -frameworks für die unterschiedlichsten Aufgaben, die sich grob in folgende Kategorien einteilen lassen:

- Kommerzielle Werkzeuge
- Open-Source-Werkzeuge
- Eigenentwicklungen

Verschiedene Werkzeugarten und Werkzeuge werden in Kapitel 6 vorgestellt.

Zeitliche Planung und Aufwandsschätzung

Wie so oft ist es mit der Anschaffung eines Werkzeugs alleine nicht getan. So muss sich der Testmanager auch der Aktivitäten der Testautomatisierung im Projekt bewusst sein und diese sowohl zeitlich planen als auch deren Aufwand abschätzen. Dazu gehören z.B.:

- Detailkonzeption der Testautomatisierung
- Anpassen des Werkzeugs oder Frameworks
- Logische Konzeption der Testfälle
- Technische Umsetzung der Testfälle
- Durchführung der Tests
- Auswertung und Bewertung der automatisch generierten Testergebnisse
- Laufende Anpassung der implementierten Testfälle
- Wartung der Testautomatisierungswerkzeuge

Abb. 2–3 *Zeitliche Planung als Projektplan (GANTT-Darstellung)*

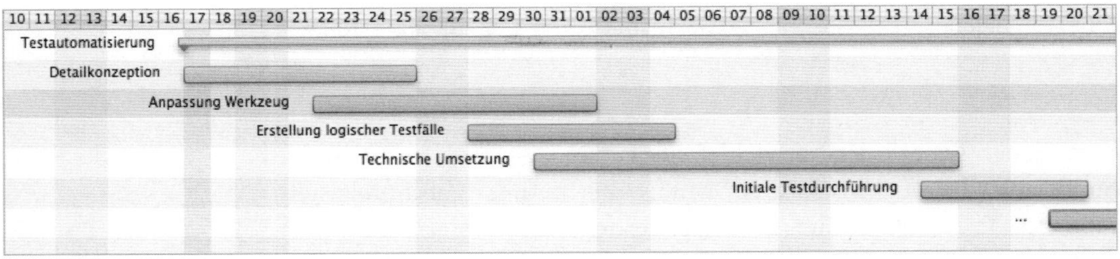

Aufgaben außerhalb des Testteams

Weitere Aufwände können aber auch noch auf Entwicklerseite entstehen. So kann es nötig sein, Schnittstellen für die Automatisierungswerkzeuge bereitzustellen oder auf Oberflächen konsequent mit eindeutigen GUI-IDs zu arbeiten. Somit können Automatisierungswerkzeuge später das Testobjekt einfacher ansteuern und auslesen. Solche Anforderungen an die Testbarkeit sollten schon frühzeitig im Projekt festgelegt werden, dann können sie in der Architektur des Testobjekts von Beginn an berücksichtigt werden.

Während der Teststeuerung muss der Testmanager neben den anderen Testaktivitäten auch auf den Status der Testautomatisierung achten. Er kann sich dazu Metriken bedienen und z.B. folgende Fragen klären:

- Werden die geplanten Testautomatisierungsaufgaben erfolgreich und zeitgerecht durchgeführt?
- Gibt es Probleme bei der technischen Machbarkeit der Umsetzung von Testfällen?

- Gibt es Probleme mit den Werkzeugen und Frameworks?
- Stimmen Kosten/Nutzen bei der Implementierung und Änderung der Testautomatisierung?
- Werden Regressionstests auf Basis der Testautomatisierung durchgeführt?
- Werden Fehler gefunden?
- Fehlerquelle: Liegt die Fehlerursache im Testobjekt oder in veralteten bzw. fehlerhaften automatisierten Testfällen?

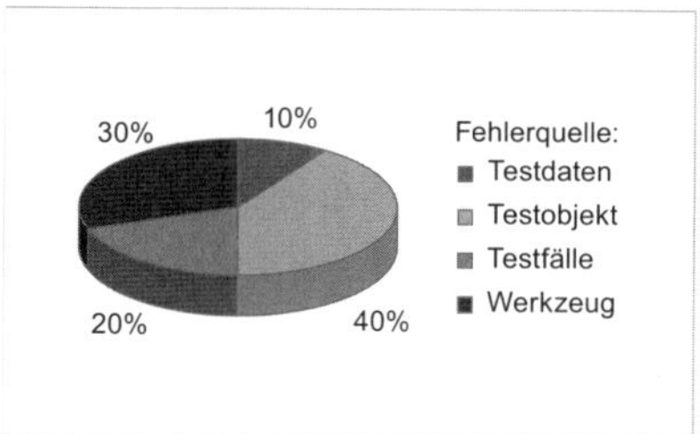

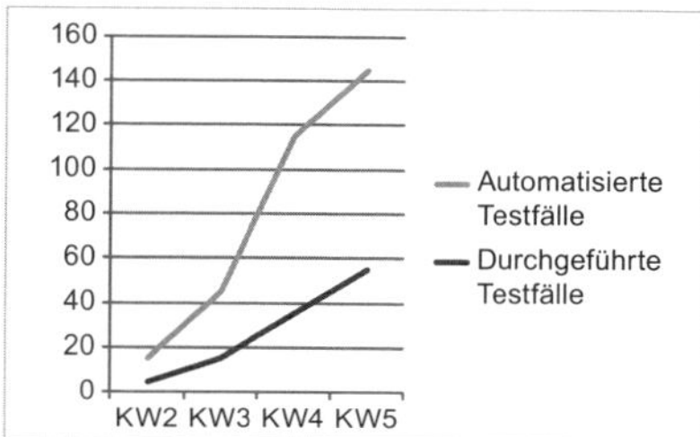

Abb. 2–4
Metriken

Metriken zur Steuerung

Welche Metriken erhoben werden, wird ebenfalls im Testkonzept definiert. Viele Werkzeuge liefern schon eine Menge an Daten, hier gilt es, die relevanten auszuwählen. Zudem können auch Metriken, die im manuellen Test ausgewertet werden, für die Testautomatisierung abgeleitet werden [Spillner et al. 14].

2.1.2 Testanalyse und Testentwurf

In dieser Phase überprüft der Testanalyst zuerst die Testbasis. Spezifikationen und Anforderungen, die für die Erstellung der Testfälle notwendig sind, müssen vollständig, konsistent und überprüfbar sein. Ebenso müssen die Testobjekte testbar sein. Darauf aufbauend beginnt die eigentliche Testfallerstellung. Anhand der Informationen aus dem Testkonzept und den Spezifikationen werden mittels strukturierter Testfallentwurfsmethoden logische Testfälle erstellt.

In dieser Phase beginnt auch die Umsetzung der Testfälle in der Testautomatisierung.

Vorbereitung der Umgebung

Testautomatisierungswerkzeuge müssen an die Gegebenheiten des Testobjekts angepasst werden. Pfade, Strukturen, Verzeichnisse und Berichte werden konfiguriert und der generelle Testablauf hinterlegt. Diese Konfigurationen und in weiterer Folge die Testskripte müssen in ein Konfigurationsmanagement eingebunden werden. Auch empfiehlt es sich, für die Implementierung und die spätere Testdurchführung eine eigene Testumgebung oder Instanz des Testobjekts zu nutzen, um Störungen zwischen manuellen und automatisierten Tests zu vermeiden.

Auswahl der zu automatisierenden Testfälle

Anhand der Vorgaben aus dem Testkonzept werden jene Testfälle oder -abläufe ausgewählt, die im Zuge der Testautomatisierung implementiert werden sollen. Hierbei muss nun auch die technische Machbarkeit noch einmal geprüft werden. Nicht immer sind Testfälle, die zur Automatisierung vorgesehen sind, auch technisch mit vertretbarem Aufwand umsetzbar. Hier ist die Kreativität des Testautomatisierers gefragt, denn manchmal genügt eine leichte Abwandlung des geplanten Ablaufs, um einen nicht direkt umsetzbaren Testfall doch und mit geringem Aufwand implementieren zu können.

Testabdeckung

Bei der Auswahl der Testfälle ist eine breite Testabdeckung gegenüber einer großen Testtiefe zu bevorzugen. Die Testtiefe kann zu einem späteren Zeitpunkt immer noch erhöht werden. Wenn man sich jedoch zu Beginn zu lange in der Tiefe mit Details verstrickt, bleiben weite Funktionsbereiche ungetestet.

In manchen Situationen ist es nötig, manuelle Zwischenschritte in automatisierte Abläufe einzubauen. Für die Testautomatisierung an sich sind solche Fälle zu vermeiden, da z. B. Testläufe über Nacht oder oftmalige Wiederholungen nicht mehr ohne Weiteres möglich sind. Solche Varianten sind aber durchaus hilfreich, um den manuellen Test zu unterstützen und sind daher diesen Testaktivitäten zuzuordnen.

2.1.3 Testrealisierung und Testdurchführung

Die logischen Testfälle werden mit Testdaten hinterlegt und somit zu konkreten Testfällen. Diese werden in Testszenarien gruppiert und der Ablauf anhand des Testkonzepts festgelegt. Wenn das Testobjekt zur Verfügung steht, beginnt die Abarbeitung der Testfälle. Jede Durchführung und deren Ergebnis werden protokolliert. Gefundene Abweichungen und Fehler werden dem Abweichungsmanagement zugeführt. Sobald das Testobjekt korrigiert wurde, werden entsprechende Retests und Regressionstests durchgeführt [Sneed et al. 08].

Für den Testautomatisierer beginnt in dieser Phase nun die technische Implementierung der Testfälle.

Implementierung der Testfälle

Die ausgewählten Testfälle werden mit dem Testautomatisierungswerkzeug umgesetzt. Während im manuellen Test die Testdaten direkt hinterlegt werden und somit eine konkrete Ausprägung des Testfalls entsteht, werden Testdaten beim automatisierten Test oftmals erst dynamisch zur Laufzeit ermittelt.

Testautomatisierung als Programmiertätigkeit

In vielen Fällen ist die Umsetzung der Testfälle in der Automatisierung Programmiertätigkeit und somit, wie auch die Entwicklung des Testobjekts selbst, anfällig für Fehler. Es ist also wichtig, qualitätssichernde Maßnahmen umzusetzen, wie z.B. Codereviews oder die Einhaltung von Programmierstandards. Sofern ein eigenes Automatisierungsframework entwickelt wurde, ist es empfehlenswert, dieses selbst mit Unit Tests zu versehen und zu testen. Bei den implementierten Testfällen an sich machen Unit Tests meist keinen Sinn.

In dieser Phase kann sich immer noch herausstellen, dass Testfälle nicht so automatisiert werden können wie geplant, was Auswirkungen auf die geplante Testautomatisierungsabdeckung, das Testautomatisierungskonzept und das Testkonzept haben kann.

Während der Implementierung müssen die Testfälle dahingehend geprüft werden, ob sie ihren Zweck erfüllen und funktionieren.

Rückverfolgbarkeit

Wie im manuellen Test ist es auch hier sehr wichtig, die Rückverfolgbarkeit zu den logischen Testfällen und den Anforderungen herzustellen, um später die Möglichkeit von Impact- und Traceability-Analysen zu haben. Diese Rückverfolgbarkeit wird auch von manchen Regulatorien gefordert.

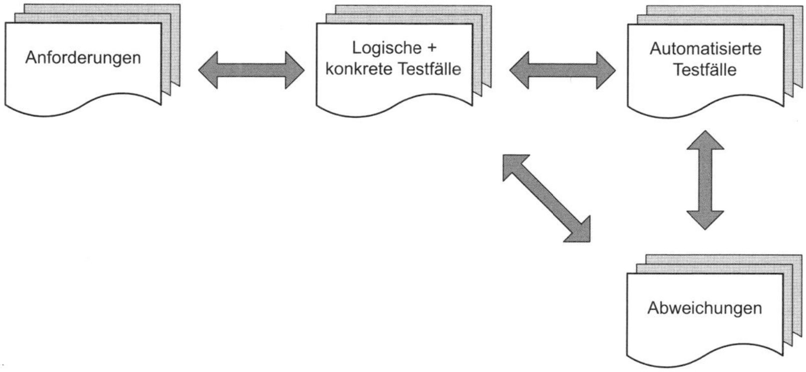

Abb. 2–5
Rückverfolgbarkeit

Vorbereiten des Testablaufs

Um einen effizienten Testablauf zu gewährleisten werden die implementierten Testfälle in sinnvolle Gruppierungen zusammengefasst. Dies betrifft insbesondere den Umgang mit Testdaten, aber auch die funktionale und logische Zusammengehörigkeit. Die meisten Werkzeuge unterstützen die Bildung von Gruppen bzw. Sets aus Testfällen.

Tab. 2–1 *Ungünstige Anordnung von Testfällen in einem Ablauf*

Ablaufschritt	Testfall	Beschreibung
1	TF-2602	Benutzer »Maier« löschen
2	TF-1405	Benutzer »Maier« ändern
3	TF-2102	Benutzer »Maier« anlegen

Im obigen Beispiel ist eine ungünstige Ablaufzusammenstellung von Testfällen dargestellt. Es wird sehr ineffizient mit den Testdaten umgegangen. Für den ersten Schritt muss der Benutzer »Maier« vor der Testdurchführung angelegt werden. Im zweiten Schritt muss der Benutzer erneut vor der Durchführung angelegt werden, da er im ersten Schritt gelöscht wurde. Und danach muss ggf. die Datenbasis wieder bereinigt werden und der Benutzer gelöscht werden. Eine günstigere Anordnung der Testfälle in diesem Fall wäre:

Tab. 2–2 *Günstige Anordnung von Testfällen in einem Ablauf*

Ablaufschritt	Testfall	Beschreibung
1	TF-2102	Benutzer »Maier« anlegen
2	TF-1405	Benutzer »Maier« ändern
3	TF-2602	Benutzer »Maier« löschen

Durchführung der automatisierten Tests

Die geplanten Testfälle können nun durchgeführt werden. Je nach Methode und Werkzeug besteht die Möglichkeit, die Durchführung zu überwachen und gewisse Werte oder den Ablauf selbst zu betrachten.

Protokollierung

Bei der Protokollierung ist darauf zu achten, dass erneute Testläufe die alten Ergebnisse nicht überschreiben, sondern ihre Ergebnisse als neuen Testzyklus speichern. Außerdem muss die Protokollierung so granular sein, dass auftretende Fehler lokalisierbar und nachvollziehbar sind. Beispiele für mögliche Protokollierungen sind:

- Screenshots
- Videos
- Schrittprotokollierung
- Fehlerprotokollierung
- Erfolgsprotokollierung bei Überprüfungen
- Warnungen bei Anomalien

Dabei können sehr viele Daten anfallen. Somit ist eine strukturierte Ablage unabdingbar, die das Recherchieren von Informationen in diesen Protokollen sowie deren Archivierung ermöglicht.

Fehler und Abweichungen

Fehler und Abweichungen werden wie beim manuellen Test in das Abweichungsmanagement übernommen. Falls die Fehlermeldung nicht manuell, sondern ebenfalls automatisch vonstattengeht, sind einige Konsequenzen zu beachten. Diese werden in Kapitel 3 ausführlicher betrachtet.

2.1.4 Bewertung von Endekriterien und Bericht

Die Testergebnisse werden gegen die Testendekriterien geprüft. Dabei stellt sich heraus, dass der Test entweder erfolgreich abgeschlossen ist oder nicht bestanden wurde und Nacharbeiten nötig sind. Diese können unter anderem zusätzliche Fehlerkorrekturen, aber auch weitere Tests sein. Die Ergebnisse werden zusammengefasst, bewertet und mit einer Empfehlung zum weiteren Vorgehen vom Testmanager dem Projektleiter oder anderen Entscheidungsträgern vorgelegt.

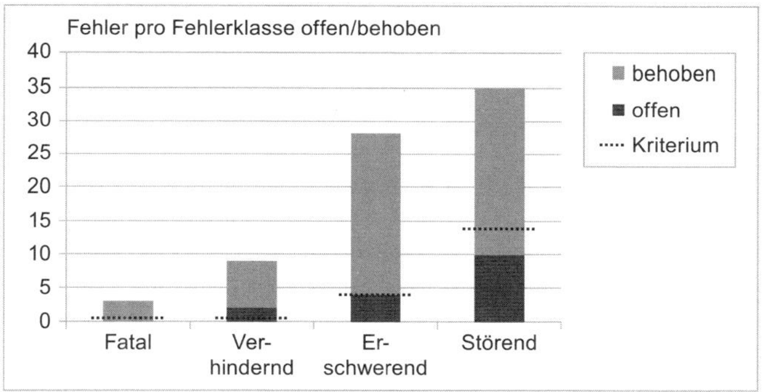

Abb. 2–6 *Prüfung gegen die Testendekriterien*

In obigem Beispiel wird die Anzahl der offenen Fehler pro Fehlerklasse als Testendekriterium verwendet. Fatale und verhindernde Fehler müssen auf jeden Fall behoben sein, für erschwerende und störende Fehler gibt es gewisse Toleranzen, die akzeptabel sind. Jedoch ist in diesem Fall das Testendekriterium nicht erfüllt, da mehr verhindernde Fehler offen sind als erlaubt.

Oftmals werden verschiedene Kombinationen von Testendekriterien verwendet, z.B. Fehleranzahl, Test-, Anforderungs- oder Codeabdeckung [Sneed et al. 10].

Bewertung und Deutung

Ein wesentlicher Punkt bei der Auswertung der Ergebnisse der Testautomatisierung ist deren Bewertung und Deutung. Durch den automatischen Ablauf können bei einer Testdurchführung sehr viele Ablaufprotokolle, Log-Dateien, *Testergebnisse* etc. entstehen, die für eine spätere Fehleranalyse sehr wertvoll sind. Dieser Output muss vom Testautomatisierer oder *Testmanager* zusammengefasst und vor allem bewertet werden. Es ist ebenso wenig sinnvoll, den gesamten Output in den Testbericht einfließen zu lassen, wie nur die Anzahl der durchgeführten Testfälle. Ohne Bewertung und Interpretation sind die Ergebnisse nur ein Zahlenfriedhof.

Die Ergebnisse und die Bewertung des automatisierten Tests fließen in den allgemeinen Testbericht mit ein. Sie werden ebenfalls gegen die Testendekriterien geprüft.

Abb. 2–7 *Auszug Testbericht – Abschnitt Testautomatisierung*

Testendekriterien automatisierte Tests

Für den Teilbereich der automatisierten Tests ergab die Prüfung gegen die Testendekriterien folgendes Ergebnis:

- 100% Testabdeckung von Anforderungen mit Risikoklasse 1: erfüllt
- 75% Testabdeckung von Anforderungen mit Risikoklasse 2: nicht erfüllt
- Test einer kompletten Datenmigration < 24h: erfüllt

Anforderungen der Risikoklasse 2 sind zu 65% von automatisierten Tests abgedeckt. Da die fehlende Testabdeckung durch manuelle Tests erfolgte, ist die Abweichung nicht als freigabeverhindernd anzusehen. Die fehlenden Tests können innerhalb der nächsten planmäßigen Iteration implementiert werden ...

2.1.5 Abschluss der Testaktivitäten

Zum Abschluss werden die Testaktivitäten im Rückblick betrachtet. Dazu gehört u.a. die Dokumentation von Best Practices, um einen Lerneffekt für nachfolgende Projekte oder Projektphasen zu erzielen. Aber auch kritische Fragen – ob die gesteckten Ziele erreicht wurden, unerwartete Probleme auftraten oder alle Aktivitäten wirklich notwendig und sinnvoll waren – sollten gestellt und beantwortet werden.

Archivierung der Testmittel

Außerdem werden alle Testmittel archiviert mit dem Ziel, die gleichen Tests zu einem späteren Zeitpunkt erneut durchführen zu können. Dies kann z.B. im Fall einer Revision nötig oder durch Regulatorien vorgeschrieben sein. Für die Archivierung und Verwaltung der automatisierten Testfälle können meist dieselben Werkzeuge verwendet werden wie bei der Entwicklung des Testobjekts, z.B. die Versionsverwaltung Subversion. Wichtig ist hier, nicht nur eine Wiederherstellbarkeit des Sourcecodes der automatisierten Testfälle zu schaffen, sondern auch die Umgebung, d.h. den Versionsstand des Automatisierungswerkzeugs, zu archivieren.

Im Nachgang sollten auf jeden Fall folgende Fragen gestellt werden:

- Hat sich die Investition in automatisierte Tests gegenüber manuellen Tests gelohnt?
- Wurden mit der Testautomatisierung Fehler im Testobjekt gefunden?
- Gab es unvorhergesehene Probleme, z.B. bei der Umsetzbarkeit von Testfällen oder bei der Technologie?
- Können Teile der Automatisierung weiterverwendet werden?
- Gab es Ressourcenprobleme in Bezug auf die Testautomatisierung und die geforderten Skills?

Diese Fragestellungen können ein wichtiger Input für die Weiterentwicklung und Reifung des Themas Testautomatisierung im Unternehmen sein.

Egal wie der Testprozess abgebildet ist, Testautomatisierung lässt sich meist gut in das bestehende Vorgehen integrieren. Sie kann aber den Prozess nicht verbessern oder gerade richten, sondern nur unterstützen. Wenn die Tests schon vorher schlecht liefen, werden sie es nach Einführung der Testautomatisierung auch noch – nur eben schneller.

2.2 Softwareentwicklungsmodelle und Projektvorgehen

Der Testprozess und seine Aktivitäten sind nur ein Teil des Gesamtprojekts und bilden mit dem Anforderungsmanagement, der Designphase und der Entwicklung den Kern des Projekts. Dazu kommen noch unterstützende Prozesse wie Projekt-, Release- oder Konfigurationsmanagement. Die zeitliche und inhaltliche Ausgestaltung dieser Phasen ergibt ein Softwareentwicklungsmodell bzw. ein Projektvorgehen.

Für eine erste Betrachtung teilen wir die Vorgehensmodelle in zwei Gruppen, die heutzutage einen Großteil der Projekte ausmachen:

- Klassische Entwicklungsmodelle, die eher sequenziell ausgerichtet sind
- Iterative und agile Entwicklungsmodelle, die sich durch Parallelisierung und kurze Iterationen auszeichnen

2.2.1 Klassische Entwicklungsmodelle

Bei den klassischen Entwicklungsmodellen werden die einzelnen Phasen der Softwareentwicklung sequenziell ausgeführt. Dass eine Phase komplett abgeschlossen sein muss, um mit der nächsten zu beginnen, wie es oft mit dem Wasserfallmodell dargestellt wird, findet sich so in

Reinform in der Praxis kaum. Dennoch gibt es genügend Projekte, die sehr erfolgreich mit einem oder mehreren langen Zyklen nach dem sequenziellen Vorgehen abgeschlossen werden. Ebenso gibt es Mischformen oder die Parallelisierung von Aufgaben, sodass eben nicht erst nach der Entwicklung mit den Testaufgaben begonnen wird – sondern lediglich mit der Testdurchführung. Die Testvorbereitung findet bereits mit der Spezifikationsphase statt.

Abb. 2–8 *Verschiedene Ausprägungen klassischer Entwicklungsvorgehen*

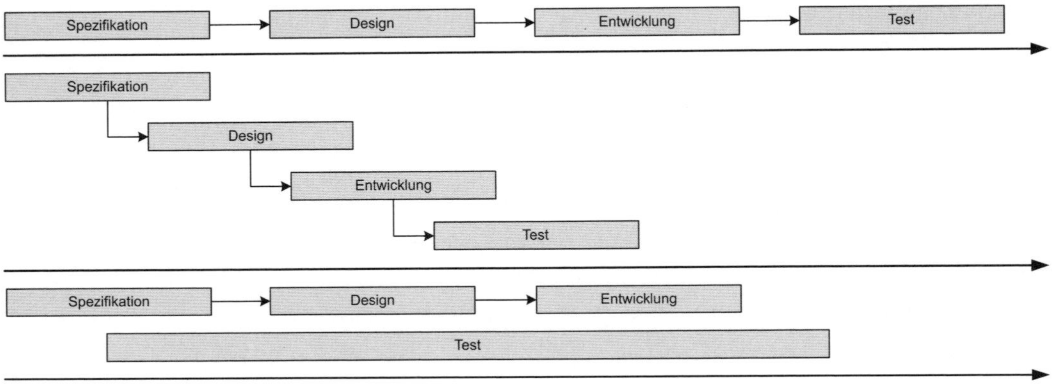

Sinnhaftigkeit von Testautomatisierung prüfen

In diesen Projekten ist die Sinnhaftigkeit von Testautomatisierung sehr genau zu hinterfragen. Automatische Komponententests sind auch hier sicher sinnvoll, da sie die Entwicklungsergebnisse positiv beeinflussen. Auf der Stufe der Systemtests kann eine Automatisierung vielleicht auch überflüssig scheinen, nämlich dann, wenn keine weiteren Zyklen oder Testdurchläufe geplant sind. Doch ist auch hier zu beachten, dass die Applikation nach der Fertigstellung weiterlebt. Change Requests, Fehler aus dem Produktionsbetrieb oder auch Wartungsaktivitäten werden eine Wiederholung von Tests nach »Live-Schaltung« nötig machen. Und diese Wartungsphasen können abhängig vom System sehr lange Zeiträume in Anspruch nehmen. Hier hat die Testautomatisierung auf Systemtestebene wieder großes Potenzial, Kosten und Zeit einzusparen. Wenn Monate nach den eigentlichen Systemtests Regressionstests notwendig sind, z.B. aufgrund eines Patches, wird es nicht einfach möglich sein, das Testteam schnell wieder zusammenzustellen, die alten Testfälle und -umgebungen aufzubauen und die Tests manuell durchzuführen. Das ursprüngliche Testteam wird vielleicht auch schon in ganz anderen Projekten tätig sein und steht daher gar nicht zur Verfügung.

Regressionstests

Mit implementierter Testautomatisierung ist es dann viel schneller möglich, die gewünschten Regressionstests durchzuführen und eine

Aussage darüber zu treffen, ob die Änderungen am Testobjekt unerwünschte Nebeneffekte haben oder ob das System stabil läuft. Die Aussagekraft hängt jedoch von der Qualität der Testautomatisierung ab.

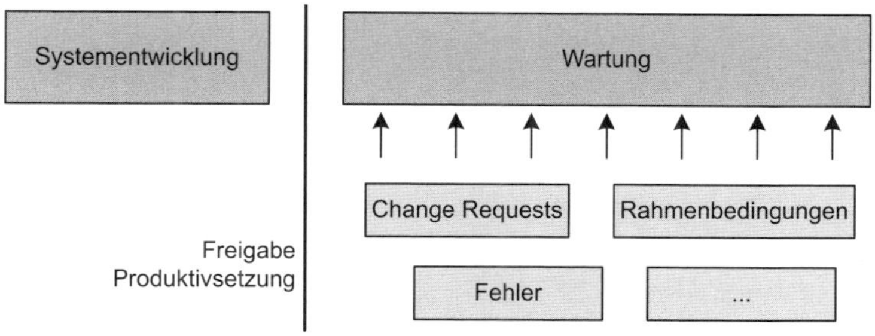

Abb. 2–9
Aktivitäten nach der Produktivsetzung

In klassischen Entwicklungsprojekten darf die Testautomatisierung aber nicht nur auf den wiederholten Regressionstest reduziert werden. Denn gerade in solchen Projekten mit langen Zyklen können andere Argumente für eine Testautomatisierung sprechen:

- Erreichung einer höheren Testtiefe
- Breitere Testdatenabdeckung (Kombinatorik)
- Notwendigkeit, Schnittstellen zu testen, die manuell nicht testbar sind

2.2.2 Iterative und agile Entwicklungsmodelle

Iterative Entwicklungsmodelle gibt es schon seit geraumer Zeit. Sie zeichnen sich dadurch aus, dass einige oder alle Phasen in Schleifen durchlaufen werden und somit das System »wächst«. Auch hier gibt es wieder verschiedene Mischformen und auch einige kommerzielle Ausprägungen, wie z.B. den IBM Rational Unified Process [URL: IBM RUP]. Die Verkürzung der Iterationen auf kleine Zyklen ist auch ein wesentliches Merkmal der agilen Entwicklungsmodelle. Diese Vorgehen, wie z.B. Scrum [URL: SCRUM], haben mittlerweile ihre Kinderkrankheiten abgelegt und dabei eine Reife erlangt, die sie in verschiedensten Projekten einsetzbar macht. Die kurzen Iterationen stellen dabei nur einen Teil des Vorgehens dar. Dazu kommen noch ganz andere Unterschiede zu klassischen Entwicklungsvorgehen, die einen großen Einfluss auf den Test des Systems haben.

Abb. 2–10
Verschiedene Ausprägungen iterativer und agiler Entwicklungsvorgehen

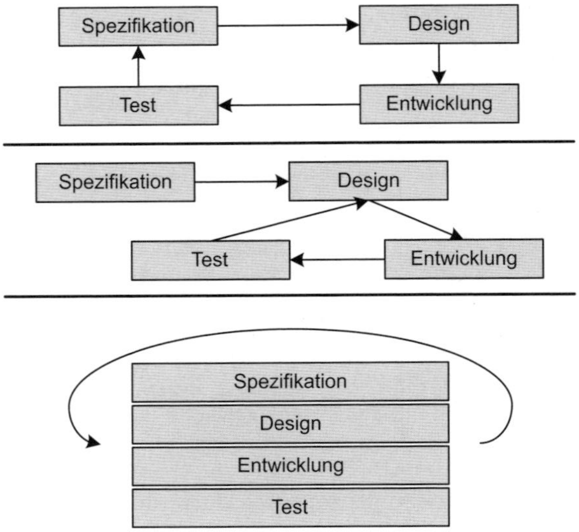

Die größten Herausforderungen für den Test in diesen Projekten sind sicher die kurzen Iterationen und das sich ständig ändernde System. Zu jedem Iterationsende muss ein Testergebnis vorliegen, es müssen daher in einer Iteration die neuen und geänderten Funktionalitäten spezifiziert und getestet werden und dazu noch ein Regressionstest des bereits bestehenden Systems durchgeführt werden. Dies ist manuell nicht mehr zu bewältigen, was die Notwendigkeit einer funktionierenden Testautomatisierung in agilen Vorgehen massiv erhöht. Wo in klassischen Entwicklungsprojekten die Testautomatisierung vielleicht Luxus ist und eventuell zu Effizienzsteigerung führt, ist sie in agilen Projekten notwendig, um überhaupt testen zu können. Somit muss der Testautomatisierung in diesen Projekten ein hoher Stellenwert eingeräumt werden, da Probleme in der Automatisierung projektkritisch sein können.

Testautomatisierung und Iterationen

Doch auch an die Testautomatisierung selbst sind in diesen Projekten die Ansprüche sehr hoch. Oftmals werden in den Iterationen bereits fertig entwickelte Teile nochmals verändert bzw. einem Refactoring unterzogen. Die Testautomatisierung muss hier ständig Schritt halten, denn zum Ende jeder Iteration muss ein valides Testergebnis über die neuen und bestehenden Funktionen vorliegen.

Ein automatisierter Regressionstest ist daher in vielen Fällen unausweichlich, da bereits nach wenigen Iterationen die Funktionalität des zu testenden Systemtests zu umfangreich für einen manuellen Regressionstest mit ausreichender Abdeckung sein wird. Konzepte wie Test Driven Development und Behaviour Driven Development versuchen diese Notwendigkeit in ein praktikables Vorgehen umzusetzen.

2.2.3 Prozessreifemodelle und Testautomatisierung

Die international am weitesten verbreiteten Prozessreifemodelle in der Softwareentwicklung sind SPICE – ISO 15504 (Software Process Improvement & Capability Determination), herausgegeben von der International Standards Organisation (ISO), und CMMI[1] (Capability Maturity Model Integration), herausgegeben vom Software Engineering Institute der Carnegy Mellon University. In diesen umfassenden Modellen sind Prozesse und Aktivitäten zum Aufgabengebiet des Softwaretests angeführt, wie z.B. die Prozessgebiete »Validierung« und »Verifikation« im CMMI oder »Software Testing« und »System Testing« in der Engineering Process Group des SPICE. In diesen Modellen sind jedoch die Beschreibungen zu den spezifischen Anforderungen an den Softwaretest sehr allgemein, wenn nicht sogar oberflächlich gehalten. Auf die zunehmende Bedeutung des Softwaretests am Markt und in der Ausbildung reagierten beide Prozesswelten. So entstanden die spezifischen Prozessreifemodelle TMMi[2] (Test Maturity Model integration) der TMMi Foundation [URL: TMMi] sowie das TestSPICE Process Assessment Model der TestSPICE SIG [URL: TestSPICE]. Das Thema Testautomatisierung wird in beiden Modellen unterschiedlich behandelt:

In TMMi Rel 1.0 gibt es kein spezifisches Prozessgebiet, das dem Thema Testautomatisierung gewidmet ist. Testtools und deren Einsatz sind als unterstützende Praktiken in den jeweiligen Prozessgebieten, in denen diese Anwendung finden, angeführt. Dies drückt sich dann so aus, dass z.B. im Prozessgebiet »Test Design und Ausführung« die spezifische Praktik »Entwickle und priorisiere Testprozeduren« auszugsweise folgendermaßen formuliert ist:

- **Typische Arbeitsergebnisse**
  1. Testprozedurspezifikation
  2. Automatisiertes Testskript
- **Subpraktiken**
  1. Erstelle Testprozeduren durch Kombination der Testfälle in einer bestimmten Abfolge und inkludiere sonstige Informationen, die für die Testausführung benötigt werden
  2. Priorisiere die Testprozeduren entsprechend den identifizierten Produktrisiken
  3. Dokumentiere die Prozeduren in einer Testprozedurspezifikation basierend auf dem Testprozedur-Spezifikationsstandard

1. CMMI ist eine registrierte Trademark der Carnegie Mellon University.
2. TMMi ist eine registrierte Trademark der TMMi Foundation.

4. Review die Testprozeduren mit den Stakeholdern
5. Überarbeite die Testprozeduren entsprechend
6. Optional können die Testprozeduren in automatisierte Testskripte übertragen werden

Ausführlicher wird die Testautomatisierung in TestSPICE adressiert.

Abb. 2–11 TestSPICE – Prozesskategorien und Prozessgruppen

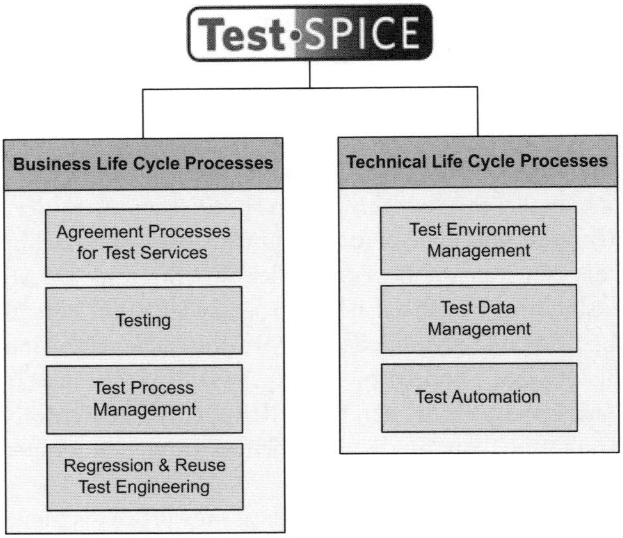

Hier findet sich eine eigene »Test Automation Process Group« mit folgenden Prozessen:

- **Test Automation Needs & Requirements Elicitation**
  Dieser Prozess dient der Herstellung eines gemeinsamen Verständnisses hinsichtlich des Bedarfs und der Rahmenbedingungen bezogen auf Testautomatisierung sowie der Erhebung detaillierter Anforderungen an die Automatisierung der Tests.
- **Test Automation Design**
  Hier geht es um die Beschreibung des Testautomatisierungsansatzes. Dieser umfasst die Identifikation potenzieller Automatisierungslösungen für die unterschiedlichen Testarten und Teststufen, die Ableitung von Anforderungen und Rahmenbedingungen, die Auswahl geeigneter Werkzeuge sowie die Erarbeitung grundlegender Automatisierungsansätze und deren Bestätigung durch ein Proof of Concept.
- **Test Automation Implementation**
  Für das jeweilige Projekt bzw. Vorhaben wird eine Automatisierungslösung zur Verfügung gestellt, d.h. das grundlegende Design in einem konkreten Werkzeug implementiert.

- **Test Case Implementation**
  Die für die Testdurchführung notwendigen Testabläufe und Testdaten werden definiert und in Testskripte umgesetzt. Die Wartung dieser Testskripte ist ebenfalls Bestandteil dieses Prozesses.
- **Test Automation Usage**
  Die automatisierten Tests werden ausgeführt, die Ergebnisse interpretiert und klassifiziert und es wird ein Testbericht erstellt.
- **Test Automation Process Monitoring**
  Dieser Monitoring-Prozess dient der laufenden Überprüfung, ob die Automatisierungslösung (= Werkzeug und Ansatz) wie erwartet funktioniert und den angenommenen Nutzen stiftet.

In Summe geben die Prozessreifemodelle jedoch nur ganz grobe Hinweise zum Thema Testautomatisierung. Diese Modelle dienen primär als Index zur Identifikation von Verbesserungs- und Optimierungspotenzialen in einer komplexen Softwareentwicklungsprozesslandschaft und nicht als konkrete Arbeitsanleitung. Das kann und darf man von Modellen dieser Art auch nicht erwarten.

2.3 Kontrollfragen zum Kapitel

1. Welche Vorteile bringt es, mit der Testautomatisierung frühzeitig zu beginnen?
2. Bei welchen Teststufen kann Testautomatisierung eingesetzt werden und worin unterscheiden sie sich?
3. Welche Faktoren helfen bei der Entscheidung, ob Testautomatisierung sinnvoll ist?
4. Welche Arten von Testautomatisierungswerkzeugen und Frameworks gibt es?
5. Was sollte bei der zeitlichen Planung und Aufwandsschätzung hinsichtlich Testautomatisierung berücksichtigt werden?
6. Worauf sollte Testautomatisierung zuerst abzielen – Testabdeckung oder Testtiefe?
7. Was muss bei der Fehlerprotokollierung beachtet werden?
8. Was sind Beispiele für häufige Testendekriterien?
9. Welche Überlegungen zum Thema Testautomatisierung sollte man nach dem Projektabschluss anstellen?
10. Welche zwei Gruppen von Softwareentwicklungsmodellen gibt es und worin unterscheiden sie sich?
11. Was spricht für die Testautomatisierung bei Projekten mit langem Zyklus?

3 Testfallspezifikation und -durchführung

Die »Testfallexplosion« (also der exponentielle Anstieg der Anzahl der Testfälle in Abhängigkeit der Programmkomplexität) ist einer der Grundbegriffe des systematischen Tests. Zahlreiche Verfahren und Methoden zielen darauf ab, mit einer möglichst geringen Anzahl an Testfällen eine möglichst hohe Testabdeckung zu erreichen. In diesem Kapitel werden einige dieser Verfahren vorgestellt und speziell unter dem Gesichtspunkt von Testautomatisierung und der damit verbundenen Methodik genauer betrachtet.

3.1 Testfalldesign und Testfallerstellung

Die Erstellung von automatisierten Testfällen erfolgt in vielen Fällen auf Basis konkreter Testfallspezifikationen. Aber auch das Design von Testfällen selbst kann automatisiert geschehen. Dies hat den Vorteil, dass die entstehenden Testfälle in vielen Fällen leichter automatisiert verarbeitbar sind als in Fließtext manuell erstellte Testfälle. Es stehen mehrere Techniken und Regelwerke zur Verfügung, die wir im folgenden Abschnitt beleuchten wollen.

3.1.1 Kombinatorik

Einige Testfallentwurfsmethoden liefern eine Menge an Testfällen, die im Normalfall gut mit datengetriebener Automatisierung abgearbeitet werden können, dazu zählen u.a.:

- Äquivalenzklassenbildung
- Grenzwertanalyse
- Klassifikationsbaummethode

Diese Methoden sind spätestens seit der Etablierung des »ISTQB® Certified Tester«-Schemas ein Standard für strukturierte Testfallerstellung und sind im Folgenden kurz dargestellt. Eine detailliertere Auseinandersetzung mit diesen Testfallentwurfsmethoden beschreiben Spillner und Linz in »Basiswissen Softwaretest« [Spillner & Linz 12] sowie Bath und McKay in »Praxiswissen Softwaretest – Test Analyst und Technical Test Analyst« [Bath & McKay 15].

3.1.1.1 Äquivalenzklassenbildung

Die Äquivalenzklassenbildung basiert auf der Annahme, dass ein Wertebereich, z. B. für ein Eingabefeld, sich in Klassen aufteilen lässt, deren Werte bei der Testausführung zu einem gleichartigen Verhalten des Testobjekts führen. Somit müssen nicht sämtliche mögliche Werte getestet werden, sondern lediglich ein Repräsentant je Klasse, was die Testfallanzahl massiv verringert. Um mittels Äquivalenzklassenbildung zu Testfällen zu kommen, sind folgende Schritte durchzuführen:

1. **Bestimmung der zulässigen und unzulässigen Wertebereiche**
   Für jeden Parameter wird der zulässige Definitionsbereich bestimmt. Dies ist die Äquivalenzklasse der gültigen Werte. Werte außerhalb des Definitionsbereichs werden zur Äquivalenzklasse der ungültigen Werte zusammengefasst.
2. **Verfeinerung der Äquivalenzklassen**
   Für Bereiche oder Elemente mit unterschiedlicher Verarbeitung wird eine eigene gültige Klasse (gÄK) gebildet. Bereiche oder Elemente, die zu einer Fehlerroutine führen, bilden jeweils eine eigene ungültige Klasse (uÄK).
3. **Repräsentanten ermitteln**
   Für jede Äquivalenzklasse wird ein beliebiger Repräsentant ausgewählt. Bei der Zerlegung von Ausgabeparametern muss auch ein passender Eingabeparameter ermittelt werden. Dies kann zu weiteren Unteräquivalenzklassen und Repräsentanten der Eingabeparameter führen.

Die Repräsentanten der verschiedenen Parameter werden dann zu Testfällen kombiniert, wobei maximal ein Repräsentant pro Kombination ungültig sein darf.

Das folgende Beispiel zeigt eine Preisberechnung eines Skiverleihs. Der Preis ist abhängig von der Leihdauer und vom Ski-Typ, wobei die Leihdauer gestaffelt ist (1–3 Tage, 4–7 Tage, mehr als 7 Tage). Die Äquivalenzklassen und Repräsentanten könnten dann folgendermaßen aussehen:

Parameter	Äquivalenzklasse	Repräsentant
Leihdauer	gÄK11:[1,...,3]	2
	gÄK12:[4,...,7]	5
	gÄK13:[8,...,max_int]	10
	uÄK14:[min_int,...,0]	-3
	uÄK15:[NaN]	abc

Tab. 3–1
Äquivalenzklassen und Repräsentanten für Parameter »Leihdauer«

Parameter	Äquivalenzklasse	Repräsentant
Ski	gÄK21:[Anfänger]	Anfänger
	gÄK22:[Standard]	Standard
	gÄK23:[VIP]	VIP
	gÄK24:[Snowboard]	Snowboard
	uÄK25:ungültige Auswahl	Mountainbike

Tab. 3–2
Äquivalenzklassen und Repräsentanten für Parameterliste »Ski«

Die meisten Automatisierungswerkzeuge unterstützen allerdings die Analyse von Äquivalenzklassen nicht. Sie ermöglichen in einigen wenigen Fällen die Kombination von Repräsentanten mehrerer Klassen zu Testfällen und zum überwiegenden Teil die Abarbeitung von derart vorbereiteten Testdatensätzen in Form von datengetriebener Testautomatisierung. Details zur kombinatorischen Bildung von Testdatensätzen werden in Abschnitt 3.1.1.3 beschrieben.

3.1.1.2 Grenzwertanalyse

Die Grenzwertanalyse geht von der Annahme aus, dass an Rändern von Definitionsbereichen mehr Fehler auftreten als innerhalb des Definitionsbereichs. Dies kann z.B. durch Missinterpretationen von Vergleichen passieren (größer als, kleiner gleich etc.). Für die Grenzwertanalyse sind folgende Schritte durchzuführen:

1. Identifizieren der Grenzen
2. Als Wert (Repräsentant) die Grenze selbst wählen sowie den nächsten Wert über der Grenze und unter der Grenze.

Als Repräsentanten können hier sowohl gültige als auch ungültige Werte verwendet werden. Es besteht zudem die Möglichkeit, nicht mit drei Werten je Grenze zu testen, sondern nur mit zwei Werten. Dies kann als weiterer Schritt zur Testfallreduktion gesehen werden, erhöht aber die Wahrscheinlichkeit, dass ein Fehler übersehen wird, und sollte daher abhängig von der Risikoanalyse entschieden werden. Es gibt auch Fälle, in denen potenzielle Fehler an Grenzen auch nicht mit drei

Werten gefunden werden, sondern mindestens vier Werte erforderlich sind [Tuinhout 08].

Die Grenzwertanalyse ist nicht nur bei Wertebereichen sinnvoll, sondern auch wenn es z.B. um Listen oder Datensätze geht. So kann etwa ein Datenimport mit keinem Datensatz, einem Datensatz, der maximal erlaubten Anzahl von Datensätzen und max+1 Anzahl von Datensätzen getestet werden.

Bei der Äquivalenzklassenbildung können die zuvor zufällig gewählten Repräsentanten durch die Grenzwerte ersetzt werden. Dabei muss natürlich auf Überschneidungen und Dopplungen geachtet werden.

Auch hier ist die Toolunterstützung in den gängigen Werkzeugen größtenteils auf die kombinatorische Bildung von Testdatensätzen und insbesondere deren Abarbeitung beschränkt.

3.1.1.3 Klassifikationsbaummethode und Kombinatorik

Die Klassifikationsbaummethode hilft beim Generieren von Testfällen in Form von Kombinationen. Die zu testenden Elemente werden zuerst in Klassen und Klassifikationen aufgeteilt. Diese können dann nach verschiedenen Regeln kombiniert werden. Ein Überblick über die Kombinationsmöglichkeiten folgt im nächsten Abschnitt. Eine Besonderheit der Klassifikationsbaummethode ist, dass zudem Regeln, Einschränkungen und Abhängigkeiten zwischen den Elementen hinterlegt werden können, die dann bei der Kombinatorik berücksichtigt werden. Als Beispiel dient der Test eines Onlinebanking-Systems mit folgenden Rahmenbedingungen:

- Anwendungsmodi: Einfach, Erweitert, Experte
- Browser: Firefox, Internet Explorer, Safari, Opera
- Sprachen: Deutsch, Englisch, Französisch
- Der Anwendungsmodus ist nur im Internet Explorer wählbar – in anderen Browsern gibt es nur einen Anwendungsmodus
- Den Expertenmodus gibt es nur in Deutsch

Zuerst wird der Klassifikationsbaum modelliert:

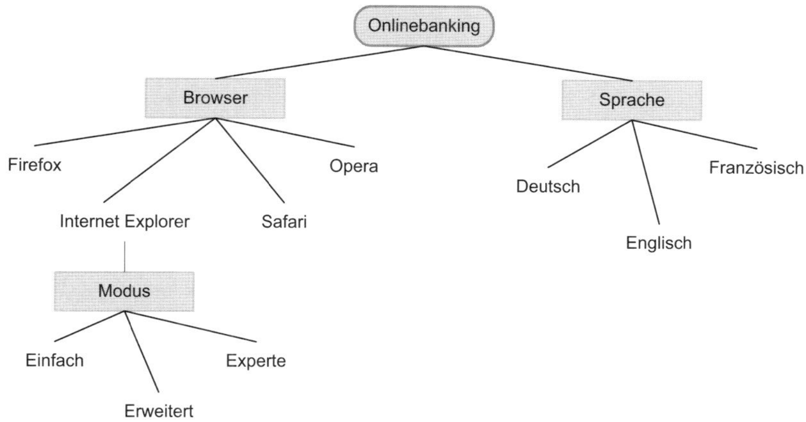

Abb. 3–1
Klassifikationsbaum des Onlinebanking-Systems

Als zweiter Schritt werden die Regeln hinterlegt:

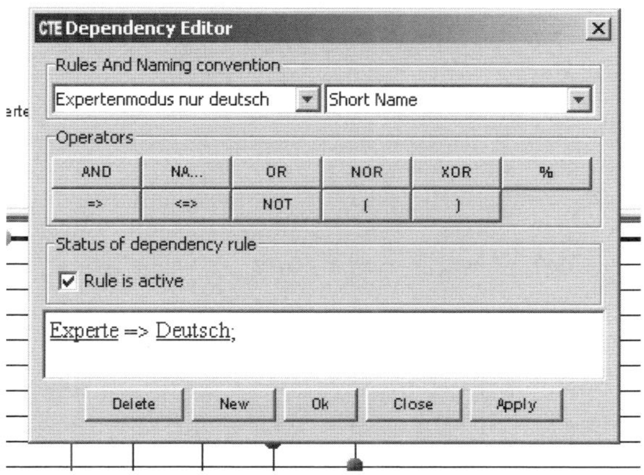

Abb. 3–2
Definition der Regeln

Über die Auswahl der Kombinationsvariante erzeugen die Werkzeuge automatisiert die Testfälle. Die Testfälle 2 und 18 sind vom Werkzeug als Testfälle markiert, die die Abhängigkeitsregeln verletzen:

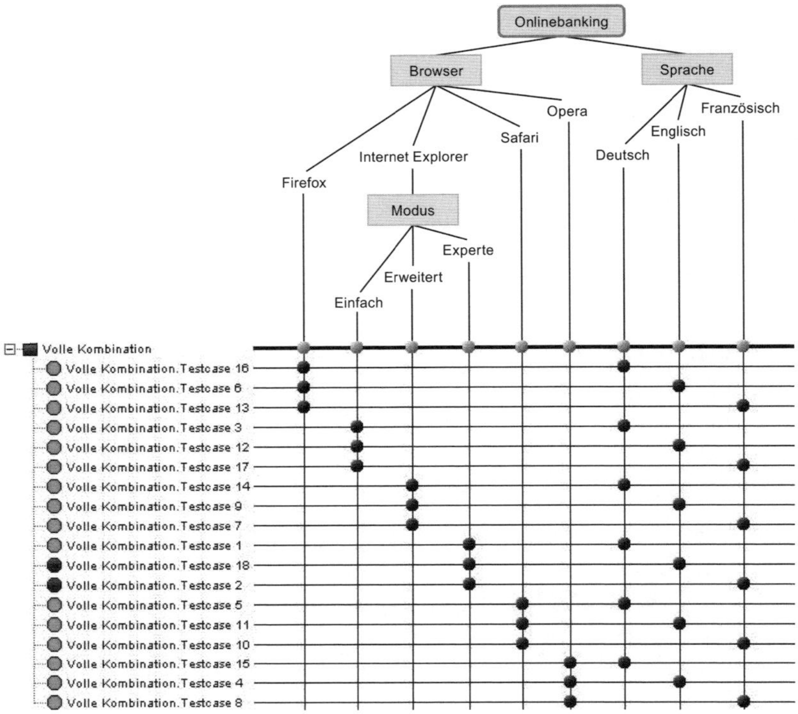

Abb. 3–3
Volle Kombination der Elemente unter Berücksichtigung der Abhängigkeiten

In diesem Beispiel wurde eines der bekanntesten Werkzeuge für die Klassifikationsbaummethode verwendet, der Classification Tree Editor.

Testmethodik, Repräsentanten und Automatisierung

Diese Testfallentwurfsmethoden haben gemeinsam, dass sie eine Menge an sogenannten »Repräsentanten« für die einzelnen Parameter einer Funktionalität liefern – also Werte, die repräsentativ für eine Menge an Eingabewerten in Testfällen verwendet werden. Für die Erstellung von konkreten Testfällen aus diesen Mengen an Repräsentanten gibt es verschiedene Kombinationstechniken, die automatisiert werden können. Das resultierende Testfallset, das nach Anwendung einer solchen Regel erstellt wird, erfüllt bestimmte Kriterien. Diese Kriterien werden hier vorgestellt, aufsteigend sortiert nach der Anzahl der Testfälle, die zur Erfüllung des jeweiligen Kriteriums im Allgemeinen notwendig ist.

- **Minimal**
  Jeder gültige Repräsentant kommt mindestens einmal im Testfallset vor.
- **Paarweise**
  Jeder gültige Repräsentant wurde mit jedem möglichen anderen gültigen Repräsentanten zumindest einmal kombiniert, d.h., jede mögliche Paarung von gültigen Repräsentanten ist im Testfallset enthalten.
- **Tripelweise**
  Analog zu paarweise: Jede mögliche Konstellation von drei gültigen Repräsentanten ist im Testfallset enthalten.
- **Maximal**
  Jede mögliche Kombination von gültigen Repräsentanten ist im Testfallset enthalten.

Automatische Mittel für die Ableitung von Testfällen aus Mengen von Parametern und deren gültigen Repräsentanten sind in Form von spezialisierten Werkzeugen oder auch als Features oder Add-ons für Testsuites verfügbar (siehe auch Kap. 6).

Viele Werkzeuge unterstützen sowohl die automatisierte Testdurchführung als auch diese kombinatorischen Testmethoden. In den meisten Fällen werden hierfür aber unterschiedliche Werkzeuge eingesetzt. In diesem Fall muss ein Weg gefunden werden, die generierten Testfalldatensätze bei der Testdurchführung zu verwenden. Hierfür gibt es in der Regel zwei mögliche Ansätze:

1. Generierung von konkreten Testfallabläufen aus diesen Testdaten
2. Auslesen der Daten während des Testfallablaufs

Generierung von konkreten Testfällen aus Datensets und Abläufen

In der ersten Variante werden auf Basis der Datensätze und Platzhalter in den Abläufen finale, konkrete Testfallabläufe erzeugt. Hierfür muss ein entsprechender Generator mit Auslesefunktion erstellt werden. Ändern sich die Daten oder der übergeordnete Ablauf, müssen diese neu generiert werden – damit gehen aber auch manuell nachgetragene Adaptierungen bei einzelnen Testfällen verloren.

Auslesen von Daten zur Laufzeit

Bei der zweiten Variante werden die Daten zur Laufzeit ausgelesen – das erfordert Zugriff auf die Daten, z.B. über eine Schnittstelle zu einer Tabellenkalkulationslösung. Was bei der ersten Lösung der übergeordnete Ablauf war, ist nun das eigentliche Testskript, das über die Datensätze iteriert. Testdatenadaptierungen zeigen damit Wirkung, ohne dass der Ablauf angepasst werden muss. Änderungen für Einzelfälle müssen allerdings im übergeordneten Ablauf eingetragen werden. Um diesen durch viele Einzelfälle nicht zu kompliziert und unüberschaubar werden zu lassen, empfiehlt es sich, Einzelfälle in eigene Abläufe oder auch ähnliche Ablauf-Daten-Paarungen auszulagern.

3.1.2 Testfallerstellung auf Basis von Modellen

Ähnlich wie bei der Abdeckung von Kombinationen von gültigen Repräsentanten kann auf Basis von Modellen systematisch eine Menge von Testfällen abgeleitet werden, die bestimmte Abdeckungskriterien erfüllt.

Diese Testfälle beschreiben im Allgemeinen eine Serie an Aktionen und Überprüfungen – eine Struktur, die den Einsatz von schlüsselwortgetriebener Automatisierung nahelegt.

Umsetzung der Testmethodenergebnisse in Automatisierung

Auch hier gibt es, wie bei kombinatorisch erstellten Testfällen, die Möglichkeit der Generierung der automatisierten Testfälle und des Auslesens zur Laufzeit. Die unmittelbare Verbindung der automatisierten Testfälle zu Spezifikationsdokumenten ist ein weiterer Punkt, der sich positiv auf die Stabilität und Wartbarkeit der automatisierten Testfälle auswirken kann.

Basis für modellbasierte Testfallableitung können unterschiedliche Modelle sein. Das folgende Beispiel stellt ein Zustandsmodell dar, das in den Anforderungen oder Designdokumenten spezifiziert sein kann. Der Tester hat natürlich auch die Möglichkeit, solche Modelle aus den Anforderungen abzuleiten, wenn diese in Prosatext vorliegen. Dieses Vorgehen dient der Illustration und ist gleichzeitig ein Qualitätscheck für die Anforderungen und ermöglicht es so, frühzeitig die Anforderungen zu prüfen.

Abb. 3–4
Beispiel für ein Zustandsübergangsdiagramm

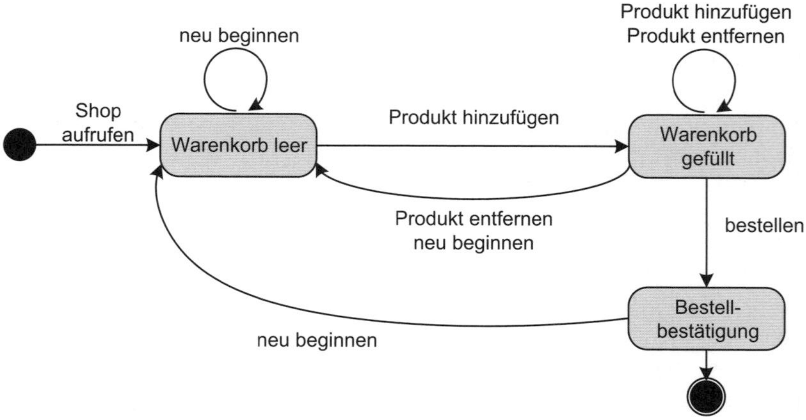

Bei einem Zustandsmodell kann in den meisten Fällen aus den Zustands- und Übergangsbeschreibungen gut ermittelt werden, welche

Interaktionen für die Automatisierung notwendig sind. Dies ist bei der Planung, Umsetzung und Dokumentation der entsprechenden Automatisierungskomponenten ein großer Vorteil.

Die Testtiefe wird über das Überdeckungsmaß gesteuert, das als Kriterium zur Ableitung von Testfällen festgelegt ist. Es folgen ein paar Beispiele dazu, aufsteigend sortiert nach der Anzahl der im Allgemeinen notwendigen Testfälle:

- **Zustandsüberdeckung**
  Jeder Zustand/jede Aktivität im Diagramm ist mindestens einmal im Testfallset enthalten.
- **Übergangsüberdeckung**
  Jeder Übergang zwischen zwei Zuständen/Aktivitäten ist im Testfallset enthalten.
- **(n-1)-Überdeckung**
  Jeder Pfad der Länge n-1 ist im Testfallset enthalten (auch Chows Kriterium genannt).
- **Pfadüberdeckung**
  Jeder mögliche Pfad ist im Testfallset enthalten.

Das gewünschte Überdeckungsmaß kann bei Werkzeugen, die aus den Modellen automatisiert Testfälle generieren, konfiguriert werden.

Im Gegensatz zu einer klassischen Testfallbeschreibung in Textform bietet ein modellbasierter Ansatz einige Vorteile:

- **Modular und abstrahierbar**
  Während des Modelldesigns können durch die Bildung von Diagrammhierarchien und der Kapselung von Teilmodellen verschiedene Abstraktionsebenen geschaffen werden, wobei sich die verschiedenen Stakeholder auf die für sie interessanten Ebenen konzentrieren können.
- **Automatisierbar**
  Durch die formale Darstellung im Modell können Werkzeuge Testfälle besser generieren, als dies bei textuellen Anforderungen der Fall ist.
- **Systematisch**
  Die Testfallerstellung wird stark systematisiert. Dies geschieht einerseits durch festlegbare Vorgehensweisen bei der Modellierung, anderseits durch die Ableitung von Testfällen aus Modellen nach vorgegebenen Regeln.

- **Flexibel und sukzessive integrierbar**
  Die Methodik kann sukzessive eingeführt werden. Beispielsweise wird das Modell zunächst für die Priorisierung und die Kommunikation zwischen den Beteiligten herangezogen. Später kann es um die Möglichkeiten der automatisierten Testfallgenerierung erweitert werden.
- **Verständlich und kommunizierbar**
  Das Modell ermöglicht einen Überblick über das zu testende System und bietet eine verständliche Kommunikationsgrundlage, auch für Personen, die technisch nicht versiert sind. Modelle haben den Vorteil, dass sie gut lesbar sind.
- **Wartbar und wiederverwendbar**
  Aufgrund der Wiederverwendbarkeit und der Toolintegration müssen bei einer Änderung nur wenige Modellelemente angepasst werden. Redundanzen werden dadurch vermieden und Impact-Analysen vereinfacht.

Modellbasiertes Testen bietet viele Möglichkeiten für Tester. Ein Basiswerk für die Auseinandersetzung mit diesem Thema haben Roßner, Brandes, Götz und Winter mit »Basiswissen Modellbasierter Test« geschaffen, das als Referenz auf dem Gebiet des modellbasierten Testens gilt [Roßner et al. 10].

Aus der Praxis:

Abhängigkeit zwischen Anforderungen, manuellem Test und Testautomatisierung

Bei einem Unternehmen wurde für die interne Verwaltung ein Standardprodukt angeschafft, das an die branchen- und organisationsspezifischen Anforderungen angepasst wurde. In der täglichen Verwendung durch die Mitarbeiter traten jedoch immer wieder Probleme auf, auch in Bereichen, die bereits zu einem früheren Zeitpunkt funktioniert hatten. Nachdem sich die Probleme mit jeder neuen Anpassung vermehrten, war es dem Unternehmen wichtig, nach jeder Anpassung die Erfüllung seiner Anforderungen erneut validieren zu können und dafür Testautomatisierung einzuführen.

Der erste Versuch, zu diesem Zweck geeignete Testfälle systematisch abzuleiten, scheiterte aufgrund von nicht ausreichend definierten und widersprüchlichen Anforderungen. Damit war deutlich, dass eine korrekte Umsetzung der Anforderungen zu diesem Zeitpunkt gar nicht möglich war, geschweige denn ein automatisierter Test. Es musste also zunächst einmal die Testgrundlage, also die Anforderungen, überarbeitet werden. Danach konnten methodisch Testfälle abgeleitet und erfolgreich automatisiert werden.

3.2 Testdatenbeschreibung

3.2.1 Syntaxbezogene Testdaten

Die beschriebenen Methoden zur Testfallgenerierung gehen davon aus, dass bestimmte Repräsentanten bereits verfügbar sind. Diese können manuell nach Testmethoden abgeleitet oder auch automatisiert aus einer formalen Spezifikation heraus ausgewählt werden.

Das automatische Generieren von Testdatensätzen erfordert im Allgemeinen eine formale Beschreibung der zu erstellenden Daten. Diese Beschreibung kann in unterschiedlichen Formen vorliegen.

Zufallstest mit Syntaxspezifikation

Ein mögliches Szenario ist die Erstellung von Pseudodatensätzen, deren Inhalt eine in (E)BNF (Erweiterte Backus-Naur-Form) gehaltene Spezifikation der möglichen Daten ist, aus denen heraus systematisch oder zufällig gültige und auch ungültige Datensätze generiert werden.

(E)BNF ist eine formale Sprache zur Definition der Syntax von erlaubten Zeichenketten, die auch für die Beschreibung von Programmiersyntax verwendet wird und dadurch Verbreitung erlangt hat.

Listing 3–1
Beispiel für (E)BNF

```
anschrift = name, newline, wohn_adresse, newline, ort;
name = nachname, ", ", vorname;
wohn-adresse = strasse, " ", haus-num;
ort = ort-name, ", ", postleitzahl;
```

Die darunter liegenden, weiteren Teile der Beschreibung werden ebenfalls in dieser Form spezifiziert, beispielsweise für »postleitzahl« (in diesem Beispiel im Format für Österreich gültig):

Listing 3–2
Weiterführendes Beispiel für (E)BNF

```
postleitzahl = zifferNichtNull, 3 * ziffer;
ziffer =  "0"|zifferNichtNull;
zifferNichtNull =  "1"|"2"|"3"|"4"|"5"|"6"|"7"|"8"|"9";
```

3.2.2 XML

XML ist ein Standard für die Erfassung von maschinenlesbaren Dokumenten und größtenteils durch Spezifikationen des W3C definiert. Es hat sich als Format für den Datenaustausch und entgegen seiner hauptsächlichen Intention auch als Format für menschenlesbare Konfigurationen und Daten immer weiter durchgesetzt.

Für die Spezifikation von XML-Formaten gibt es Möglichkeiten auf unterschiedlichen Ebenen: XSL für die Schemadefinition, WADL[1] oder WSDL[2] für Webservices. Aus diesen formalen Spezifikationen

1. WADL: Web Application Description Language
2. WSDL: Web Service Description Language

heraus lassen sich ebenfalls gültige und ungültige Testdatensätze generieren. Die meisten Werkzeuge für den Test von XML-basierten Schnittstellen verwenden diese formale Spezifikation allerdings insbesondere dafür, dem Tester eine servicespezifische, grafische Oberfläche für die Erfassung von Testdaten zu generieren.

Test gegen formale Spezifikation

Ziel der Verwendung solcher Tools ist üblicherweise ein Test der dazugehörigen Applikation auf Übereinstimmung der Verarbeitung mit deren formaler Beschreibung. Da allerdings die formalen Spezifikationen oft automatisiert aus den gleichen Informationen generiert werden wie der dazugehörige Programmcode bzw. dessen Gerüst, sollte dieser Testansatz vor seiner Verwendung im Speziellen auf Sinnhaftigkeit untersucht werden.

3.3 Automatisierte Testdurchführung

Automatisierte Tests sind im Regelfall wiederholbar und im Sinne eines Regressionstests angelegt. Ihre Durchführung sollte, wie der manuelle Test auch, im allgemeinen Testprozess abgebildet und in einem für das Gesamtprojekt passenden Rahmen eingeplant werden. Dieser Abschnitt befasst sich mit verschiedenen Formen dieser Eingliederung und mit der Verwaltung und Verarbeitung der Ergebnisse von automatisierten Testdurchläufen.

3.3.1 Zeitliche Taktung

Der automatisierte Test kann im Rahmen eines Projekts zu mehreren Zeitpunkten mit unterschiedlichen Hintergründen eingesetzt werden. Je nach Situation können unterschiedliche Varianten mit unterschiedlichen Schwerpunkten sinnvoll sein: Während in der sequenziellen Softwareentwicklung in den meisten Fällen eine Variante der fallweisen Testdurchführung zum Tragen kommen wird, ist in inkrementellen und daher auch in agilen Entwicklungsmodellen ein starker Schwerpunkt auf der ständigen Durchführung der automatisierten Testfälle naheliegend.

3.3.1.1 Ständige Durchführung

Eine häufige Form des regelmäßigen automatisierten Tests ist die automatisierte Durchführung von Unit Tests vor bzw. nach einem Build, um Entwicklern unmittelbar Rückmeldung über die Auswirkung ihrer Änderung an der entwickelten Software zu geben. Speziell in Umfeldern, in denen ein Continuous Build eingesetzt wird (also wenn nach jeder vom Entwickler freigegebenen Codeänderung ein Build gestartet wird), ist dieses Vorgehen beinahe unabdingbar.

Diese Art der Durchführung hat im Allgemeinen nicht das Hauptziel, neue Funktionalität zu testen, sondern repräsentiert im Kern einen Regressionstest, der sicherstellen soll, dass die Änderungen bereits korrekt funktionierende Programmteile nicht beeinflussen.

Auswahl von relevanten Testfällen

In größeren Projekten mag es nicht sinnvoll sein, die Gesamtmenge von Unit Tests zu jedem Build laufen zu lassen, da dies im Verhältnis zur Häufigkeit der Durchführung zu viel Zeit in Anspruch nehmen würde. Hier ist es wichtig, entweder ein repräsentatives, gleichbleibendes Set an Testfällen aus der Menge der verfügbaren Unit Tests auszuwählen, das für die häufigen Tests herangezogen wird, oder automatisiert Kandidaten auszuwählen, die anhand der durchgeführten Codeänderungen identifiziert werden und das »Einzugsgebiet« der Änderungen abdecken. Einige Werkzeuge, die den Softwarelebenszyklus unterstützen, bieten hierfür Funktionalität an, die die Änderungen an der entwickelten Software den durch die automatisierten Tests angestoßenen Teilen der Software gegenüberstellt und daraus die durchzuführenden Tests ermittelt.

In beiden Fällen sollte dennoch das vollständige Set an Unit Tests regelmäßig (z.B. täglich) durchgeführt werden.

Automatisierte Integrations- bzw. Systemtests (speziell über das GUI) sind aufgrund ihrer vergleichsweise langen Laufzeit und ihres Bedarfs nach einem installierten und konfigurierten Testobjekt im Allgemeinen nicht für diese Variante der Durchführung geeignet.

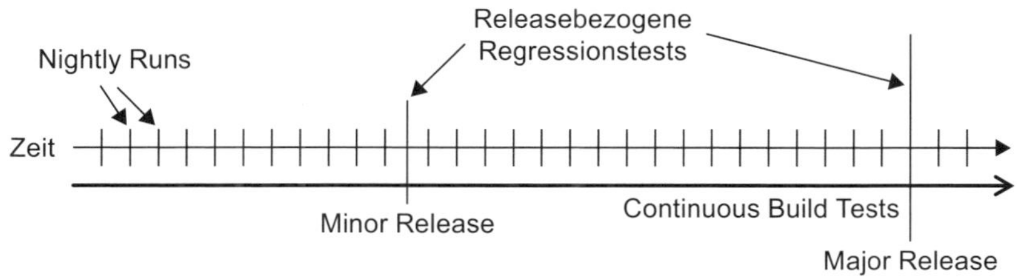

Abb. 3–5
Zeitliche Taktung der Testdurchführung

3.3.1.2 Häufige Durchführung

Tests, deren Durchführung nach jeder Änderung am zu testenden System zu lange dauern würde, können alternativ in relativ kurzen, aber mehrtägigen Abständen durchgeführt werden. Im Allgemeinen ist dieses Intervall ausreichend, um eine vollständige Durchführung von automatisierten Unit Tests unterbringen zu können. Auch für kleine bis mittlere automatisierte Integrations- und Systemtests ist dieses

Zeitfenster in vielen Fällen ausreichend, soweit das Deployment bzw. die Installation des Testobjekts automatisiert erfolgt.

Zielsetzung und Umfang

Auch diese Taktung der Durchführung wird im Allgemeinen in Bezug auf Systemtests weniger zum Testen neuer Funktionalitäten genutzt, sondern eher für Regressionstests. Grund hierfür ist, dass es in vielen Fällen nicht möglich ist, Systemtestfälle vollständig zu automatisieren, bevor das Testobjekt in Hinsicht auf die betroffene Funktionalität einen gewissen Reifegrad erreicht hat. Des Weiteren sollten auch automatisierte Systemtestfälle getestet und auftretende Fehler in der Automatisierung behoben werden, um zu vermeiden, in einem größeren Testdurchlauf unnötig Unruhe und Analyseaufwand durch fehlgeschlagene Testfälle zu verursachen.

Aus der Praxis:

Voraussetzungen für erfolgreiche Testautomatisierung: Review der Ergebnisse von automatisierter Testdurchführung

In einem großen Unternehmen mit einer komplexen Systemlandschaft war ein täglicher automatisierter Systemintegrations-Regressionstest der Kernapplikationen mit automatischer Erfassung und Bereitstellung der Ergebnisse für alle Teammitglieder vorgesehen. Ein Automatisierungsframework wurde erstellt, um die unterschiedlichen Applikationen, die für die Datenaufbereitung und einen aussagekräftigen Regressionstest notwendig waren, in den Testskripten ansteuern zu können. Testfälle mit hoher Priorität wurden automatisiert. Manuelle Tests und andere Testprojekte teilten sich die Testumgebung.

Bereits bei der ersten unbeaufsichtigten Durchführung des automatischen Testlaufs traten Probleme in der Testumgebung auf. Diese konnten im Zuge der folgenden Tage behoben werden. Beim nächsten Testlauf stellte sich jedoch heraus, dass sich die Systemkonfiguration geändert hatte und der Testlauf aufgrund der Konfiguration in anderen Applikationen des Testsystems nicht aussagekräftig automatisiert durchgeführt werden konnte.

Das Ergebnis einer aufwendigen Automatisierungsentwicklung, die in Frameworkentwicklung und Testfallautomatisierung geflossen war, konnte über Monate hinweg nicht genutzt werden, da die Testumgebung immer wieder unter Konfigurationsproblemen litt oder aufgrund von anderen Testaktivitäten nicht zur Verfügung stand.

→

Die Testläufe zeigten daher Probleme und Fehler in der Testumgebungskonfiguration auf und nicht, wie gewollt, in den getesteten Applikationen. Das Automatisierungsteam konzentrierte sich für einige Wochen auf die Stabilisierung der Testfälle und Automatisierungskomponenten, jedoch ohne wesentliche Fortschritte. Doch eine grundlegende Entscheidung brachte die Wendung: Es wurde beschlossen, den Lauf nicht täglich, sondern nach jeder Übergabe des Testobjekts an den Test (wöchentlich ein- bis zweimal) durchzuführen. Zusätzlich wurde entschieden, jeweils die Ergebnisse zu analysieren und einen zusammenfassenden Report zu erstellen. Nach etwa zwei Wochen stellte sich heraus, dass dieser Ansatz erfolgreich war: Ein Ergebnisreview nahm nur jeweils etwa einen halben Personentag in Anspruch, und der erstellte Report konzentrierte sich auf die für das Team wesentlichen Resultate des Laufs. Somit konnte mit minimalem manuellem Aufwand ein regelmäßiger automatisierter Systemintegrations-Regressionstest in einer komplexen, labilen Umgebung erfolgreich umgesetzt werden.

3.3.2 Fallweise Durchführung

Automatisierte (System-)Smoke-Tests bzw. vollständige Integrations- und Systemtestdurchführungen bei nicht automatisiertem Deployment bzw. Installation des Testobjekts sind oft aus Aufwands- und Zeitgründen nicht in kurzen Abständen möglich. Hier empfiehlt sich, zumindest einmal pro zu lieferndem Inkrement die vollständige Menge an automatisierten Testfällen laufen zu lassen. Ist dies nicht möglich, so sollte die durchzuführende Menge aufgrund einer (technischen) Impact-Analyse und auf Basis einer Risikoanalyse ausgewählt werden.

3.3.3 Fehler-Workflow

3.3.3.1 Fehler im Automatisierungswerkzeug

Leider sind auch Werkzeuge für Testautomatisierung nicht fehlerfrei. Wie bei anderen Entwicklungsumgebungen können diese zu Einschränkungen, schlechter Wartbarkeit, schlechter Usability oder Instabilität der Automatisierung führen. Speziell als kritisch einzustufen sind Fehler, die trotz einer Abweichung des Verhaltens des zu testenden Systems vom erwarteten Verhalten einen Testfall nicht fehlschlagen lassen, da sie im Allgemeinen schwer und oft erst sehr spät entdeckt werden können.

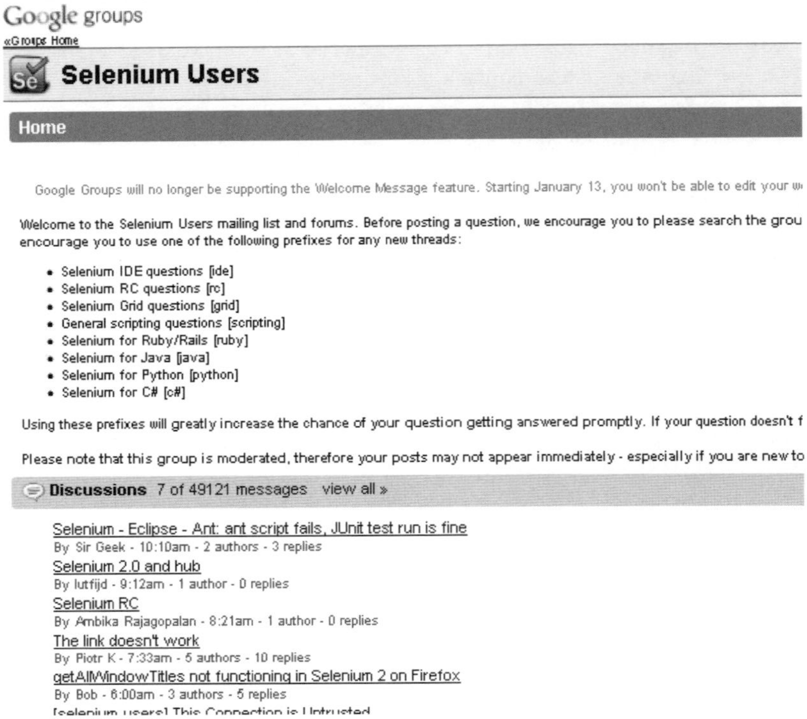

Abb. 3–6
Eine benutzergetriebene Supportplattform für Selenium

Während die meisten Open-Source-Werkzeuge für den automatisierten Test einen Support in Form einer Community und entsprechende Werkzeuglisten zur Fehlererfassung anbieten oder über Mailinglisten kommunizieren, stellen Anbieter von kommerziellen Tools üblicherweise eigene Plattformen für die Meldung von Bugs und Feature Requests zur Verfügung.

Hierbei ist darauf zu achten, dass die in der Verwendung der Werkzeuge auftretenden Fehler auch in diesen Systemen bekannt gegeben werden. Es empfiehlt sich auch, bei der Nachverfolgung der gemeldeten Fehler eine Systematik zu entwickeln, um deren Abarbeitung zu verfolgen – etwa ein zweiwöchentliches Durchsehen und Priorisieren der gemeldeten Fehler mit entsprechender weiterer Nachverfolgung der Ergebnisse.

Kommunikation mit Werkzeugherstellern

In den meisten Fällen ist es sinnvoll, die Kommunikation mit den Werkzeugherstellern zu kanalisieren, um parallele und unvollständige Kommunikation über die Unternehmensgrenze hinweg zu vermeiden und einen Gesamtüberblick zu wahren – z.B. durch ein zweistufiges System. Zunächst werden Fehler im Werkzeug über eine entsprechende interne Plattform (siehe nächster Abschnitt) gemeldet. Dies hat einerseits den Vorteil einer internen Sammlung der offenen Themen und andererseits den Nebeneffekt, dass eine Fehleranalyse vorab möglich ist, um z. B. Konfigurations- oder Frameworkfehler auszuschließen oder Wege zur Reproduktion des Fehlverhaltens zu entwickeln, bevor der Werkzeuganbieter aktiviert wird.

Danach werden die tatsächlich festgestellten Fehler aus Gesamtsicht priorisiert und beim Hersteller gemeldet.

3.3.3.2 Fehler im Automatisierungsframework

Automatisierungsframeworks nutzen die Funktionalität eines Testwerkzeugs, um das zu testende System und gegebenenfalls auch dessen Umgebung in Kombination mit entsprechenden Testdaten für Tester automatisiert zugänglich zu machen.

Erweiterungen von Testwerkzeugen

In vielen Fällen muss hierfür das Testwerkzeug um entsprechende Funktionalitäten erweitert werden, z. B. für die Integration mit weiteren Schnittstellen, wie etwa zur Testdurchführung oder für die Eingliederung der Automatisierung in den Testprozess.

Auch hier haben Fehler Auswirkung auf die Qualität der automatisierten Testdurchführung, und es sollte darauf geachtet werden, dass nicht Fehler im Framework irrtümlich als Fehler im zu testenden System gemeldet werden.

Ein wesentlicher Unterschied ist jedoch, dass die mit der Automatisierung betrauten Personen direkt auf diese Mängel und Fehler Einfluss nehmen können.

Bug-Tracking für die Automatisierung

Für Fehler, Feature Requests und Aufgabenverwaltung in Testframeworks ist, wie bei jeder Softwareentwicklung, Fehlermanagement ein zentrales Thema. Es empfiehlt sich, eine eigene Instanz eines Bug-Tracking-Systems zu erstellen, in der diese Arbeitspakete verwaltet werden.

Wichtig ist, dass dieses System sowohl von den Anwendern des Frameworks als auch von den für die Frameworkentwicklung zuständigen Personen intensiv genutzt wird und dieser Prozess gelebt wird.

3.3.3.3 Testfall-Debugging

Die erste Durchführung eines automatisierten Testfalls auf einer möglichst produktionsähnlichen Umgebung kann mehrere Fehlerquellen aufdecken: die bereits erwähnten Fehler im Automatisierungsframework und Automatisierungswerkzeug, aber auch Fehler im automatisierten Testfall selbst, die entweder auf Übertragungsfehler von einer natürlichsprachlichen Formulierung des Testfalls in eine maschinenlesbare Form oder auch auf einen fehlerhaften Testfall selbst zurückführbar sind. Auch das Aufdecken eines Fehlverhaltens des zu testenden

Systems selbst ist möglich. Ein solcher Fund ist zwar erfreulich im Sinne des Tests der Applikation, allerdings können Fehler in der zu testenden Applikation beim Debugging von automatisierten Testfällen störend und sogar blockierend wirken.

Wird ein Fehlverhalten des automatisierten Tests festgestellt, so wird dieses üblicherweise direkt behoben und der Testfall erneut durchgeführt.

Abb. 3–7 *Vorgehen bei der Erstellung von automatisierten Testfällen und deren Aufnahme in ein Regressionstest-Portfolio*

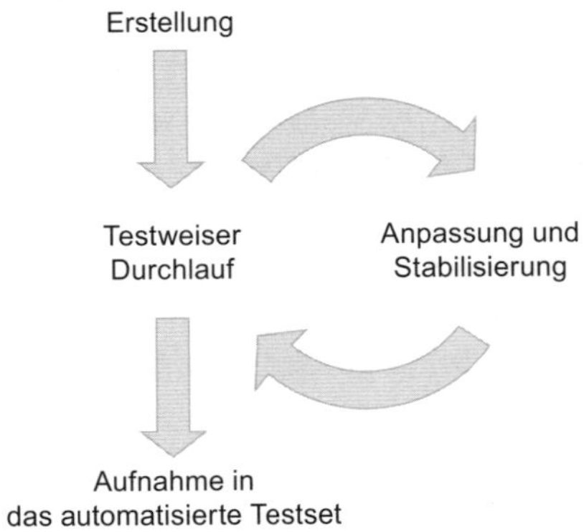

Testfälle in einen regelmäßig, automatisiert durchgeführten Testzyklus (z.B. Continuous Integration) zu integrieren, bevor diese zumindest einmal separat zu Debugging- bzw. Testzwecken (mit dem automatisierten Testfall als Testobjekt) durchgeführt wurden, ist meist gefährlich: Es birgt das Risiko, dass die entsprechenden Warnsysteme einen falsch positiven Fehleralarm kommunizieren und der Eindruck entsteht, das zu testende System sei defekt. Dies kann zu voreiligen Aktivitäten z.B. von Entwicklern führen und generell Verwirrung stiften. Daher empfiehlt es sich, die Testfälle zunächst in einer dem Testteam eigenen Testumgebung ohne Alarmierungskomponente für das Gesamtteam zu stabilisieren und die eben automatisierten Testfälle danach erst in die regelmäßig durchgeführten Testsets zu übernehmen. Für die Überprüfung der Wiederholbarkeit von automatisierten Testfällen, die in den meisten Fällen aufgrund des Fokus auf Regressionstests angestrebt wird, kann eine zweimalige Durchführung zu Testzwecken helfen.

3.3.3.4 Durch die Automatisierung festgestellte Fehler

Auf den ersten Blick kann es verführerisch wirken, einen regelmäßigen, automatischen Testdurchlauf in ein Fehlermanagementwerkzeug zu integrieren, das auftretende Fehler automatisiert meldet.

Dem steht jedoch ein wesentlicher Faktor entgegen: Wie in den vergangenen Abschnitten beschrieben, kann das Fehlschlagen eines automatisierten Testfalls mehrere Quellen haben. Einige Beispiele:

- Zu testendes System
- Durch das zu testende System benutzte Fremdsysteme
- Automatisierter Testfallablauf
- Testdaten
- Schnittstellenänderung am Testobjekt
- Testframework
- Testwerkzeuge
- In die Automatisierung integrierte Fremdsysteme

Da das zu testende System nur eine von vielen möglichen Ursachen darstellt, kann das automatisierte Melden eines Fehlers in der Fehlererfassung viele falsch positive Fehlermeldungen (also Fehlermeldungen, die aufgrund eines Fehlers im Test und nicht eines Fehlers im zu testenden System gemeldet wurden) verursachen. Soll dennoch eine automatisierte Fehlermeldung eingesetzt werden, empfiehlt sich eine entsprechende Markierung dieser Fehlertickets. Erfahrungsgemäß findet sich eine solche automatische Alarmierung häufig in Umgebungen für Entwicklertests, in denen die für die Automatisierung verantwortlichen Personen auch gleichzeitig diejenigen sind, die auf derartige Fehlermeldungen reagieren.

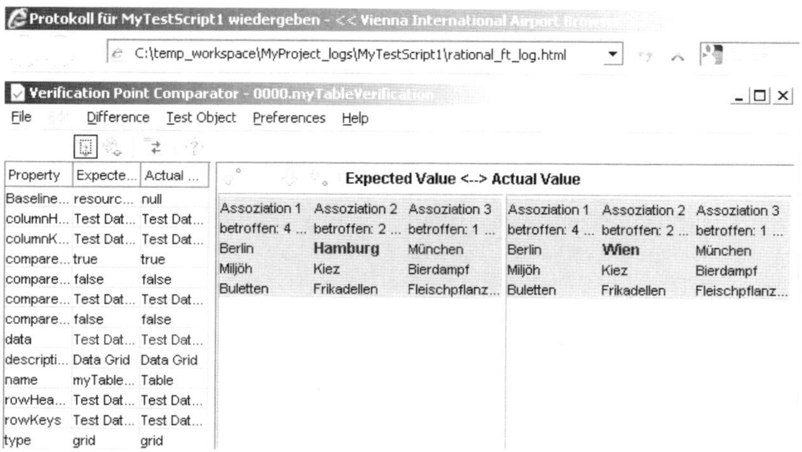

Abb. 3–8
Vergleich der tatsächlichen Inhalte einer GUI-Tabelle mit den darin erwarteten Werten

Unabhängig davon, ob eine automatisierte Fehlermeldung angestrebt wird oder nicht, ist es aber in den allermeisten Fällen notwendig, die Ursache für einen fehlgeschlagenen Testfall zu untersuchen. Hierfür sollte (z.B. im Fehlererfassungs- oder Testfallmanagementsystem oder minimal auf dem verwendeten Automatisierungsrechner) ausreichend

Information vorhanden sein, um den Hergang des Testfalls nachzuvollziehen und zu analysieren. In vielen Fällen reicht ein Blick auf ein Protokoll der Automatisierung, um einen »echten« Fehler am zu testenden System von einem durch die Automatisierung verursachten Fehlschlagen eines Testfalls zu unterscheiden.

3.3.3.5 Effektivität der automatisierten Testdurchführung

Das Verhältnis von »echten« im zu testenden System gefundenen Fehlerwirkungen zu der Gesamtanzahl der fehlgeschlagenen Testfälle kann Aufschluss über die Effektivität und Stabilität der Automatisierungslösung geben. Zur Ermittlung dieser Kennzahl kann z.B. ein eigener Status für das Testdurchführungsergebnis verwendet werden, der nach der Analyse gesetzt wird, oder auch ein eigenes Feld mit einer Auswahl an möglichen Fehlerursachen, wie die der zuvor in diesem Kapitel gelisteten möglichen Fehlerquellen.

Ermittlung der Effizienz von Testautomatisierung

Bei einem Kunden mit täglich mehreren Tausend Durchführungen von Systemtests über GUI- und Non-GUI-Schnittstellen häuften sich die Beschwerden der verantwortlichen Tester: Immer mehr Testfälle schlugen aufgrund von Instabilitäten ihrer Automatisierung oder des zugrunde liegenden Frameworks fehl und führten damit zu zusätzlichem Analyseaufwand, da jeder fehlgeschlagene Testfall analysiert werden musste.

Um diesen Effekt zunächst messbar zu machen, wurde ein zusätzlicher Status bei Testdurchführungsergebnissen eingeführt, den der Tester nach der Analyse der Durchführungsprotokolle setzen konnte, wenn nicht die zu testende Applikation für das Fehlschlagen des Testfalls verantwortlich war.

Nach weniger als einer Woche war klar, dass je nach Applikation bis zu 60% der fehlgeschlagenen Testfälle keine Fehler im Zielsystem aufdeckten, sondern aufgrund der Automatisierung fehlschlugen. Mit der Option, die Ursache im Detail anzugeben, konnten Testfallskript, Framework, Automatisierungswerkzeug, Datenquellen und Testsystem als vermutlich verantwortliche Komponente ausgewählt werden.

Durch den neuen Status konnten die Automatisierer rasch feststellen, welche Testfalldurchführungen für die Analyse notwendige Informationen bereitstellten: Protokolle und Screenshots waren jeweils angehängt. So konnte an den entsprechenden Stellen eingegriffen und auf diese Weise der Prozentsatz der Problemfälle auf unter 10% gesenkt werden.

Eine solche Auswertung kann Aufschluss darüber geben, ob und in welchen Bereichen eine Verbesserung der Stabilität der Automatisierung und der daran beteiligten Systeme am gewinnbringendsten sein kann.

3.4 Kontrollfragen zum Kapitel

1. Welchen Vorteil hat das automatisierte Design bzw. die automatisierte Ableitung von Testfällen?
2. Welche Techniken und Regelwerke zur (automatisierten) Ableitung von Testfällen gibt es?
3. Welche Testfallentwurfsmethoden liefern Testfälle, die gut datengetrieben darstellbar und ausführbar sind. Wie funktionieren diese?
4. Inwiefern unterstützen Automatisierungstools Testfallentwurf bzw. -durchführung nach Äquivalenzklassenbildung, Grenzwertanalyse und Klassifikationsbaummethode?
5. Welche Kombinationstechniken zur Erstellung von konkreten Testfällen aus eine Menge an gegebenen Repräsentanten gibt es?
6. Welche Ansätze gibt es, um generierte Testfalldatensätze bei der Testdurchführung zu verwenden?
7. Wie sind Testfälle, die auf Basis von Modellen erstellt wurden, oft aufgebaut und welche Art von Automatisierung ist hierfür besonders gut geeignet?
8. Wie wird bei modellbasierten Ansätzen typischerweise die Testtiefe gesteuert?
9. Welche Überdeckungsmaße kommen in der Softwarequalitätssicherung zum Einsatz?
10. Welche Vorteile haben modellbasierte Ansätze im Gegensatz zu einer klassischen Testfallbeschreibung in Textform?
11. Welche Sprachen und Standards gibt es, die dafür geeignet sind Testdaten formal zu definieren?
12. Welche Arten von zeitlicher Taktung von automatisierten Tests sind in der Praxis üblich und wann bzw. für welche Art von Tests ist der jeweilige Ansatz sinnvoll?
13. In welchen Fällen ist eine regelmäßige Durchführung von automatisierten Tests besonders wichtig und sinnvoll?
14. Was ist in der Regel das Ziel ständig und häufig durchgeführter automatisierter Tests?
15. Welche möglichen Fehlerquellen sind bei Fehlschlagen eines automatisierten Tests in Betracht zu ziehen?
16. Wie kann die Effektivität der automatisierten Testdurchführung gemessen werden?

4 Konzeption eines Automatisierungsframeworks

Testautomatisierung ist eine Tätigkeit, die eine Verknüpfung zwischen fachlichen Abläufen und deren technischer Umsetzung zum Ziel hat. Sie kann somit als Softwareentwicklung bezeichnet werden. Über diese allgemeine Definition hinaus besitzt sie in der Umsetzung allerdings einige Eigenschaften, die sehr spezifisch sind und die in beinahe jeder Automatisierung von Testabläufen auftreten.

Dieses Kapitel befasst sich mit Konzepten und Technologien, die fester Bestandteil des Handwerkszeugs von Testautomatisierern sind, und darüber hinaus mit einer weiteren Ebene: dem Design und der Umsetzung von Automatisierungsframeworks.

4.1 Technische Konzepte

Ähnlich wie beim manuellen Test stehen beim automatisierten Test im Allgemeinen mehrere Schnittstellen zur Verfügung, über die ein Testobjekt getestet werden kann. Dieses Kapitel liefert eine Übersicht über die am häufigsten anzutreffenden Formen von Schnittstellen und erläutert, wie diese in einem automatisierten Ansatz eingebunden werden können. Ein sehr häufiges Beispiel hierfür sind grafische Benutzerschnittstellen, auf die mit vielen Werkzeugen über die Simulation von Benutzereingaben und das Auslesen von Inhalten zugegriffen wird. Der Begriff »Testautomatisierung« wird meist mit dieser Funktionalität verbunden, geht aber weit darüber hinaus.

Außerdem stehen auch der Automatisierung selbst mehrere Werkzeuge und Hilfsmittel zur Verfügung, deren Verwendung ein Automatisierungssystem effektiver machen kann – zum Beispiel durch den Einsatz von Datenbanken oder Tabellenkalkulationsprogrammen zur Haltung von Testdaten.

4.1.1 Die grafische Benutzerschnittstelle

Der meistverbreitete »Angriffspunkt« für Testautomatisierung ist die grafische Benutzerschnittstelle. Hierfür gibt es mehrere Gründe:

- Sie ist für Tester und Automatisierer anschaulich und leicht greifbar.
- Sie stellt zumeist das Verhalten im realen Umfeld am besten nach.
- Die Dokumentation von Systemen ist auf dieser Ebene normalerweise am vollständigsten.
- Der klassische Systemtest wird oft über diese Schnittstelle abgewickelt.
- Hinter der grafischen Benutzerschnittstelle liegende Systeme werden implizit getestet.

Dies ist sicher mit ein Grund, warum die meisten als »Automatisierungswerkzeuge« verkauften Produkte auf dieser Ebene ansetzen.

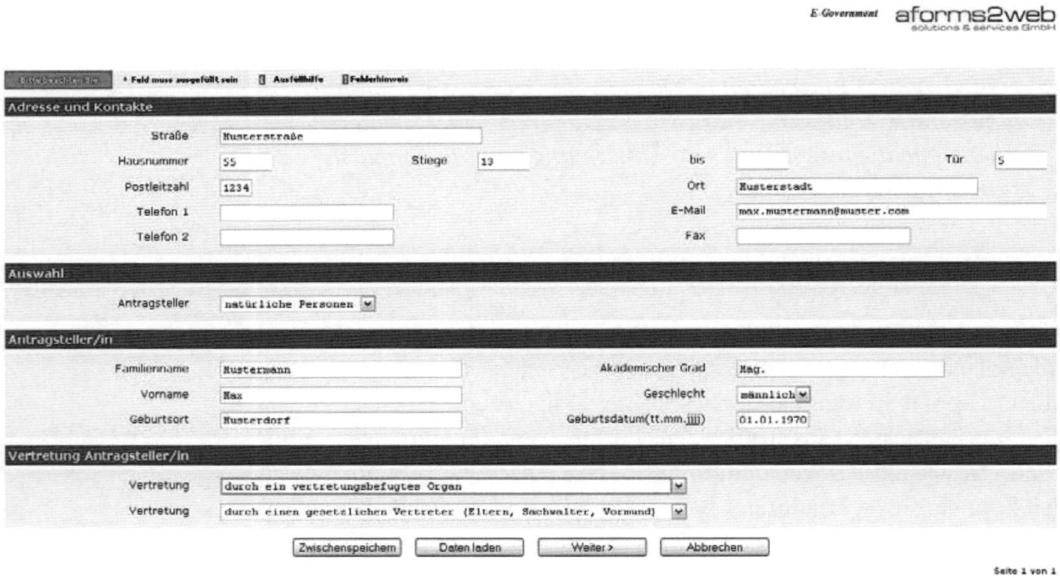

Abb. 4–1
Die grafische Benutzerschnittstelle einer E-Government-Plattform

4.1.1.1 Über Objekte in grafischen Benutzeroberflächen

Wenn ein Testfall automatisiert abgearbeitet werden soll, stellt sich zunächst eine wichtige Frage: Wie kann der Automat auf die Oberfläche der zu testenden Applikation zugreifen?

Automatisierung über Koordinaten und Tastendrücke

Hierfür gibt es mehrere Möglichkeiten: Ein Ansatz ist, Mausbewegungen und Tastendrücke aufzuzeichnen und für weitere Testdurchführungen wieder abzuspielen. Ein wesentliches Problem bei diesem

Ansatz besteht darin, dass schon eine andere Bildschirmauflösung, eine andere Größe des Fensters der zu testenden Applikation oder kleine Änderungen an der grafischen Benutzeroberfläche die Aufzeichnungen wertlos machen können. Auch funktionale Änderungen oder Änderungen an Arbeitsabläufen im zu testenden System verursachen Wartungsaufwand.

Ein weiteres Problem dieses Ansatzes ist das Auslesen von Werten mit erwarteten Ergebnissen. Ein Erfassen der erwarteten Ergebnisse über einen Screenshot zum Vergleich während der automatischen Testdurchführung wirft die gleichen Probleme auf wie das zuvor beschriebene Aufzeichnen und Abspielen.

Nicht zuletzt ist dieser Ansatz ohne eine bereits bestehende grafische Benutzeroberfläche fast nicht umsetzbar.

Identifikation und Zugriff auf GUI-Elemente

Um den beschriebenen Problemen eines reinen Capture & Replay-Ansatzes entgegenzuwirken, gibt es verschiedene Konzepte, denen eine gemeinsame Idee zugrunde liegt: Die technische Schnittstelle ist so zu wählen, dass auf die Elemente der grafischen Benutzerschnittstelle direkt zugegriffen werden kann.

Zunächst muss das anzusteuernde grafische Benutzerelement identifiziert werden. Ist dies geschehen, kann es, je nach der verwendeten Technologie, über verschiedene Mechanismen angesteuert, ausgelesen oder mit Daten befüllt werden.

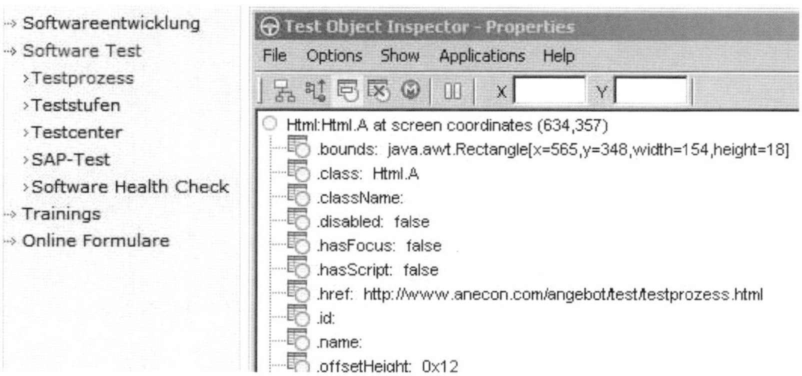

Abb. 4–2
Anzeige der Eigenschaften von GUI-Elementen

Heutzutage sind die meisten grafischen Oberflächen objektorientiert strukturiert. Dieser Ansatz spiegelt sich auch in den meisten Werkzeugen wider.

4.1.1.2 Erkennungsmerkmale

Um auf die relevanten Elemente einer grafischen Oberfläche zugreifen zu können, müssen diese zuerst eindeutig identifiziert werden. Dazu können in fast allen Werkzeugen die technischen Eigenschaften der Elemente herangezogen werden.

Eine Schaltfläche (Button) für die Bestätigung einer Maskeneingabe könnte folgende Eigenschaften besitzen:

Tab. 4–1
Beispiel für Eigenschaften eines GUI-Objekts

Name der Eigenschaft	Wert der Eigenschaft
Interner Name	bOk
Text	Bestätigen
Position X	120
SysID	348734879
Position Y	480
Höhe	50
Breite	200
Hintergrundfarbe	#DDDDDD
Textfarbe	#000000

Um die Eignung einer oder mehrerer Eigenschaften für die stabile Identifikation eines solchen Elements zu bestimmen, müssen mehrere Kriterien erfüllt sein:

1. Die Eigenschaft ist von Fenstergröße der Applikation und der Bildschirmauflösung unabhängig.
2. Die Eigenschaft ist von der Sprache der Oberfläche (bei mehrsprachigen Applikationen) unabhängig.
3. Die Eigenschaft ist selbst bei Überarbeitungen der grafischen Benutzerschnittstelle stabil.
4. Der Wert der Eigenschaft ist eindeutig.

Durch das erste Kriterium zeigen sich »Position X«, »Position Y«, »Höhe« und »Breite« bereits als ungeeignet – eine andere Fenstergröße könnte diese Eigenschaften beeinflussen.

Das zweite Kriterium schließt »Text« aus – auf Englisch würde der Button vermutlich »Confirm« heißen.

Die Betrachtung des dritten und vierten Kriteriums führt uns zu dem Schluss, dass auch »Hintergrundfarbe« und »Textfarbe« keine stabilen Erkennungsmerkmale darstellen – die Textfarbe »Schwarz« und Hintergrundfarbe »Grau« wird aller Wahrscheinlichkeit nach öfter als einmal auf dem Bildschirm vorhanden sein. Eine durch das grafische Design der Applikation bedingte Änderung dieser Farben würde diese Eigenschaften ebenfalls beeinflussen.

Da vom Entwicklungs- oder Betriebssystem vergebene IDs sich bei der Neukompilierung des Codes oder in einigen Fällen sogar beim

Neustart einer Applikation ändern können, kann auch die Eigenschaft »SysID« ausgeschlossen werden. Zusätzlich ist diese Eigenschaft nicht sprechend.

Es bleibt die Eigenschaft »Interner Name« (häufig Eigenschaften mit der Bezeichnung »Name« oder »Id«) übrig. Zu beachten ist hierbei allerdings auch, dass in einigen Applikationen mehrere »OK«-Buttons gleichzeitig angezeigt werden können – in einem solchen Fall wäre auch diese Eigenschaft nicht eindeutig. Ein Lösungsansatz hierfür wäre die Erweiterung des Namens um eine Bezeichnung des Gültigkeitsbereichs des Objekts, aber auch ein Parent-Objekt (wie in diesem Kapitel noch beschrieben wird) kann für eine eindeutige Kennzeichnung herangezogen werden.

Geeignete Identifikationsmerkmale

Es ist ratsam, bereits zu Beginn eines Automatisierungsprojekts oder gar des Entwicklungsprojekts der zu testenden Applikation selbst solche eindeutigen, stabilen Bezeichnungen in die Anforderungen an die zu testende Applikation aufzunehmen. Auch die ISO-25010-Qualitätskriterien können hierbei helfen: Der Punkt »Testbarkeit« ist hier gelistet.

Sind solche Erkennungsmerkmale vorhanden oder eingeführt, können grafische Benutzerelemente eindeutig identifiziert werden und die automatisierten Abläufe bleiben auch bei Änderungen von grafischem Design, Mehrsprachigkeit oder verschiedenen Bildschirmdarstellungen stabil.

Anforderungen an die Testbarkeit für eine stabile Automatisierung

Weitere Anforderungen, die der Testbarkeit dienen können, sind beispielsweise:

- Effiziente Mechanismen zum Rücksetzen des Testobjekts auf einen definierten Ausgangszustand
- Klare Schnittstellen für die Testfallvorbereitung
- Manipulation der aktuellen Zeit auf dem Testobjekt (»Zeitreisen«)
- Klare, stabile Navigation
- Konsistente und eindeutige Kennzeichnung von Fehlermeldungen/Warnungen/Erfolgsmeldungen
- Zugang zu allen relevanten Daten über Schnittstellen, die mit dem verwendeten Werkzeug effizient ausgelesen werden können

Leider ist es nicht immer einfach oder gar möglich, derartige Anforderungen in ein Projekt einzubringen, speziell wenn eine bereits entwickelte oder bestehende Applikation in die Teststrecken der Automatisierung eingegliedert werden soll. Es sollte aber in jedem Fall das Bewusstsein geschaffen werden, dass effiziente und effektive Testautomatisierung nur bei ausreichender Testbarkeit des zu testenden Systems möglich ist.

4.1.1.3 Erkennung von Objekten anhand der grafischen Darstellung

Sollten solche eindeutigen technischen Erkennungsmerkmale aufgrund von z.B. technologischen Einschränkungen nicht verfügbar oder sehr aufwendig zu verwenden sein, gibt es die Möglichkeit, Objekte anhand ihrer visuellen Darstellung zu erkennen. Hierzu wird ein Abbild der Bildschirmregion erstellt, in der sich das betroffene Objekt befindet. Das resultierende Rasterbild wird als Referenz für die Erkennung dieses Objekts verwendet. In vielen Fällen wird ein Mechanismus für eine Toleranz von Abweichungen der Darstellung hinzugefügt (z.B. über den Prozentsatz der übereinstimmenden Pixel), um die Erkennung gegenüber kleinen Designänderungen oder auch z.B. dem unterschiedlichen Inhalt von GUI-Komponenten stabil zu halten[1].

Abb. 4–3 *Beispiel für ein Skript mit visuellen Elementen (Sikuli)*

Dies sollte gegenüber einer Erkennung anhand von vereinbarten und stabilen Kriterien als Notlösung angesehen werden. Grund hierfür ist, dass diese Methode z.B. bereits nach einer Änderung des Designs (Themes) des Betriebssystems oder bei einem grafischen Redesign eine komplette Neuerfassung der GUI-Elemente erfordern kann. Des Weiteren sind das Management und die Aktualisierung der einzelnen Screenshots sowie das Erfassen der Elementkataloge aufwendig.

Darstellung vs. Funktionalität

Für Systeme mit vielen grafischen Elementen, wie z.B. Online-Landkarten oder Bildbearbeitungsalgorithmen, wird aus diesem Grund stark zwischen Funktionalität und deren Darstellung unterschieden, ähnlich wie in der Entwicklung dieser Systeme auch. Die Darstellung ist im manuellen Test oft effizienter zu testen als automatisiert, während die Funktionalität beispielsweise über einen Webservice-Layer getestet werden kann.

4.1.1.4 Kataloge von grafischen Elementen

In manchen Situationen ist es nicht möglich, einzelne konsistente, stabile und eindeutige Identifikationsmerkmale für grafische Benutzerelemente zu finden. Auch sollte die Verwaltung dieser Objekte und deren Erkennungsmerkmale getrennt von den Testabläufen erfolgen, um diese bei Änderungen an einer zentralen Stelle unabhängig von den Abläufen, in denen sie verwendet wurden, anpassen zu können.

1. Ein Beispiel für ein Werkzeug auf Grundlage dieses Prinzips ist Sikuli.

Viele Werkzeuge bieten daher eine Möglichkeit zur Katalogisierung von verwendeten Oberflächenelementen an. Je nach Werkzeug können auch mehrere Identifikationsmerkmale für die Erkennung von Elementen herangezogen werden.

Name der Eigenschaft	Erwarteter Wert
Interner Name	bOk

Tab. 4–2 *Eindeutiges Erkennungsmerkmal*

Fehlt ein eindeutiges Erkennungsmerkmal, kann z.B. folgende Erkennungstabelle verwendet werden:

Name der Eigenschaft	Erwarteter Wert
Text	Bestätigen
Höhe	50
Textfarbe	#000000

Tab. 4–3 *Gruppe von Erkennungsmerkmalen*

Gewichtung bei der Identifikation von GUI-Elementen

Es ist möglich, den Einfluss einzelner Eigenschaften auf die Objekterkennung zu gewichten. So entsteht ein gewichteter Katalogeintrag für den zuvor beschriebenen Button (ohne das eindeutige Erkennungsmerkmal) etwa in folgender Form:

Name der Eigenschaft	Erwarteter Wert	Gewichtung der Eigenschaft
Text	Bestätigen	45
Höhe	50	30
Breite	200	20

Tab. 4–4 *Erkennungsmerkmale mit Gewichtung*

Wird nun nach diesem Element gesucht, wird für gefundene Elemente ein Übereinstimmungswert berechnet. Die Elemente werden entsprechend gereiht und der »Gewinner« ermittelt. So ist in diesem Fall z.B. die Übereinstimmung der Eigenschaft »Text« mit dem Wert »Bestätigen« höher gewichtet als die Übereinstimmung von »Höhe« mit dem Wert »50« oder von »Breite« mit »200«. Sollte jedoch eine Schaltfläche gefunden werden, deren »Text« z.B. »Confirm« ist, aber deren Größe genau 50x200 beträgt, wird dieses Element verwendet.

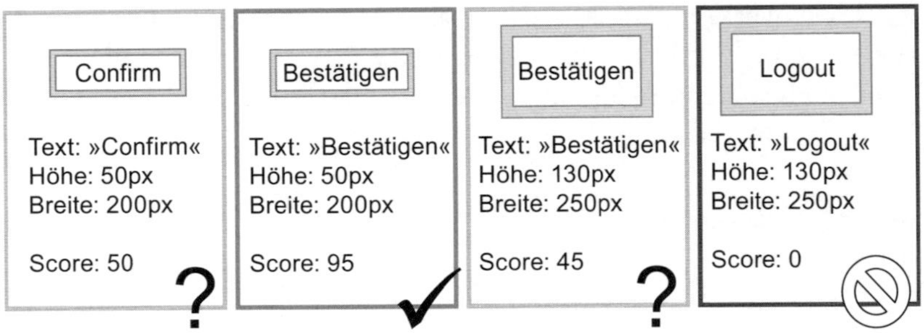

Abb. 4–4
Erkennung mit Gewichtung

In vielen Fällen kann zu einer gewichteten Erkennungstabelle zusätzlich ein Schwellwert definiert werden: Sollte kein sich am Schirm befindliches Element diesen Schwellwert überschreiten, wird dieses Element als »Nicht gefunden« gemeldet.

Automatische Aktualisierung von Erkennungsmerkmalen

In der Praxis müssen diese Kataloge bei neuen Versionen der zu testenden Applikation laufend gewartet werden. Einige Werkzeuge bieten hierzu Unterstützung an: Die automatisierten Testfälle können abgespielt werden, und die nach der Gewichtung gefundenen Elementeigenschaften werden als die neuen erwarteten Eigenschaften verwendet. Ein weiterer Ansatz ist, den Testfall abzuspielen und bei Nichtauffinden eines Elements den Benutzer zu bitten, das Element auf dem Schirm z.B. per Mausklick zu identifizieren.

Beide Ansätze sind der konsistenten und stabilen Auswahl von Erkennungsmerkmalen nicht unbedingt zuträglich und sollten daher nur bedingt eingesetzt werden. Es ist an dieser Stelle oft effizienter, den Testlauf fehlschlagen zu lassen und danach die Ergebnisse zu analysieren sowie die Erkennungsmerkmale kontrolliert und bewusst zu adaptieren.

Ein weiteres Erkennungsmerkmal kann in einigen Fällen in der Struktur der dargestellten Oberfläche liegen. Ein Beispiel hierfür wäre eine Oberfläche, die die Details für mehrere Kunden anzeigt. Dafür stellt sie mehrere Abschnitte dar, wobei in jedem Abschnitt die gleichen Elemente verfügbar sind – jedoch sind diese zu jedem Kunden mit unterschiedlichen Daten befüllt.

Daher wäre das Feld mit dem Namen »Adresse« mehrfach auf dem Schirm verfügbar und könnte durch den Automaten nicht eindeutig identifiziert werden. Würde man die Adresse des zweiten Kunden in der Liste automatisiert ändern wollen, wäre dies nicht möglich, wenn nur die Erkennungsmerkmale des Adressfelds selbst verfügbar wären.

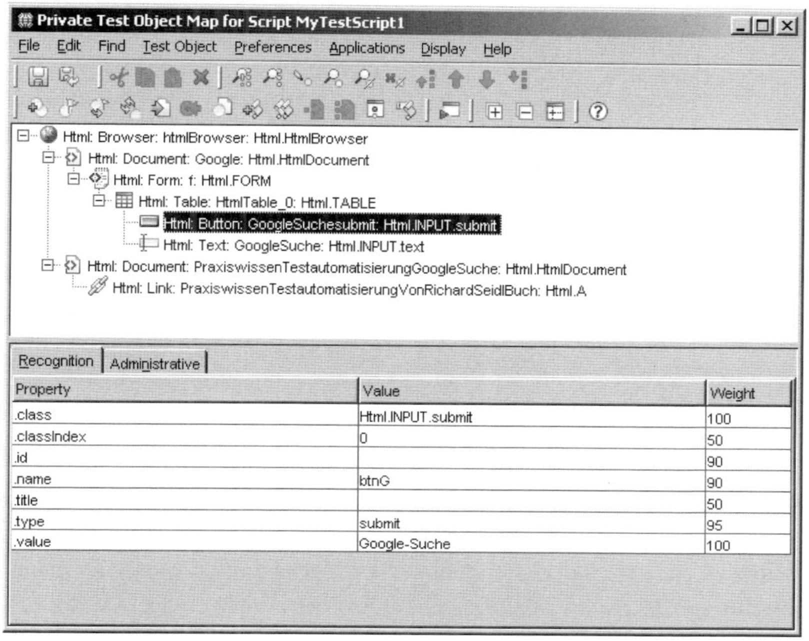

Abb. 4–5
Ein Beispiel für ein Verwaltungssystem für GUI-Elemente (HP Unified Functional Testing)

Name der Eigenschaft	Wert der Eigenschaft
Interner Name	Adresse

Tab. 4–5
Erkennungsmerkmal, das bei Erscheinen mehrerer Einträge nicht mehr eindeutig sein kann

Aus diesem Grund stellen die meisten Werkzeuge zur Identifikation noch zusätzlich die Eigenschaften der in der Struktur über dem gesuchten Feld liegenden Objekte zur Verfügung – in diesem Fall z.B. der Name des Abschnitts, in dem das Adressfeld liegt.

Name der Eigenschaft	Wert der Eigenschaft
Name	Adresse
.parent.Name	Kunde2

Tab. 4–6
Erkennungsmerkmal mit Verweis auf das Parent-Objekt

Abb. 4–6
Eindeutige Identifikation mittels Parent-Objekt

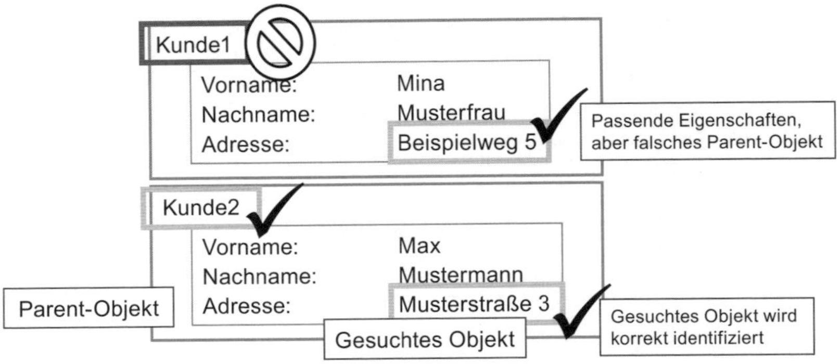

4.1.1.5 Ausführung von Aktionen und Auslesen von Werten auf grafischen Benutzerelementen

In den vorangegangenen Abschnitten ist beschrieben, wie mithilfe von Werkzeugen grafische Benutzerelemente identifiziert werden können. Dafür ist es notwendig, die technischen Eigenschaften dieser Elemente auszulesen. Derselbe Mechanismus wird auch verwendet, um die tatsächlichen Werte mit erwarteten Ergebnissen zu vergleichen und damit zu bestimmen, ob z.B. eine Berechnung korrekt durchgeführt wurde. Beispiel: Textfeld »Summe«, deren erwarteter Wert in einem Testfall »500,00« ist.

Auslesen von Werten aus GUI-Elementen

Der Katalogeintrag für dieses Textfeld »Summe« sieht wie folgt aus:

Tab. 4–7
Erkennungsmerkmal für ein Objekt, dessen Wert ausgelesen werden soll

Name der Eigenschaft	Wert der Eigenschaft
Interner Name	txtSum

Der Testfall erwartet, dass der Wert dieses Textfelds »500,00« beträgt[2]. Das relevante Objekt hat folgende Eigenschaften:

Tab. 4–8
Eigenschaften eines Objekts, dessen Wert ausgelesen werden soll

Name der Eigenschaft	Wert der Eigenschaft
Interner Name	txtSum
Text	501,00

2. Die meisten Werkzeuge ordnen einem Typ von Oberflächenelement eine Eigenschaft als deren »Wert« zu, um auch gegenüber Änderungen des Elementtyps stabil zu bleiben: So kann z.B. der »Wert« einer Listbox der Wert der Eigenschaft »selectedText« sein, und der »Wert« eines Textfelds der Wert der Eigenschaft »Text«.

Das Erkennungsmerkmal trifft zu: Der interne Name stimmt überein – das zu überprüfende Feld ist gefunden. Der Wert des gefundenen Objekts entspricht allerdings nicht dem vom Testfall erwarteten Wert – der Testfall wird also fehlschlagen.

Aktionen auf GUI-Elementen

Die Ausführung von Aktionen auf Benutzerelementen kann sich als schwieriger erweisen – im Regelfall wird aber auch diese Funktionalität durch das Automatisierungswerkzeug zur Verfügung gestellt: Je nach Technologie bietet das Objekt selbst Funktionalitäten, die hierfür genutzt werden können.

So kann beispielsweise ein Textfeld eine Funktion »setText« haben oder ein Button eine Funktion »Click« bereitstellen. Sollte dies nicht zutreffen, kann es sein, dass sogenannte »Events« auf ein Objekt abgesetzt werden müssen oder über entsprechendes Auslesen die Koordinaten eines Elements zu bestimmen sind, auf die Mausklicks abgesetzt und danach z.B. Tastendrücke simuliert werden.

4.1.1.6 Erweiterung von Automatisierungsunterstützung

Die in den vorhergehenden Abschnitten erwähnten technischen Mechanismen sind bei den meisten Werkzeugen intern umgesetzt und nicht sichtbar. Sollte der zur Verfügung gestellte Rahmen nicht ausreichen – z.B. weil Oberflächenelemente von Drittanbietern oder eigens programmierte Elemente automatisiert werden sollen –, bieten viele Automatisierungswerkzeuge Schnittstellen, um selbst festzulegen, wie bestimmte Typen von Elementen zu behandeln sind.

Diese Tätigkeit sollte von erfahrenen Entwicklern bzw. von einem Automatisierer gemeinsam mit einem mit dem zu testenden System vertrauten Entwickler ausgeübt werden.

Zunächst muss allerdings vom Werkzeug die grundlegende Technologie unterstützt werden, um die betroffenen Elemente ausfindig machen zu können.

```
<ClassName>[NETProxyExtension] MyButtonProxy</ClassName>
<Replaces/>
<UsedBy>Rational.Controls.CustomButton</UsedBy>
```

Listing 4–1
Mapping einer Proxy-Klasse auf eine Custom-Proxy-Klasse für bestimmte GUI-Elemente in IBM Rational Functional Tester

Es muss ein Erkennungskriterium bestehen, um die betroffenen Elemente festzustellen – z.B. eine Eigenschaft oder die Klasse der Elemente. Hierzu muss die interne Struktur der zu testenden Applikation zumindest in Grundzügen bekannt sein und die verwendeten grafischen Benutzerelemente bzw. Bibliotheken für die grafische Benutzerschnittstelle müssen verfügbar sein.

Danach wird dem Werkzeug bekannt gegeben, dass es bei Antreffen eines solchen Elements eine benutzerdefinierte Erweiterung zu verwenden hat. Diese Erweiterung muss implementiert werden.

Beispiel für selbst definierte GUI-Element-Behandlung

Ein einfaches Beispiel: Eine Applikation verwendet spezielle Textfelder, die vor Eingabe eines Wertes jedes Mal einen speziellen Mausklick benötigen, der vom Automatisierungswerkzeug nicht standardmäßig unterstützt wird. Diese Elemente können wir daran erkennen, dass sie von der Klasse »ClickFirstTextBox« abgeleitet sind.

Listing 4–2 *Mapping einer Klasse auf eine benutzerdefinierte Automatisierungsklasse*

```
[ObjectClass = ClickFirstTextBox]
Handler = ClickFirstTextBoxHandler
```

Nun wird in der Konfiguration des Werkzeugs registriert, dass bei Auffinden von Elementen mit der Klasse »ClickFirstTextBox« die benutzerdefinierte Anbindung, nennen wir sie »ClickFirstTextBoxHandler«, verwendet werden soll.

Danach wird der »ClickFirstTextBoxHandler« definiert und für das Werkzeug verfügbar gemacht (z.B. in Java über den Classpath oder über eine DLL).

Listing 4–3 *Beispiel für eine benutzerdefinierte GUI-Aktion*

```
Class ClickFirstTextBoxHandler extends TextBoxHandler
(
       ClickFirstTextBox textBox;
       ClickFirstTextBoxHandler(GUIObject theObject)
       {
         super(theObject);
         textBox = (ClickFirstTextBox)theObject;
       }
       @Override
       void setValue(String theValue)
       {
         textBox.doSpecialClick();
         super.setValue(theValue);
       }
)
```

Der Inhalt dieser Komponente: Eine Klasse, die von der Textbox-Behandlungsklasse des Werkzeugs ableitet. »ClickFirstTextBoxHandler« bekommt vom Werkzeug das physische technische Objekt, das hinter dem Element steht. Da die internen Klassen der Applikation bekannt sind, kann der Automatisierer auf dieses Objekt zugreifen und vor dem Eintragen des Textes den speziellen Mausklick erzeugen. Dieses Beispiel ist stark vereinfacht dargestellt und soll lediglich illustrieren, wie Erweiterungen des Unterstützungsumfangs auf zusätzliche Oberflächenelemente für viele Werkzeuge technisch umgesetzt werden können.

4.1.2 Webapplikationen und Webservices

4.1.2.1 Webapplikationen

Im Bereich von GUI-Applikationen stellen Webapplikationen einen Spezialfall dar. Die Kernfunktionalität der Applikation ist meist serverseitig realisiert und als Kommunikationsschnittstelle dient HTML. Die eigentliche Benutzeroberfläche wird erst durch den jeweiligen Browser erzeugt.

Dies schafft für Werkzeuge eine sehr gute Basis, um auf die Elemente einer Seite zuzugreifen: HTML/XML-Attribute und -Knotentypen können für die Identifikation der Oberflächenelemente herangezogen werden und zur Strukturierung von Elementkatalogen dienen.

So können in Webapplikationen Elemente durch eindeutige IDs identifiziert werden, sofern diese als XML-Attribute vorhanden sind:

Tab. 4–9 *Erkennungsmerkmal eines Objekts in einer Webapplikation*

Name der Eigenschaft	Wert der Eigenschaft
ID	txtSum

Dies würde in einer XML/HTML-Struktur z.B. dem folgenden Element entsprechen:

Listing 4–4 *Darstellung eines Textfelds in HTML*

```
<input id="txtSum" value="500,00" />
```

Im Browser wird dieses Element durch die Darstellung eines Textfelds interpretiert.

Der größtenteils durch die für jede Transaktion notwendigen Schritte »Client-Request« und »Server-Response« synchronisierte Ablauf der Verwendung dieser Applikationen vereinfacht auch viele andere Dinge, wie zum Beispiel das Timing von Eingaben und Überprüfungen. Dieser synchrone Ablauf wird allerdings durch die inzwischen sehr weit verbreitete Nutzung von JavaScript und asynchronen Requests (z.B. Ajax) immer mehr aufgebrochen. Dadurch werden Webapplikationen Desktop-Applikationen immer ähnlicher. Als Konsequenz daraus versuchen die meisten Automatisierungswerkzeuge auch entsprechende Mechanismen für eine passende Timing-Steuerung vorzusehen.

Browserunabhängige Testfälle

Des Weiteren erlaubt diese Struktur in einigen Werkzeugen den Test derselben Webapplikation in verschiedenen Browsern mit ein und derselben Menge von automatisierten Testfällen.

Einige Werkzeuge für den Test von Webapplikationen gehen sogar so weit, die grafische Oberfläche an sich nicht mehr zu verwenden, um so die Berechnung der grafischen Darstellung zu vermeiden und schnellere Testdurchläufe zu erlauben. Die Seite wird nicht grafisch dargestellt, sondern lediglich im Speicher erzeugt, JavaScript wird interpretiert und so wird der Testablauf abgearbeitet.

Zu beachten ist allerdings, dass in einem solchen Fall natürlich der Vorteil des Tests von Browserkompatibilität größtenteils verloren geht und auch die Testdurchläufe weniger anschaulich ablaufen bzw. etwas komplexer zu debuggen sind, auch wenn in Fehlerfällen die vom Server bereitgestellte (fehlerhaft vermutete) Seite protokolliert wird und in einem Browser betrachtet werden kann.

4.1.2.2 Webservices

Technisch ähnlich wie Webapplikationen funktionieren Webservices – es wird ebenfalls ein Request in XML-Form abgesetzt und der Server/die Applikation antwortet ebenfalls mit einem XML. Daher unterstützen inzwischen viele Werkzeuge für den automatisierten Test von grafischen Benutzeroberflächen auch den automatisierten Test von Webservices.

4.1.2.3 XPath

Ein weitverbreitetes Werkzeug für den Umgang mit Daten und Strukturen in Form von XML ist XPath. XPath ermöglicht die Suche nach einzelnen oder Gruppen von XML-Knoten und ist somit auch für die Identifikation von Elementen für Testzwecke geeignet. So können einige Tools für den Test von Webapplikationen XPath-Ausdrücke interpretieren und in den Elementkatalog aufnehmen.

Tab. 4–10
Objekterkennung mittels XPath

Name der Eigenschaft	Wert der Eigenschaft
XPath	//input[@id="txtSum"]

4.1.3 CSS-Selektoren

Ähnlich wie auch XPath funktionieren CSS-Selektoren mit dem Unterschied, dass diese nicht auf sämtliche XML-Dokumente angewendet werden können, sondern nur auf HTML-Dokumente[3]. Für die Identifikation eines Elements kann unter anderem deren ID, Attribute oder deren Position in einer Hierarchie verwendet werden.

3. Der Grund hierfür ist, dass CSS-Selektoren eigentlich für einen gänzlich anderen Zweck gedacht sind – nämlich um HTML-Dokumente zu formatieren und deren Darstellung zu beeinflussen.

Name der Eigenschaft	Wert der Eigenschaft
CssSelector	#id

Tab. 4–11
Objekterkennung mittels CSS-Selektoren

4.1.4 Datenbanken

Der vermutlich größte Anteil von Automatisierungsprojekten befasst sich mit der Automatisierung über die Benutzeroberfläche. Ein großer Teil jedoch kommt auch in diesem Fall nicht an einer Anbindung an die Datenbank des zu testenden Systems vorbei.

Toolunterstützung

Die meisten Automatisierungstools bieten eine vorgefertigte Schnittstelle zu gängigen Datenbanken – sei es durch explizite Unterstützung über einen Wizard, eigene Module oder auch nur das Verwenden einer Skript- oder Programmiersprache, die diese Anbindung ermöglicht.

Ein Anwendungsfall wäre z.B. das Anlegen eines Kunden über die grafische Benutzeroberfläche und die Überprüfung danach, ob der Kunde korrekt angelegt wurde – ebenfalls über die Benutzeroberfläche. Ist eine solche Überprüfung über die Benutzeroberfläche nicht zuverlässig möglich oder soll der automatisierte Testdurchlauf beschleunigt werden, wäre eine mögliche Alternative die Überprüfung der Datenbank auf den neu angelegten Kunden. Hier sei aber angemerkt, dass eine solche Einbindung der Datenbank in die automatisierten Abläufe einen wesentlichen Nachteil hat: Sollte sich z.B. die Datenbankverbindung oder das Datenmodell ändern, muss dies ebenfalls in der Automatisierung nachgezogen werden.

Name	Strasse	Hausnr.	Aktiv
Mustermann, Max	Musterstrasse	3	☑
Musterfrau, Mina	Beispielweg	5	☑

⇕

FirstName	LastName	Street	HouseNumber	Active
Max	Mustermann	Musterstrasse	3	true
Mina	Musterfrau	Beispielweg	5	true

Abb. 4–7
Vergleich der im GUI dargestellten Werte mit den Werten in der Datenbank

Wird ein automatisierter Test rein über die Datenbankschnittstelle abgewickelt, so empfiehlt sich die Verwendung von darauf spezialisierten Werkzeugen. Der Einsatz eines auf den Test über die Benutzeroberfläche spezialisierten Tools wäre in diesem Fall nicht angebracht, auch wenn viele Abläufe mit solchen Werkzeugen umsetzbar sind.

Performanz bei Verwendung von Datenbanken vs. GUI

Ein wesentlicher Grund hierfür ist die Performanz: Tests über die Datenbank erfordern häufig die Verarbeitung von großen Datenmengen. Da beim Test über die Benutzeroberfläche im Allgemeinen der Flaschenhals im Suchen und Ansprechen der Benutzerelemente (eher im Sekundenbereich als darunter) liegt, sind diese Automatisierungswerkzeuge nicht für die Verarbeitung von Hunderten Datensätzen in kurzer Zeit ausgelegt, was sich z. B. in der Wahl der Skriptsprache oder in der Struktur der Durchführungsumgebung niederschlagen kann.

4.1.5 Schnittstellen und Hilfsmittel für Testautomatisierung

Wie in jedem Softwareentwicklungsprojekt ist es nicht sinnvoll, das Rad neu zu erfinden. Aus diesem Grund ist es wichtig, Hilfsmittel im Auge zu behalten, die die Arbeit mit einem Automatisierungssystem einfacher und effizienter gestalten können.

4.1.5.1 Datenhaltung

Ein zentrales Thema im Test sind die Testdaten. Während beim manuellen Test eher die Ermittlung und Herstellung der Daten ein Problem darstellt, kommt beim automatisierten Test die Problematik der Datenhaltung hinzu. Sie sollte sowohl für den Automatisierer technisch einfach einsetzbar sein als auch für den Tester leicht zu verwalten und zu warten.

Einige logische Automatisierungskonzepte erfordern eine Datenhaltung, die mit tabellarischer Information gut umgehen kann. Eine Variante, die von vielen Werkzeugen bereits unterstützt wird, sind die in gängigen Tabellenkalkulationsprogrammen verwendeten Formate oder CSV-Dateien. Auch Datenbanken werden oft für die Haltung von Testdaten verwendet – in einigen Fällen geschieht dies explizit, aber in vielen Fällen auch über Teile des zu testenden Systems oder anderer am Testablauf beteiligter Systeme.

Aber auch andere Strukturen können für die Haltung von Testdaten verwendet werden, auch wenn sie, zumindest aus Sicht des Benutzers, eher weniger verbreitet scheinen: XML, Wikis und andere Technologien können effizient der Datenhaltung und -abfrage dienen und bieten auch durch ihre doch weite Verbreitung die Chance, direkte Anknüpfungspunkte mit der zu testenden Applikation zu definieren.

4.1.5.2 Webservices

Die Verwendung von Webservices ist weit verbreitet. In vielen System-of-Systems läuft ein großer Teil der Kommunikation zwischen den einzelnen Systemen über Webservices. Somit sind diese auch geeignete Instrumente, um beispielsweise Testvorbereitungsaufgaben zu erledigen, wie z.B. das Anlegen eines Kunden mit speziellen Eigenschaften für einen spezifischen Testfall und das Löschen dieses Kunden danach. In vielen Fällen kommt die Automatisierung mit den vorhandenen Services aus – sollte dies nicht der Fall sein, kann der eine oder andere Service für Testzwecke erweitert werden.

Hier sind aber auch die Konsequenzen für Wartbarkeit (sowohl des Service als auch der Automatisierung) und Security in Betracht zu ziehen.

Typische Varianten von Webservices sind SOAP[4] oder REST[5]. In beiden Fällen beschreibt eine formale Spezifikation die Verwendung und Verarbeitung der Antworten und bildet somit auch die Grundlage für die Verwendung im automatisierten Test. Es gibt zahlreiche Werkzeuge, die die Einbindung oder auch den Test von Webservices unterstützen.

4.1.5.3 Fixtures

Einige logische Konzepte für Testautomatisierung sind so allgemein, dass sie auf verschiedenen Ebenen umsetzbar sind. Somit gibt es Werkzeuge, die für sich nur generische Schnittstellen für die Durchführung von Testfällen bieten – damit können die eigentlichen Testfälle von der technischen Schnittstelle klar getrennt werden.

Die eigentliche Verbindung zur zu testenden Applikation muss im Einzelfall durch einen Entwickler oder Automatisierer geschaffen werden, und zwar mittels sogenannter »Fixtures«. Fixtures sind im Kern Klassen, die vom Automatisierungswerkzeug einen Befehl erhalten, eine bestimmte Aktion durchzuführen – vom Auslesen eines einzelnen Wertes bis hin zur Durchführung eines ganzen Testfalls. Die Aktivitäten selbst und die Anbindung zur zu testenden Applikation kann frei gestaltet werden – ob Datenbank über einen Connector, grafische Benutzeroberfläche über ein anderes Werkzeug oder über spezifische Funktionen in der zu testenden Applikation selbst.

Ein Beispiel für eine Reihe von Werkzeugen, die dieses Konzept umsetzen, findet sich in Abschnitt 6.3.2.4 mit Fit, Slim und FitNesse.

---

4. SOAP: Simple Object Access Protocol
5. REST: REpresentational State Transfer

4.1.5.4 Mocks

Mocks (oder auch »Stubs«) dienen im Komponententest als Ersatz von angrenzenden Komponenten, um auch Komponenten mit Abhängigkeiten zu anderen Komponenten für sich testen zu können. In der Testautomatisierung können Mocks auf einer anderen Ebene für den gleichen Zweck dienlich sein – um einzelne Bereiche einer Applikation von anderen isoliert testen zu können.

Hierfür wird eine Komponente erstellt mit einer Schnittstelle, die identisch ist mit derjenigen der zu ersetzenden Komponente. Doch anstatt das unter Umständen aufwendige, von vielen anderen Komponenten abhängige und somit schwer kontrollierbare Verhalten der Originalkomponente zu implementieren, beschränkt sich ein Mock üblicherweise auf die Rückgabe von zuvor definierten Werten und die Information darüber, ob und möglicherweise wie er aufgerufen wurde.

Zusätzlich wird Funktionalität zum Festlegen dieser Rückgabewerte zur Verfügung gestellt.

Ein vereinfachtes Beispiel: Eine Klasse »Bestellung« erfordert für die Erzeugung Objekte der Klasse »Kunde« und »Produkt«. Diese Klassen verwenden in ihrer produktiven Ausprägung eine Datenbankverbindung und haben Abhängigkeiten zu weiteren Systemen. Da diese Klassen nicht zur Verfügung stehen, soll die Komponente »Bestellung« isoliert betrachtet und getestet werden.

Abb. 4–8
Simple Struktur für Mocking (an UML-Klassendiagramm angelehnt)

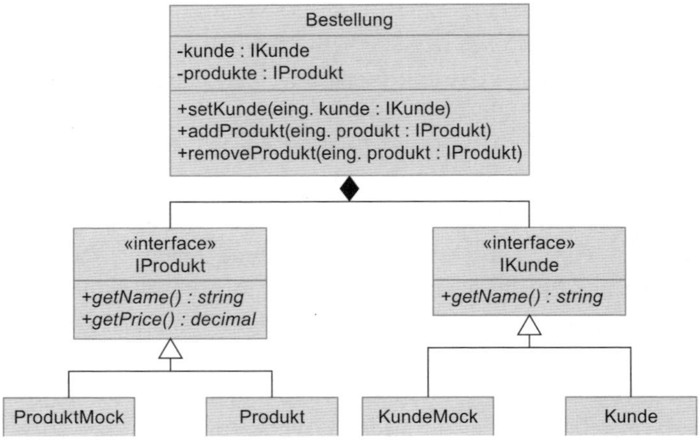

Im Speziellen soll die Funktionalität zum Erzeugen eines Kurztextes für die Darstellung auf einer grafischen Benutzerschnittstelle getestet werden. Diese bezieht von »Kunde« die Kundennummer, den Namen sowie die Adresse und von »Produkt« die Produktnummer, den Produktnamen und den Preis.

Hierfür werden zwei Mocks erstellt: »ProduktMock« und »KundeMock«. ProduktMock erhält bei der Erzeugung die gewünschten Angaben Produktnummer, Name und Preis, KundeMock die Angaben Name, Adresse und Kundennummer. Die Mocks weisen die gleiche Schnittstelle auf wie die Originalklassen und implementieren die notwendigen Methoden, in denen die zuvor konfigurierten Rückgabewerte definiert werden.

Im Testfall werden dann rechtzeitig entsprechende Mocks konfiguriert, bevor die zu testende Komponente die jeweiligen Funktionalitäten in Anspruch nimmt.

Um das Beispiel weiterzuführen, kann ein Komponententestfall nun so aussehen:

Listing 4–5
Beispiel für die Verwendungsweise von Mocks

```
public createBillTextTest()
{
   IKunde kunde = new KundeMock(
      12345, "Max Mustermann", "Musterstrasse 3");
   IProdukt produkt = new ProduktMock(234, "Muster",
      10.99);
   IBestellung bestellung = new Bestellung(
      kunde, produkt);
   assertEquals(
      bestellung.getBillText(),
"12345, Max Mustermann, Musterstrasse 3 – 234, Muster, 10.99");
}
```

Mocks können für den automatisierten Test mehrere Zwecke erfüllen. Zusätzlich zur häufigen Verwendung für das Vereinfachen von Testszenarien im Unit Test oder Integrationstest können sie auch im Systemtest in vielen Fällen eingesetzt werden: von der Isolation von zu testenden Komponenten über die Simulation von Fremdsystemen und Systemen, für die kein Testsystem zur Verfügung steht, bis hin zum Test von Komponenten auf Robustheit durch die Rückgabe von ungültigen Werten oder andere fehlerhafte Verwendung von Schnittstellen durch äußere Komponenten und Systeme.

Auf höheren Testebenen (also System- oder Systemintegrationstests) gibt es in vielen Fällen ähnliche Konstrukte: Testtreiber und Testrahmen für Integrations- und Systemtests verwenden ähnliche Prinzipien.

4.1.6 Service-Virtualisierung

Mit »Service-Virtualisierung« ist die zentrale, möglichst einfach gehaltene Simulation von Softwarekomponenten in heterogenen Systemlandschaften gemeint. Speziell betrachtet werden dabei Verhalten,

Daten und Performanzmerkmale. Der Begriff Service-Virtualisierung beschränkt sich nicht nur auf Webservices. Es kann sich dabei um verschiedenste Systeme handeln, die definierte Protokolle und Schnittstellen für den Nachrichtenaustausch verwenden, von ESB[6]-Technologien oder Webservices über Transferprotokolle bis hin zu Host-Schnittstellen oder Datenbankanbindungen.

Achtung: Service-Virtualisierung darf nicht mit Server-Virtualisierung verwechselt werden! Hierbei geht es darum, mehrere Instanzen eines oder verschiedener Betriebssysteme auf einem einzigen Rechner parallel zu betreiben, um Hardwareressourcen zu sparen. Das virtualisierte System muss sich dabei gleich verhalten wie bei der direkten Ausführung auf einer eigenen Hardware (also nicht virtualisiert).

4.1.6.1 Warum Service-Virtualisierung

Besonders bei größeren Unternehmen kommen in der Regel komplexe, serviceorientierte Architekturen (SOA) zum Einsatz, deren Programmlogik über mehrere unabhängige Services verteilt wird. In solchen Umgebungen stellt die Verfügbarkeit von einzelnen Systemkomponenten und geeigneten Testdaten eine große Herausforderung dar.

Abb. 4–9 *Typische Softwarearchitektur*

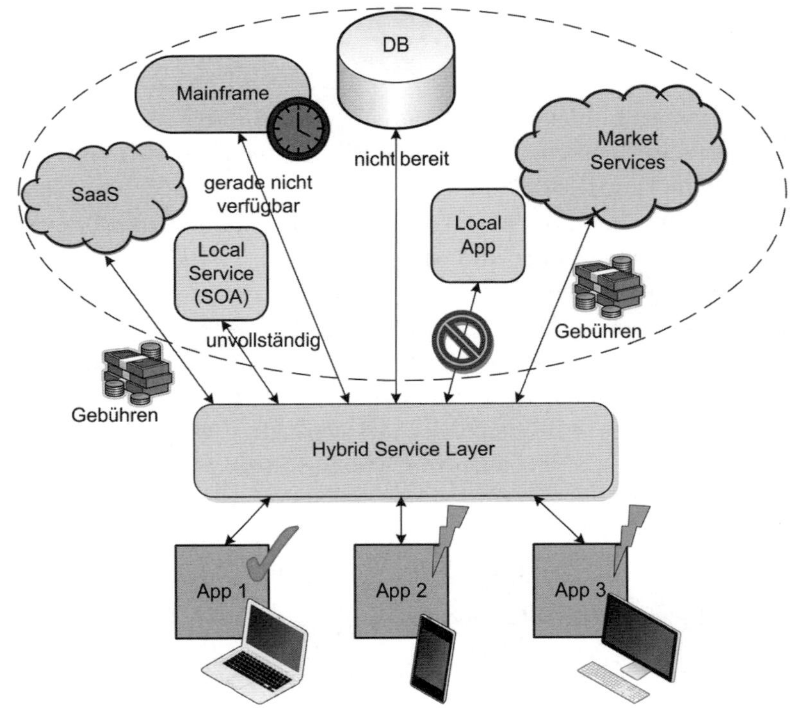

6. ESB – Enterprise Service Bus

Ein großes Problem ist, dass einzelne Schnittstellen und Systemkomponenten, die zur Ausführung der Programme oder für die Abwicklung von Geschäftsfällen erforderlich sind, in den Entwicklungs- und Testumgebungen oft nicht zur Verfügung stehen. Die Gründe dafür sind vielfältig, beispielsweise weil eine einzelne Komponente noch nicht entwickelt worden ist oder es die Schnittstellen auf der jeweiligen Entwicklungs- oder Testumgebung aufgrund hoher Betriebs- oder Lizenzkosten einfach nicht gibt.

Auch externe Systeme anderer Organisationen (wie z.B. Schnittstellen zu externen Payment-Lösungen) können problematisch sein. In Telekommunikationsunternehmen ist beispielsweise die Schnittstelle, die der Bonitätsprüfung potenzieller Kunden dient, in den Entwicklungs- und Testumgebungen nicht verfügbar, da deren Nutzung mit Kosten verbunden ist. Die Schnittstelle kann vor einem Release nicht getestet werden. Automatisierte Tests, die häufig wiederholt werden sollen, können nicht durchgeführt werden. Die Idee hinter der Service-Virtualisierung ist es, die nicht verfügbaren Komponenten durch virtuelle zu ersetzen. Aus Sicht des Clients verhält sich das virtualisierte System gleich wie das reale – er merkt nicht, dass er mit einem virtuellen System kommuniziert. Das System für die Bonitätsprüfung selbst muss nicht getestet werden und kann aus diesem Grund im Test simuliert werden. Für den Client spielt es keine Rolle, ob die Antwort vom tatsächlichen Service kommt oder simuliert wird.

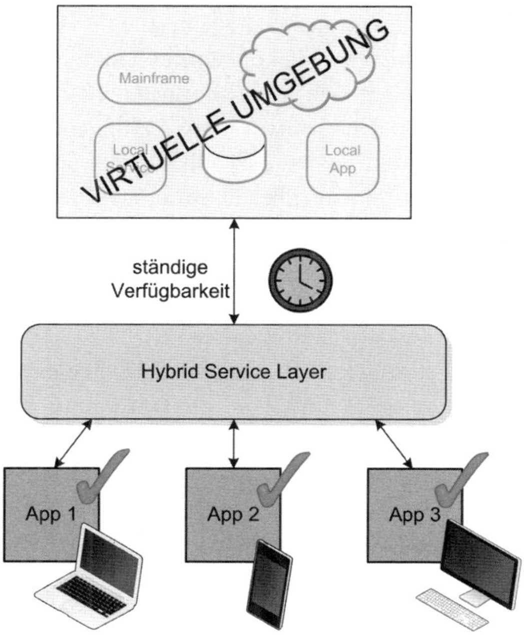

Abb. 4–10
Architektur mit virtualisierten Backends

Eine weitere Herausforderung stellt die Verfügbarkeit von Testdaten dar: Auf Nicht-Produktionsumgebungen sind häufig keine passenden Testdaten vorhanden und die Erzeugung der Daten ist oftmals aufwendig oder gar nicht möglich.

Vor allem in größeren, komplexen Systemumgebungen ist es schwierig, alle Systeme in einem konsistenten Zustand zu halten. Durch die Virtualisierung der Komponenten, die diese Daten anbieten, können von den Echtsystemen unabhängige Daten dauerhaft angeboten werden.

Service-Virtualisierung trägt dazu bei, die Entwicklungs- und Testkosten zu senken und die Qualität der Software zu erhöhen. Durch den Einsatz von virtualisierten Systemen kann Entwicklern sowie Testern rascher, vollständiger und stabiler eine passende Umgebung zur Verfügung gestellt werden, als es mit traditionellen Methoden möglich wäre. Abhängigkeiten zwischen einzelnen Komponenten können aufgelöst werden. Zudem sind Entwickler in der Lage, schneller qualitativ hochwertigeren Code zu erzeugen, während Tester Programme früher testen können. Automatisierte Regressionstests können einfacher durchgeführt werden, da persistente Testdaten zur Verfügung stehen. Unter anderem kann eine höhere Testabdeckung durch die Möglichkeit der Simulation von Fehlerszenarien erzielt werden.

Unter Umständen werden ohne den Einsatz von Service-Virtualisierung manche Systeme und Funktionalitäten erst sehr spät End-to-End getestet oder es werden sogar in Teilbereichen ungetestete Systeme ausgerollt. Bugs, die bereits in einem Schnittstellen- oder Systemtest gefunden werden könnten, werden oftmals erst im Systemintegrationstest entdeckt oder machen sich im schlimmsten Fall als Produktionsfehler bemerkbar, was den Softwareentwicklungsprozess verlängert und zum Teil hohe Kosten verursacht. Mithilfe der Service-Virtualisierung ist es möglich, auf einer früheren Stufe des Entwicklungsprozesses mit geeigneten Tests der Schnittstellen zu beginnen. Timelines und Meilensteine können dadurch leichter eingehalten werden und mit den einzelnen Testphasen kann früher gestartet werden, was sich positiv auf den gesamten Projektfortschritt auswirkt.

Service-Virtualisierung kann dazu beitragen, Fehler möglichst früh im Entwicklungsprozess zu finden – nämlich genau dann, wenn es günstiger und einfacher ist, diese zu beheben, und so letztendlich die Entwicklung beschleunigen.

4.1.6.2 Technische und organisatorische Umsetzung

Virtuelle Services können entweder anhand konkreter Daten oder anhand der Servicespezifikation erstellt werden.

Zum Beispiel ist eine Kreditkartenzahlung für den Onlineshop eines Telekommunikationsunternehmens ein einfaches SOAP via HTTPS-Service: Ein Request wird an den Service geschickt und dieser antwortet sofort mit einer synchronen Response. Der Service ist durch eine WSDL[7]-XML-Datei spezifiziert, die von der Payment Company bereitgestellt wurde.

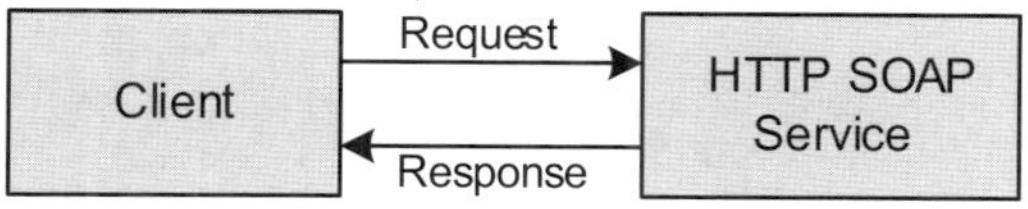

Abb. 4–11
Einfaches SOAP via HTTPS-Service

Die gängigen Tools zur Service-Virtualisierung bieten drei unterschiedliche Möglichkeiten, den Service zu virtualisieren:

1. Sind konkrete Daten in Form von Request-Response-Paaren vorhanden, beispielsweise aus dem Systemlog, kann die Virtualisierung anhand dieser Daten erzeugt werden: Empfängt dann später die virtuelle Instanz den Request, antwortet sie mit der Response aus dem Log.
2. Eine weitere Möglichkeit, die erforderlichen Daten zu gewinnen, besteht darin, den Netzwerkverkehr aufzuzeichnen. In diesem Beispiel muss dafür allerdings der Client umkonfiguriert werden und das Tool zur Service-Virtualisierung fungiert als Proxy: Der Client schickt die Anfrage dann nicht mehr an den tatsächlichen Service, sondern an eine »Sniffing«-Instanz, diese zeichnet den Request auf und schickt ihn an den Service weiter, dieser antwortet dann dem Proxy, der wieder die Daten aufzeichnet und an den eigentlichen Client weiterleitet.

   Wird eine nachrichtenorientierte Middleware (zum Beispiel [8]JMS) verwendet, besteht zum Beispiel auch die Möglichkeit, ein Topic zu abonnieren und die Kommunikation so aufzuzeichnen. Dann müssen keine Clients umkonfiguriert werden.

Abb. 4–12
Requests/Responses mit Proxy aufzeichnen

7. WSDL: Web Services Description Language
8. JMS: Java Message Service

3. Ein anderer Weg besteht darin, die virtuellen Services auf Grundlage der Servicespezifikation zu erstellen, in diesem Fall mit der WSDL-Datei. Die Methode hat den Vorteil, dass keine echten Daten benötigt werden, aber den Nachteil, dass die so erstellten Daten möglicherweise nicht eins zu eins den tatsächlichen entsprechen.

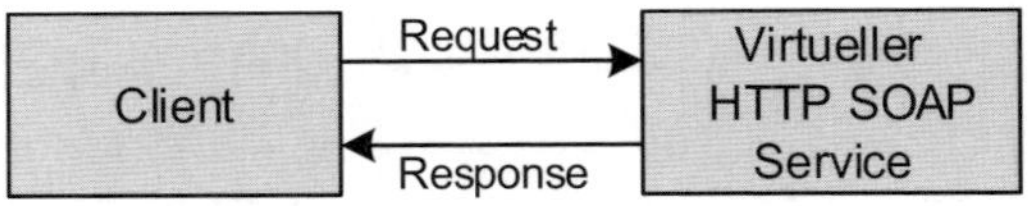

Abb. 4–13 *Einfacher virtualisierter Service*

Die virtuellen Services können dann konfiguriert werden. Es besteht die Möglichkeit, eine gewisse Logik, zum Beispiel mit regulären Ausdrücken, und dynamische Werte, beispielsweise Timestamps, für die Responses zu verwenden. Parameter aus den Requests können in den Responses übernommen werden. Selbstverständlich können für ein Service beliebig viele Responses definiert werden. Anhand von Parametern und Werten in den Requests wird bestimmt, welche Response an den Client geschickt werden soll. So ist es möglich, mit einer ID in den Requests die Virtualisierung für bestimmte Testfälle zu konfigurieren. Mit derselben ID wird immer dieselbe Response geliefert. Ist für den Testfall der Aufruf verschiedener Services erforderlich, könnte für alle diese eine ID verwendet werden – das erleichtert die Automation von Testfällen und sie sind jederzeit wiederholbar, zum Beispiel für automatisierte Regressionstests.

Die fertigen virtuellen Instanzen der Services werden dann zentral auf einem Server verwaltet und können von den Clients wie die originalen Services mit einem entsprechend anderen Endpoint[9] verwendet werden.

Das Ziel dabei ist es jedoch nicht, jede mögliche Kombination an Daten, die das Echtsystem verarbeiten kann, bzw. die gesamte Logik des Systems nachzubauen, sondern eine Bibliothek an virtuellen Services mit Szenarien zusammenzustellen, die getestet werden sollten.

Synchrone (SOAP via HTTP) und asynchrone Kommunikation (JMS) beherrschen die verfügbaren Tools, Schwierigkeiten könnte es aber geben, wenn spezielle Protokolle oder Technologien zum Einsatz kommen. Die kommerziellen Tools können eventuell nicht damit

9. Eintrittspunkt eines Service.

umgehen, bieten aber unter Umständen die Möglichkeit, Add-ins zu verwenden.

Tipp
Bevor man sich für ein Service-Virtualisierungstool entscheidet, sollte ein Proof of Concept mit den am Markt verfügbaren Tools durchgeführt werden. Auch die unterschiedlichen Lizenzmodelle sollten berücksichtigt werden. Erst dann sollte man sich für ein Tool entscheiden.

Bei der Umsetzung der Service-Virtualisierung in einem Unternehmen werden grundsätzlich zwei unterschiedliche Ansätze verfolgt, entweder ein Service wird nur einmal virtualisiert (Abb. 4–14) und quasi eine komplett virtuelle Umgebung für das gesamte Unternehmensnetzwerk aufgebaut oder es wird für jedes Projekt eine eigene virtualisierte Testumgebung bereitgestellt (Abb. 4–15). Im ersteren Fall (der zentralen, virtualisierten Umgebung) müssen Verhalten und Datenkonstellationen so gewählt werden, dass sie für die Tests aller betroffenen Produkte ein verwertbares Szenario bilden. Im zweiten Fall (der dezentralen, projektspezifischen Umgebung) kann hier freier agiert werden – es müssen allerdings in der Regel mehrere Varianten derselben Services gepflegt werden. Auch Mischformen (zentrale Umgebungen mit unterschiedlichen Ausprägungen einzelner Services) sind möglich.

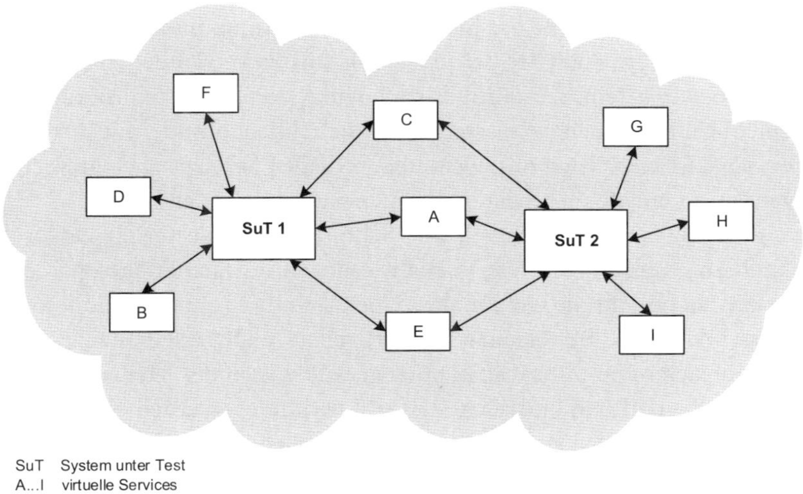

Abb. 4–14
Zentralisierter Virtualisierungsansatz

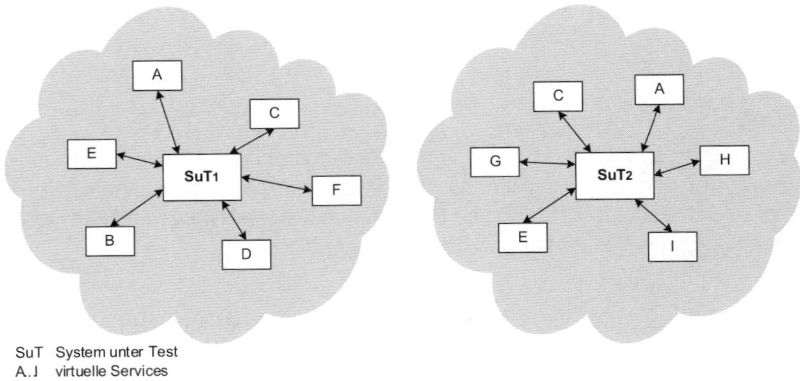

Abb. 4–15
Dezentraler Virtualisierungsansatz

Wie die Service-Virtualisierung umgesetzt werden kann, ist selbstverständlich auch von Unternehmensrichtlinien und Zuständigkeiten abhängig, und diese Fragen sollten unbedingt vorab mit den verschiedenen Abteilungen (Qualitätssicherung, Betrieb, Entwicklung, Konfigurationsmanagement etc.) abgesprochen werden, damit die unternehmensweite Umsetzung überhaupt möglich ist.

Wofür man sich entscheidet ist letztlich auch eine Ressourcenfrage, von großem Vorteil ist jedenfalls, wenn es je nach Unternehmensgröße ein oder mehrere Personen gibt, die für die Erstellung und Wartung der virtuellen Services zuständig sind. Dafür sind unter Umständen zusätzliche Ressourcen mit entsprechendem Fachwissen und Skills erforderlich. Ein Tool alleine bringt hier noch keine Lösung und nicht nur der Aufbau, sondern auch der Betrieb ist mit Kosten verbunden, dies sollte jedem bewusst sein, der darüber nachdenkt, Service-Virtualisierung in seinem Unternehmen einzusetzen. Wirklich nützlich ist der Einsatz von Service-Virtualisierung nur, wenn die virtuellen Services auch gewartet werden, so wie es auch bei der Testautomatisierung der Fall ist.

Wichtig ist zum Beispiel, auf Schnittstellenänderungen entsprechend zu reagieren und die Virtualisierungen demgemäß anzupassen. Ansonsten besteht die Gefahr, dass Clients eine Schnittstellenänderung übersehen und ihre eigenen Schnittstellen nicht anpassen. Fehler machen sich dann unter Umständen gerade wegen der Virtualisierung erst spät bemerkbar, und genau das soll verhindert werden.

Ein Vorteil, der sich durch den Einsatz einer Service-Virtualisierungslösung ergibt, besteht darin, dass Clients selbstbestimmt auf Schnittstellenänderungen reagieren können, sie müssen ihre Schnittstellen nicht genau dann anpassen, wenn ein Service geändert wird, sondern dann, wenn es für sie am günstigsten ist.

4.1.6.3 Service-Virtualisierung im Softwarelebenszyklus

Je nachdem, an welcher Stelle man sich im Softwarelebenszyklus befindet, ändert sich der Fokus im Test oder auch in der Entwicklung. Man unterscheidet zwischen Systemen, die sich gerade in Entwicklung befinden bzw. die getestet werden sollen und sich somit gerade im »Scope« befinden, und denen, die »out-of-Scope« sind. Out-of-Scope-Systeme werden für die Ausführung der In-Scope-Systeme benötigt, sind aber nicht Gegenstände des Tests und können daher virtualisiert werden. Im Beispiel mit dem Billing-System ist das System zur Kundendatenverwaltung selbst kein Testobjekt, wird aber für den Test des Billing-Systems benötigt. Während des Modultests ist das Billing-System im Scope und das System für die Kundendatenverwaltung out-of-Scope.

Zu Beginn der Entwicklung ist fast alles außer den eigentlichen Modulen, die gerade entwickelt werden, out-of-Scope. Gegen Ende muss sichergestellt werden, dass alle Komponenten korrekt zusammenarbeiten, somit ist für den Test fast alles im Scope und nur noch möglichst wenige Komponenten sollten durch virtuelle ersetzt werden. Deshalb befindet sich dann während des Systemintegrationstests schließlich auch das System für die Kundendatenverwaltung im Scope und sollte nach Möglichkeit nicht mehr simuliert werden.

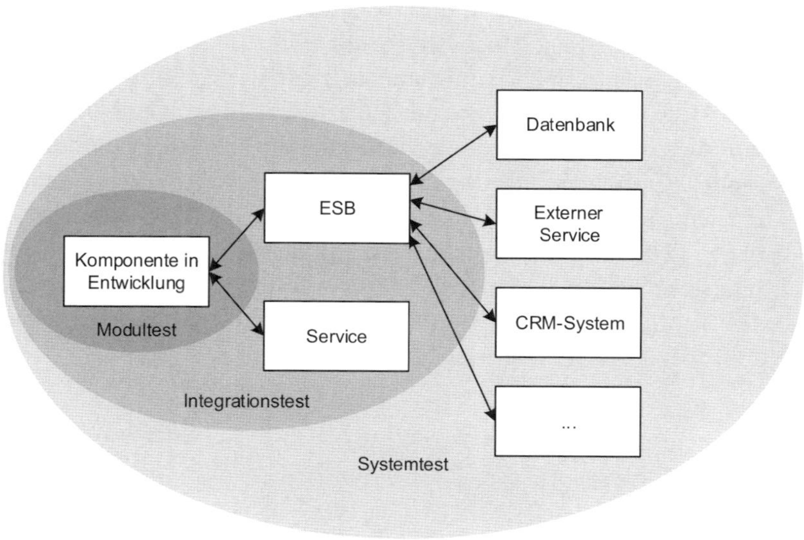

Abb. 4–16
In-Scope-Systeme

4.1.6.4 Entwicklung und Test

Unit Tests bzw. Komponententest

Beim Komponententest werden einzelne isolierte Softwarekomponenten hinsichtlich ihrer Funktionalität getestet. Diese sehr frühe Teststufe wird häufig von den Entwicklern selbst durchgeführt. Die Tests finden meist auf der Entwicklungsumgebung statt. Ohne Schnittstellensimulation wären diese Tests oftmals gar nicht möglich und aus diesem Grund kommen häufig »Mocks« oder »Stubs«[10] zur Simulation nicht verfügbarer Systeme zum Einsatz. Diese werden in der Regel von den Entwicklern geschrieben, Tester sollten aber die Möglichkeit haben, diese Mocks für spezifische Testzwecke zu konfigurieren [URL: Fowler2].

Der Einsatz von Service-Virtualisierung bietet einige Vorteile gegenüber Mocks und Stubs:

- Ein wesentliches Merkmal von Service-Virtualisierung ist, dass die virtuellen Services zentral verwaltet und gewartet werden und somit sowohl von Testern als auch von Entwicklern, oder wer auch immer sonst noch Bedarf hat, parallel eingesetzt werden können. Tester und Entwickler haben dieselben Voraussetzungen. Zentrale Services müssen nur ein einziges Mal bereitgestellt werden (und nicht durch jedes Projekt einzeln »gemockt« werden). Das gewährleistet ein auf allen Test- und Entwicklungsumgebungen äquivalentes Systemverhalten. Mocks und Stubs sind aufwendiger zu warten und kommen deshalb häufig nur kurz für wenige Tests zum Einsatz, Tester haben teilweise nicht die Möglichkeit, diese einzusetzen. Sie sind kaum wiederverwendbar und bringen in darauffolgenden Teststufen oder später im Softwarelebenszyklus keinen Nutzen mehr. Service-Virtualisierung macht die Tests wiederholbar, die Daten sind persistent. Der Aufbau von Service-Virtualisierungslösungen ist in der Regel initial mit höheren Kosten verbunden als die Verwendung von Mocks und Stubs, dafür können sie einfacher gewartet und wiederverwendet werden.

---

10. Stubs und Mocks sind einfache Softwarekomponenten, die zu Testzwecken die Rolle von komplexeren Softwaresystemen übernehmen. Der Unterschied zwischen Stubs und Mocks liegt hauptsächlich in ihrer Komplexität: Während Stubs meist nur statische, feste Antworten liefern, können Mocks in der Regel dynamisch erzeugt und/oder konfiguriert werden.

- Entwickler müssen keine Zeit aufbringen, um Stubs und Mocks zu schreiben, sie können sich also gänzlich auf ihre eigentlichen Aufgaben konzentrieren. Auf der anderen Seite benötigt man für den Aufbau der Service-Virtualisierung aber natürlich zusätzliche Ressourcen mit entsprechenden Skills.
- Stubs und Mocks gewährleisten häufig kein realitätsnahes Verhalten und sind fehleranfälliger. Dadurch können sie dazu beitragen, Fehler zu maskieren, die dann möglicherweise erst später im Systemintegrationstest gefunden werden. Service-Virtualisierung ermöglicht einen realitätsnahen Test.

Durch Service-Virtualisierung lassen sich Bugs früher im Entwicklungsprozess finden, wenn es noch günstiger und einfacher ist, diese zu beheben. In der Regel wird die Fehlerbehebung umso teurer, je später der Fehler im Entwicklungsprozess gefunden wird. Am günstigsten ist es, wenn ein Fehler auf der Entwicklungsumgebung gefunden wird, am teuersten, wenn er in Produktion auftritt. In der Modultestphase und in der darauffolgenden Teststufe, dem Integrationstest, bringt der Einsatz von virtuellen Services den größten Nutzen. Hier sollten die meisten Fehler gefunden werden und genau das ermöglicht der Einsatz von Service-Virtualisierung.

Integrationstest

Im Integrationstest werden in der Regel verschiedene voneinander abhängige Komponenten eines komplexen Systems im Zusammenspiel miteinander getestet. Die einzelnen Komponenten sind im Optimalfall bereits im Modultest zuvor unabhängig voneinander erfolgreich getestet worden. Hier macht es sich nun auf jeden Fall bezahlt, wenn für den Modultest keine Stubs oder Mocks verwendet worden sind, sondern virtuelle Services, um die fehlenden Komponenten zu ersetzen. Diese können einfach wiederverwendet und gegebenenfalls anhand der Testszenarien angepasst werden. Im Idealfall steht für die Testaktivität eine eigene Testumgebung zur Verfügung. Alle Out-of-Scope-Systeme können in dieser Umgebung virtualisiert werden.

Systemtest

Im Systemtest[11] wird das Gesamtsystem unter möglichst realistischen Bedingungen als Vorbereitung für die Ausrollung auf der Produktivumgebung bzw. für die Auslieferung an den Kunden getestet. Der Test findet meist in eigenen Systemintegrationsumgebungen statt. In dieser

11. Systemintegrationstest

Testphase sollte so weit wie möglich auf den Einsatz von virtuellen Services verzichtet werden. Ein Test mit virtualisierten Services kann einen Systemtest nicht ersetzen. Auch wenn man Service-Virtualisierung verwendet, so ist es dennoch erforderlich, ab einem bestimmten Zeitpunkt End-to-End-Tests gegen reale Systeme durchzuführen.

Benutzerabnahmetest

Ist es nicht möglich, den Benutzerabnahmetest in der Systemintegrationsumgebung durchzuführen, oder sind auch in dieser nicht alle Schnittstellen verfügbar, so kann der Einsatz von virtuellen Services selbstverständlich hilfreich sein, um Szenarien für Benutzerabnahmetests vorzubereiten. Für die Anwender ist nicht ersichtlich, ob sie mit realen Services oder mit virtuellen arbeiten, sofern sich diese korrekt verhalten. Nach Möglichkeit sollte der Test allerdings in einer realen Umgebung durchgeführt werden. Das Wissen, dass einige Services nicht real, sondern virtualisiert zur Verfügung stehen, kann verständlicherweise bei Endbenutzern Unsicherheit bzgl. der Aussagekraft der Tests auslösen.

Betrieb und Wartung

Im Gegensatz zu Mocks und Stubs können die virtuellen Services auch später im Softwarelebenszyklus noch effizient eingesetzt werden:

Oftmals kann es schwierig sein, produktiv aufgetretene Fehler in Entwicklungs- bzw. Testumgebungen zu reproduzieren. Grund dafür ist häufig, dass ein hoher Aufwand notwendig wäre, um die produktiv zum Fehlerfall führende Datenkonstellation auf einer Entwicklungs-, Test- oder auch Systemintegrationsumgebung nachzustellen. Service-Virtualisierung kann helfen, rasch eine zuverlässige Reproduktion zu ermöglichen und dadurch die Fehlersuche signifikant zu beschleunigen.

Auch bei automatisierten Regressionstests leisten die virtualisierten Services wertvolle Dienste.

Trainingsumgebungen

Mitarbeiterschulungen profitieren ebenfalls von virtuellen Services: Realitätsnahe Trainingsumgebungen aufzubauen, um Mitarbeitern den Umgang mit neuen Softwaresystemen beizubringen, kann besonders bei größeren Systemlandschaften aufwendig und teuer sein. Aus diesem Grund wird teilweise auf Trainings verzichtet, Mitarbeiter lernen neue Systeme nur theoretisch kennen, was zu Problemen und Verzögerungen in der Produktion führt, die unter Umständen Kosten verursachen. Vernünftige Trainings würden helfen, derartige Probleme zu vermeiden, und durch den Einsatz von Service-Virtualisierung können kostengünstige Trainingsumgebungen geschaffen werden, die ein realitätsnahes Training ermöglichen. Idealerweise sind die virtuellen Instanzen bereits während der Produktentwicklung angelegt worden, somit fallen nur noch geringe Kosten für die Konfiguration der Services an.

Return on Investment

Bevor mit der Virtualisierung von Services begonnen wird, ist es vernünftig, das zu erwartende Einsparungspotenzial zu berechnen. Nur so lässt sich feststellen, ob der Aufwand ökonomisch sinnvoll ist. Vor allem zu Beginn ist die Einführung von Service-Virtualisierungslösungen mit Ausgaben aufgrund von Personal- und Lizenzkosten verbunden.

Von Vorteil ist es, das Einsparungspotenzial anhand von Geschäftsfällen anzugeben. Das hilft dem Management, den Nutzen der Investition zu erkennen. Für den jeweiligen Geschäftsfall sollten erst die Probleme, die anhand der Virtualisierung gelöst werden sollen, genau identifiziert und analysiert werden. Dann kann der ROI, also der Zeitpunkt, ab dem eine getätigte Investition eine Einsparung im selben Wert erreicht, geschätzt werden. Der ROI in Jahren ergibt sich aus den Investitionskosten dividiert durch die jährliche Einsparung.

Für die Berechnung müssen die Kosten für die Implementierung eines Service bzw. eines Geschäftsfalls sowie das zu erwartende Einsparungspotenzial berechnet werden.

Die Investitionskosten lassen sich wie üblich ermitteln: Relevant ist, wie viele Ressourcen für die Umsetzung des Geschäftsfalls notwendig sind, wie viel diese kosten und wie viel Zeit dafür aufgewendet werden muss. Abgesehen von den Lizenz- und Serverkosten sind das die Kosten, die bei der Umsetzung des Geschäftsfalls anfallen würden.

Das Einsparungspotenzial errechnet sich aus den Kosten, die sich aufgrund der mangelnden Verfügbarkeit von Systemen und Daten ergeben. Dies zu schätzen ist eine komplexe Aufgabe, viele Faktoren spielen dabei eine Rolle. Folgende Fragestellungen sollen eine Hilfestellung bei dieser Aufgabe bieten:

- Welche Auswirkungen hat die mangelnde Verfügbarkeit von Testsystemen?
- Gibt es Teststillstände aufgrund nicht verfügbarer Systeme? Wenn ja, wie viele Tester sind wie lange betroffen? Wie hoch ist deren Stundensatz?
- Wie viel Geld wird für den Zugriff auf externe Systeme aufgewendet?

- Muss Geld für externe Ressourcen ausgegeben werden, um Testumgebungen einzurichten oder Komponenten verfügbar zu machen, wenn ja, wie viel?
- Fallen Lizenzkosten für Services an, die virtualisiert werden können?
- Können durch die Virtualisierung Serverkosten eingespart werden?
- Wird auf teure Mainframesysteme zugegriffen, die unter Umständen nur zu bestimmten Zeiten zugänglich sind?
- Wie viele Testfälle können nicht durchgeführt werden, weil Systeme nicht verfügbar sind? Eine höhere Testabdeckung führt in der Regel zu einer höheren Qualität, wodurch später möglicherweise weniger Fehlerbehebungen und Deployments erforderlich sind.
- Können Kosten für Deployments eingespart werden? Sind durch die Virtualisierung eventuell weniger Deployments erforderlich? Vor allem in Produktivumgebungen kann es teuer werden, einen Bugfix zu deployen.
- Kann Geld bei der Einrichtung und Konfiguration von Testsystemen eingespart werden?
- Kann ein Produkt durch eine Beschleunigung im Test und in der Entwicklung eventuell schneller ausgerollt werden?
- Können durch den Einsatz von Service-Virtualisierung Testfälle automatisiert werden, die sonst nur manuell durchgeführt werden könnten? Wenn ja, wie viele?

Zusammenfassend bietet Service-Virtualisierung die Möglichkeit, vollständige Kontrolle über das eigene Testsystem zu bekommen. Risiken und Kosten in Projekten können minimiert werden und die Entwicklung beschleunigt. Fehler können durch einen früheren Teststart schneller gefunden werden, solange es noch kostengünstiger und einfacher ist, diese zu beheben. Testausfallzeiten können minimiert werden. Mit dem Einsatz von Service-Virtualisierung wird man weitgehend unabhängig von Services und Systemen, die außerhalb der eigenen Kontrolle liegen. Voraussetzung dafür ist die Wahl eines geeigneten Tools und die effiziente Umsetzung und Wartung im Unternehmen.

4.2 Logische Konzepte

Für die Umsetzung von automatisierten Testfällen ist eine wesentliche Komponente die Erfassung der Schritte und Daten eines Testfalls in einer formalen Form, damit dieser von einem Automatisierungswerkzeug abgearbeitet und damit auf das Testobjekt angewandt werden kann. In diesem Abschnitt werden die generellen Strukturen von automatisierten Testfällen beschrieben.

Klar definierte Ausgangszustände

Unabhängig von der gewählten formalen Sprache haben die meisten Testfälle die Eigenschaft, dass sie von einem oder mehreren klar definierten Ausgangszuständen des Testobjekts ausgehen. Da getestete Systeme nicht immer zurückgesetzt werden können, bedeutet dies häufig, dass entweder Testfälle oder das Framework die Bereinigung durchführen müssen.

Die gewählte formale Form eines Testfalls sollte sowohl für diejenige Person leicht verwendbar sein, die das Automatisierungssystem zur Verfügung stellt (üblicherweise ein technisch versierter Testautomatisierer), als auch für die Person, die die Testfälle formuliert (üblicherweise ein Tester oder Testautomatisierer). Damit können im Idealfall die Testfälle direkt in einer automatisiert durchführbaren Form erfasst und dadurch der Zwischenschritt der »Übersetzung« von natürlichsprachlichen Testfällen in automatisierte Testfälle vermieden werden, der aufwandsintensiv und fehleranfällig ist.

Hierfür gibt es viele Varianten. In diesem Abschnitt werden einige typische Varianten beschrieben und es wird ein Überblick über die verschiedenen Einsatzgebiete gegeben.

4.2.1 Typische Formen von automatisierten Testfällen

4.2.1.1 Programmatische Testfalldarstellung und reines Capture & Replay

Die grundlegendste Form eines automatisierten Testfalls ist ein in einer Skript- oder Programmiersprache festgelegter Testfall, der für sich alleine steht. Dies kann z.B. durch Capture & Replay, also durch das Aufzeichnen von Benutzeraktionen, erreicht werden. Ein wesentliches Problem in diesem Fall ist, dass bei Änderungen des Workflows sämtliche Testfälle, die diesen Workflow betreffen, einzeln bearbeitet oder gar neu aufgezeichnet werden müssen. Ebenso müssen Varianten von Testfällen separat aufgezeichnet bzw. ausprogrammiert werden.

Wesentlich effizienter in der Wartung sind modularisierte Testfälle, wie sie nachstehend betrachtet werden.

4.2.1.2 Datengetriebene Testfalldarstellung

Unter »datengetriebenen Testfällen« werden Testfälle verstanden, die sich nur in ihren Testdaten unterscheiden, in ihrem prinzipiellen Ablauf jedoch nicht. Ein Beispiel hierfür: Es soll ein bestimmter Kunde angelegt werden. Name, Adresse, Geburtsdatum werden jedoch nicht im Ablauf fixiert, sondern separat verwaltet. Bei der Durchführung wird der Testfall für jeden Datensatz abgespielt [ISTQB 14].

Beispielsweise mit folgenden Datensätzen:

Tab. 4–12
Tabellarische Darstellung von Testfällen zur datengetriebenen Verarbeitung

Kundenname	Adresse	Geburtsdatum
Max Mustermann	Musterstr. 3	12.12.1975
Mina Musterfrau	Beispielweg 5	15.06.1981

Und folgendem Skript:

Listing 4–6
Beispiel für einen Testablauf für datengetriebene Testautomatisierung

```
CustName.setText(getParameter("Kundenname"));
CustAddress.setText(getParameter("Adresse"));
CustDateOfBirth.setText(getParameter("Geburtsdatum"));
ButtonOk.Click();
```

Die meisten Werkzeuge stellen eine solche Funktionalität bereits zur Verfügung und machen sie ohne Programmierung zugänglich. Datentabellen sind eine leicht fassbare und weitverbreitete Darstellung für Daten und somit gibt es auch keinen Mangel an Werkzeugunterstützung – Tabellenkalkulationsprogramme sind Standard in den meisten Unternehmen.

Abb. 4–17
Datengetriebene Testautomatisierung

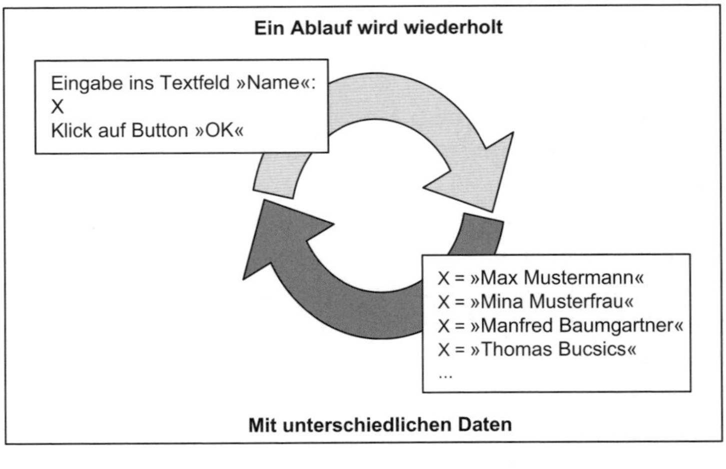

In vielen Fällen gibt es Abläufe, die für den Test von besonders großer Relevanz sind. Um hier eine ausreichende Abdeckung zu erreichen, kann eine Anzahl an Varianten notwendig sein, die mit einem manuellen Testansatz nicht mehr zu bewältigen ist. In solchen Fällen ist die datengetriebene Testfallerstellung eine überlegenswerte und durch Werkzeuge gut unterstützte Variante.

Testmethoden und datengetriebener Test

Auch viele Testmethoden lassen sich mit diesem Konzept gut umsetzen:

- Äquivalenzklassenbildung
- Grenzwertanalyse
- Klassifikationsbaummethode
- Ursache-Wirkungs-Graph/Entscheidungstabellen

4.2.1.3 Schlüsselwortgetriebene Testfalldarstellung

Datengetriebene Testfalldarstellung erlaubt dem Tester, zu fixen Abläufen verschiedene Datenkonstellationen zu erarbeiten. Was aber, wenn der Test eine Vielzahl an verschiedenen Abläufen abdecken will?

In diesem Fall ist zu analysieren, aus welchen Schritten (»Schlüsselwörter« oder auch »Keywords« genannt) die umzusetzenden Testfälle bestehen. Wenn die Testfälle aus einer methodischen Testfallerstellung stammen (z.B. mittels zustandsbasierten Tests), kann dies in vielen Fällen bereits vorgegeben sein [ISTQB 14].

Die einzelnen Schritte werden danach automatisiert und dem Tester in Form eines Baukastensystems zur Verfügung gestellt. Einige Werkzeuge unterstützen diese Methode, in anderen Werkzeugen muss sich der Automatisierer ein geeignetes Framework dafür schaffen.

Zerlegung von Abläufen in einzelne Schritte

Ziel ist, die Abläufe in Schritte zu zerlegen, die klein genug sind, um ein flexibles Testfalldesign zu ermöglichen, und groß genug, um einen fachlichen Fokus zu besitzen, der für den Tester nachvollziehbar und für den Automatisierer wartbar ist.

Ein Beispiel:

```
Starte
Lege_Kunde_An "Max Mustermann", "Musterstraße 3", "12.12.1975"
Lege_Produkt_An "Bücherregal", "125.5"
Bestelle "Max Mustermann", "Bücherregal"
Überprüfe_Bestellsumme "125.5"
Beende
```

Listing 4–7
Beispiel für einen schlüsselwortgetriebenen Testfall

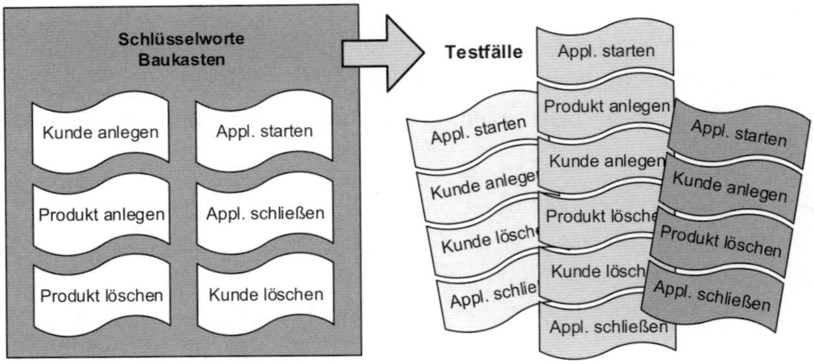

Abb. 4–18
Schlüsselwortgetriebene Testautomatisierung

Hier wurden als Schlüsselwörter »Starte«, »Lege_Kunde_An«, »Lege_Produkt_An«, »Bestelle«, »Überprüfe_Bestellsumme« und »Beende« identifiziert. Jedes dieser Schlüsselwörter ist durch ein (im Allgemeinen recht kleines) Skript implementiert. Damit kann sich der Tester aus den bestehenden Schlüsselwörtern beliebige Testfälle zusammenstellen. Auch kleinere Änderungen an der zu testenden Applikation können in dieser Variante leicht nachgezogen werden – es müssen nur einzelne Schlüsselwort-Implementierungen gewartet werden, solange nicht die Testfälle selbst durch eine Änderung an der Applikation obsolet werden.

Weiterverwendung von Werten aus dem Testablauf

Oft wird zur reinen Aneinanderreihung von Schlüsselwörtern noch die Möglichkeit gegeben, von der Applikation bereitgestellte Werte weiterzuverwenden. Ein Beispiel hierfür:

Listing 4–8
Weiterverwendung von Werten aus der Applikation

```
Starte
Kundennr = Lege_Kunde_An "Max Mustermann", "Musterstraße 3",
"12.12.1975"
Produktnr = Lege_Produkt_An "Bücherregal", "125.5"
Bestelle Kundennr, Produktnr
Überprüfe_Bestellsumme "125.5"
Beende
```

Diese Erweiterung zu obigem Beispiel ist oft notwendig und durchaus zu empfehlen – sie ist auch in vielen Werkzeugen vorhanden.

Bei der schlüsselwortgetriebenen Automatisierung ist jedoch sehr darauf zu achten, dass durch Parameterübergaben und Variantenbildungen der Schlüsselwörter nicht ein undurchschaubares und unwartbares Geflecht von Testskripten entsteht. Wenn die einzelnen Schlüsselwörter bzw. die entsprechenden Implementierungen nicht wiederverwendbar bleiben, schafft man sich erst recht wieder ein großes Wartungsproblem. Es ist daher darauf zu achten, die notwendige Verarbeitungslogik in den Schlüsselwörtern zu positionieren und Testfälle klar lesbar und linear/sequenziell zu halten.

Balance zwischen Einfachheit und Mächtigkeit

In der schlüsselwortgetriebenen Automatisierung ist die Versuchung groß, dem Tester viele Möglichkeiten zu geben, was rasch in spezialisierte Entwicklungsumgebungen ausarten kann. Es ist zu empfehlen, die Testfallsyntax einfach zu halten, da sonst die entstehenden Testfälle schnell unübersichtlich werden.

Ein Beispiel für eine ungeeignete und unnötig komplizierte Syntax:

Listing 4–9
Testfall mit unnötig komplizierter Syntax

```
if (notLoggedIn("bestellUser"))
   loginWithUserNameAndPassword("bestellUser", "testPassword")
end if
if (isErrorMessageDisplayed())
   failTestCase("Login Failed")
end if
   products = new Array("Produkt1", "Produkt2", "Produkt3")
for (product in products)
   orderProduct(product)
   if (isErrorMessageDisplayed())
   failTestCase("Produkt konnte nicht bestellt werden: " + product)
   end if
end for
markTestCaseAsSuccessful()
```

Einfacher ist der gleiche Testfall, wenn er vom Tester auf folgende Weise verfasst wird:

Listing 4–10
Testfall mit einfacher Syntax

```
loginUser("bestellUser")

orderProduct("Produkt1")

orderProduct("Produkt2")

orderProduct("Produkt3")
```

In diesem Beispiel stellt das Framework dem Tester die Möglichkeit zur Verfügung, einen Test-User anzugeben, ohne dessen Passwort zu spezifizieren. Dieses kann z.B. nach einem standardisierten Schema vergeben sein oder aus Konfigurationsparametern gelesen werden. Dies hat zum Ziel, dass Passwörter nicht mehr in Testfällen gewartet werden müssen.

Des Weiteren sind die einzelnen Aufrufe selbst dafür zuständig, über Erfolg oder Misserfolg der Aktionen zu berichten. Auch die Erfolgsmeldung des gesamten Testfalls übernimmt das Framework: Ist ein Testfall nicht fehlgeschlagen, so wird er als erfolgreich markiert.

Diese und noch viele weitere Faktoren können dazu beitragen, das Set an automatisierten Testfällen klar, kompakt und wartbar zu gestalten.

Diese Methode kann auch gut mit Methoden für Testdesign kombiniert werden: Zustands- oder anwendungsfallbasierte Testfälle können in vielen Fällen mit wenig Aufwand in schlüsselwortbasierte Testfälle übersetzt oder sogar direkt als solche aus dem entsprechenden Werkzeug generiert werden.

Auch für die Dokumentation von Testdurchführungen und Reproduktionsschritten bieten Schlüsselwörter in vielen Fällen einen guten Detaillierungsgrad.

Bereinigung nach/vor Testfällen

Nach der Durchführung eines Testfalls muss das Testsystem automatisiert in einen Zustand gebracht werden, in dem der nächste Testfall gestartet werden kann. Dies sollte mit möglichst wenig Einfluss auf die Ergebnisse und Daten von vorangegangenen und speziell von fehlgeschlagenen Testfällen passieren, um eine effiziente Fehleranalyse zu ermöglichen. Hier ist besonders auf Inkonsistenzen zu achten.

Eine Alternative bietet die Vorbereitung des Testobjekts zu Beginn eines Testfalls bzw. einer Testdurchführung. In Situationen, in denen nicht garantiert werden kann, dass die Bereinigung nach einem Testfall durchgeführt wird (z.B. aufgrund von Fehlersituationen mit Abbruch des Testfalls), ist diese Methode ein effektiver Weg zur Vermeidung von inkonsistenten Testsystemen, erschwert aber unter Umständen die Fehleranalyse.

4.2.1.4 Schlüsselwortauswahl anhand der Konfiguration

Ein Spezialfall des schlüsselwortgetriebenen Tests kann der Test von Internetauftritten und Webapplikationen sein.

Ein Beispiel: In einem internationalen Unternehmen mit Internetpräsenz werden die Inhalte und Funktionalitäten eines Webshops zentralisiert implementiert und gewartet. Das Design und die Sprache jedoch werden für jede Region lokalisiert. Auch einzelne, kleine Unterschiede in der Funktionalität und Handhabung können auftreten. Es gibt für diesen Webshop ein großes Set an Testfällen: Einige der Testfälle sind nur für einzelne Regionen relevant, während ein überwiegender Teil der Testfälle für mehrere oder gar alle Regionen gültig ist.

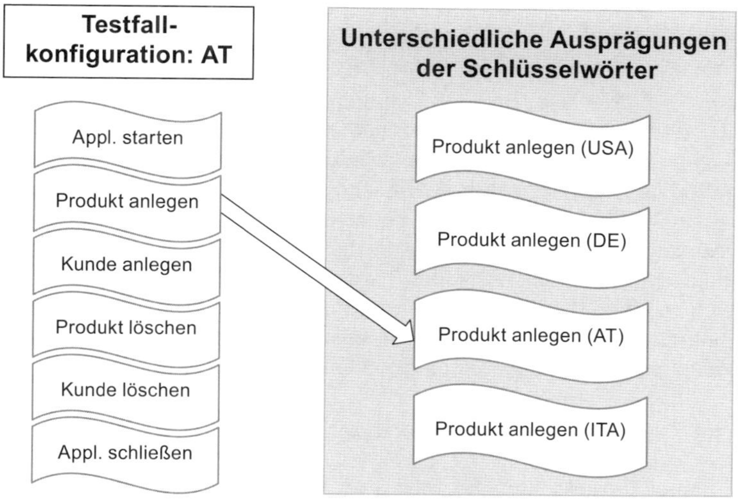

Abb. 4–19
Das Prinzip konfigurationsgesteuerter Schlüsselwortauswahl

In der Automatisierung ist es nicht möglich, mit ein und demselben Schlüsselwort z.B. ein Login für jede Region durchzuführen, da hierfür die Unterschiede in Handhabung und Gestaltung zu groß sind. Logik in die Schlüsselwörter einzupflegen, die die Region der getesteten Applikationsvariante erkennt und darauf reagiert, wäre ebenfalls eine Lösung, die zu ungewünschter Komplexität der Schlüsselwort-Implementierung führt.

In einer solchen Situation ist es meist sinnvoll, für die Auswahl von Schlüsselwörtern einen Konfigurationsparameter zu verwenden: Schlüsselwörter werden mit der Information versehen, für welche Region sie einsetzbar sind. So kann ein Schlüsselwort für »Login« beispielsweise für Italien, Deutschland, Österreich gelten, und für Mexiko, USA und Singapur können jeweils eigene Implementierungen dieses Schlüsselwortes bestehen. Gemeinsam ist allen Varianten von »Login« ihr Set an Parametern: »Username« und »Passwort«.

Das Automatisierungsframework erhält beim Start die Informationen, auf welcher Region ein Testfall durchgeführt werden soll, und entscheidet anhand dieser Information, welche konkrete Ausprägung eines Schlüsselwortes für die Abarbeitung im Zuge einer Testdurchführung heranzuziehen ist.

Aus der Praxis:
Umsetzung bereits strukturierter Vorgaben

Beim Test einer eGovernment-Plattform war ein wichtiges Kriterium, dass mit jeder Version gewisse Richtlinien nachweislich erfüllt wurden. Den Testern wurde rasch klar, dass der wiederholte manuelle Test dieser Kriterien für sie einerseits Ausmaße annahm, die kaum zu bewältigen waren, und sie andererseits von Tests neuer Funktionalität abhielt. Für die als Unterstützung angeforderten Automatisierer stellte dies eine glückliche Situation dar: Das umzusetzende Testfallportfolio auf Basis der Richtlinien war stabil, klar definiert und wies zudem in seiner Struktur klare Einzelschritte auf, die sich zu Projektende beinahe eins zu eins in einer schlüsselwortbasierten Automatisierungsstruktur wiederfanden.

4.2.1.5 Kompakte Testfälle (nach A2A)

Die bisher dargestellten Formen sind wie beschrieben in den meisten kommerziellen Werkzeugen abbildbar. Nichtsdestotrotz sind diese Strukturen anfällig gegenüber unterschiedlichen Ereignissen, die im Zuge des Lebenszyklus der zu testenden Applikation, aber auch der Automatisierung selbst, eintreten können:

1. Technische Veränderungen der zu testenden Applikation
2. Bedarf nach Wechsel des Automatisierungswerkzeugs
3. Fachliche Veränderungen der zu testenden Applikation

Das erste Ereignis wird bis zu einem gewissen Grad durch schlüsselwortgetriebene und datengetriebene Automatisierung adressiert. Der zweite Punkt kann mittels dieser Methode ebenfalls adressiert werden. Dieser Nutzen wird bei Verwendung von herstellerspezifischen Modellierungsmethoden allerdings durch eine technologische Bindung relativiert (»Vendor Lock-In«).

Beim Eintritt des dritten Ereignisses ist jedoch eine Überarbeitung der betroffenen Teile der Automatisierungslösung notwendig. Diese kann je nach Umfang der Änderungen im schlimmsten Fall eine Anpassung aller Testfälle verursachen. Dies ist insbesondere dann kritisch, wenn die eigentlich mit dem Testfall abzudeckende Kernfunktionalität nicht betroffen ist, sondern lediglich Vorbereitungs- oder Aufräumschritte, und der Testfall aus fachlicher Sicht eigentlich gar nicht adaptiert werden müsste.

Ein Beispiel für diese Situation könnte wie folgt aussehen:

Ein Testfall soll einen Teil des Bestellvorgangs in einem Webshop verifizieren und dafür das Produkt »Ferrari« bestellen und anschließend überprüfen, ob der zu zahlende Betrag »1.000.000,–« beträgt.

Der fachliche Ablauf würde im Kern wie folgt aussehen:

1. Füge »Ferrari« dem Warenkorb hinzu
2. Gehe zum »Checkout«
3. Überprüfe, ob in »Summe« »1.000.000,–« steht

Dies scheint kompakt und »schlank« zu sein. Allerdings kann nicht davon ausgegangen werden, dass die notwendigen Vorbedingungen bereits erreicht sind und so müsste beispielsweise der Client zunächst geöffnet werden, ein Login durchgeführt und diese Aktionen nach dem Testfall wieder rückgängig gemacht werden. Würden all diese Schritte berücksichtigt und explizit als Schritte im Testfall abgebildet werden, könnte dieser nun so aussehen:

1. Öffne Browser
2. Navigiere zur Hauptseite des Webshops
3. Logge ein mit »Musterfrau«, Passwort »12345«
4. Füge »Ferrari« dem Warenkorb hinzu
5. Gehe zum »Checkout«
6. Überprüfe, ob in »Summe« »1.000.000,–« steht
7. Logout
8. Schließe Browser

Allerdings kann auch nicht davon ausgegangen werden, dass die jeweiligen Testdaten (im Beispiel ist das sowohl der Benutzer »Musterfrau« als auch das Produkt »Ferrari« mit einem Verkaufspreis von »1.000.000,–« und einem Lagerstand > 0) bereits auf dem Testsystem vorliegen. Um das sicherzustellen und damit die stabile Durchführung des Testfalls garantieren zu können, muss der Testfall für die Vorbereitung und das Bereinigen der notwendigen Testdaten erweitert werden:

1. Öffne Browser 1
2. Navigiere zur Admin-Seite des Webshops
3. Logge ein mit »Administrator«, Passwort »ABCXYZ«
4. Lege User »Musterfrau« an
5. Setze Konto von User »Musterfrau«, Passwort »12345« auf Status »aktiviert«
6. Lege Produkt »Ferrari« mit Preis »1.000.000,–« an
7. Setze Lagerbestand des Produkts »Ferrari« auf 1
8. Öffne Browser 2
9. Navigiere zur Hauptseite des Webshops
10. Logge ein mit »Musterfrau«, Passwort »12345«
11. Füge »Ferrari« dem Warenkorb hinzu
12. Gehe zum »Checkout«
13. Überprüfe, ob in »Summe« »1.000.000,–« steht

14. Logout Browser 2
15. Schließe Browser 2
16. Lösche letzte Bestellung von User »Musterfrau«
17. Lösche Produkt »Ferrari«
18. Lösche User »Musterfrau«
19. Logout Browser 1
20. Schließe Browser 1

Der Ablauf umfasst nun deutlich mehr Testschritte als ursprünglich und verliert dadurch an Lesbarkeit und wird auch anfälliger für fachliche Änderungen. Die hinzugekommenen Schritte befassen sich in keiner Weise mit dem eigentlichen Testziel und entsprechen auch nicht dem gängigen Verständnis eines Testers, der mit der zu testenden Applikation gut vertraut ist.

Der Advanced Automation Approach (A2A) definiert unter anderem ein Konzept, das diesem Ausufern entgegenwirken soll. Die Idee dahinter ist, Vorbedingungen und Nachbedingungen gezielt durch die Nutzung einer applikationsspezifischen Komponente oder eines Frameworks implizit sicherstellen zu können.

Ziel ist eine Darstellung des Testfalls, die der ursprünglich beschriebenen, kurzen und intuitiven Variante nahezukommen versucht, mit den damit verbundenen Vorteilen. Im Gegenzug ist der Initialaufwand für die Implementierung dieses Ansatzes jedoch etwas höher als mit den weniger stark strukturierten Varianten und erfordert deutlich mehr Entwicklungs-Know-how. Da aber Automatisierung dann am effektivsten ist, wenn sie über einen langen Zeitraum mit wenig Wartungsaufwand Nutzen stiften kann, überwiegen die mittel- und langfristigen Vorteile in vielen Fällen deutlich und das Investment lohnt sich.

Details zur Implementierung dieses Ansatzes finden sich in Abschnitt 4.3.6. Im Folgenden soll hingegen nur das konzeptionelle Vorgehen und Überlegungen dazu besprochen und anhand des Beispiels erläutert werden, ohne jedoch näher auf Details der Implementierung einzugehen.

Erster Schritt bei der Umsetzung dieses Ansatzes ist die Verwendung eines Modells zur Abbildung von Schnittstellen der zu testenden Systeme, welche automatisch bei Bedarf geöffnet, und am Ende des Testfalls wieder geschlossen werden. Im Beispiel befasst sich dies mit dem Öffnen und Schließen des Browsers sowie mit dem Logout. Dabei wird vorerst nur eine Schnittstelle, die Weboberfläche, verwendet. Dass das aber nicht immer der Fall sein muss, wird im weiteren Verlauf des Kapitels und im Praxisbeispiel noch näher erläutert.

So kann beispielsweise der Client für die Admin-Seite automatisch einen Administrator-User einloggen und am Ende des Testfalls wieder ausloggen. Für Aktionen im Webshop können wir hingegen möglicherweise keinen Standard-User annehmen und verlassen uns daher auf die Daten aus dem Testfall.

Werden die Überlegungen nun auf den Beispieltestfall angewandt, so kann dieser wie folgt reduziert werden:

1. Lege User »Musterfrau« an
2. Setze Konto von User »Musterfrau«, Passwort »12345« auf Status »aktiviert«
3. Lege Produkt »Ferrari« mit Preis »1.000.000,–« an
4. Setze Lagerbestand des Produkts »Ferrari« auf »1«
5. Logge ein mit »Musterfrau«, Passwort »12345«
6. Füge »Ferrari« dem Warenkorb hinzu
7. Gehe zum »Checkout«
8. Überprüfe, ob in »Summe« »1.000.000,–« steht
9. Lösche letzte Bestellung von User »Musterfrau«
10. Lösche Produkt »Ferrari«
11. Lösche User »Musterfrau«

Der zweite Schritt ist die Betrachtung des Testfalls mit dem Zweck, einzelne Testschritte in folgende Kategorien einzuteilen:

- Vorbedingung (Vorbereitung)
- Testschritt (Aktion)
- Überprüfung (Reaktion)
- Bereinigung

Dieses Konzept ähnelt sehr dem Prinzip des Behaviour Driven Development oder auch des Patterns Arrange-Act-Assert (Unit Testing), erweitert diese aber um die wichtige Kategorie »Bereinigung«.

Die Schritte der Kategorien Vorbereitung und Bereinigung sollen weitgehend aus dem Testfall herausgehalten werden. Das hat zur Konsequenz, dass der Testfall kürzer, besser lesbar und wartbarer wird. Er könnte nun beispielsweise so aussehen:

Vorbedingung:
1. Erzeuge Produkt »Ferrari« mit Preis »1.000.000,–« und Lagerstand »1«
2. Erzeuge User »Musterfrau« mit Passwort »12345« im Status »aktiviert«

Testschritt:
3. Füge »Ferrari« dem Warenkorb hinzu
4. Gehe zum »Checkout«

Überprüfung:
5. Überprüfe, ob in »Summe« »1.000.000,–« steht

Bereinigung:
6. Lösche letzte Bestellung von User »Musterfrau«
7. Lösche Produkt »Ferrari«
8. Lösche User »Musterfrau«

Eine weitere Verbesserung kann erzielt werden, indem sich verwendete oder entwickelte Framework sich implizit der Bereinigung annimmt. Dies wird möglich, da durch die klare Klassifikation der Vorbereitungsschritte ausreichend Information vorhanden ist, um das Löschen des Users und des Produkts am Ende des Testfalls implizit durchzuführen. Der Testfall würde ohne die explizite Bereinigung nun wie folgt aussehen:

Vorbedingung:
1. Erzeuge Produkt »Ferrari« mit Preis »1.000.000,–« und Lagerstand »1«
2. Erzeuge User »Musterfrau« mit Passwort »12345« im Status »aktiviert«

Testschritt:
3. Als neu angelegter User: Füge »Ferrari« dem Warenkorb hinzu
4. Gehe zum »Checkout«

Überprüfung:
5. Überprüfe, ob in »Summe« »1.000.000,–« steht

Bereinigung: implizit

Wird der Testfall auf diese Weise dargestellt, kommt er der initialen fachlichen Testfallbeschreibung mit drei Schritten schon recht nahe und kann daher auch sehr gut von jedem Projektbeteiligten gelesen und verstanden werden.

Diese Darstellung hat nun zusammengefasst mehrere Vorteile, die den eingangs erwähnten negativen Ereignissen im Lebenszyklus gegenüberstehen:

- Erhöhte Wartbarkeit gegenüber technischen Änderungen, da keine konkrete Schnittstelle mehr angesprochen werden muss.
  - Beispiel: Sollte der Bestellvorgang nun über eine mobile Applikation geschehen, müssen nur die entsprechenden Schritte und der Aufbau des Clients angepasst werden – am Testfall selbst ändert sich nichts.

- Erhöhte Wartbarkeit gegenüber fachlichen Änderungen, da Vorbereitung und Bereinigung nun zentral ausgelagert sind.
  - Beispiel: Sollte nun ein zusätzlicher Schritt beim Einstellen des Lagerbestands notwendig sein (z.B. Freigabe), muss nur die zentrale Komponente zur Datenbereitstellung angepasst werden – am Testfall selbst ändert sich nichts.
- Erhöhte Wartbarkeit gegenüber geändertem Werkzeug, da die Darstellung nun abstrakt genug ist, um ausgelagert zu werden.
  - Selbst bei Werkzeugen mit eigenen Darstellungsformen und fehlender Möglichkeit zur Implementierung von Logik können die Vorbereitung und Bereinigung in eine eigene Komponente außerhalb dieses Werkzeugs ausgelagert werden, die dann aus dem Testfall heraus wie ein zu testendes System angesteuert wird.
  - Beispiel: Statt eines kommerziellen Werkzeugs soll nun Selenium für die Automatisierung der Weboberfläche herangezogen werden. Es müssen nur die entsprechenden Schritte angepasst werden – am Testfall selbst ändert sich nichts.

Diese Faktoren sind besonders dann wirksam, wenn eine große Anzahl an Testfällen oder aber auch sehr komplexe Testfälle automatisiert werden.

Die beschriebene Vorgehensweise hat einige zusätzliche positive Konsequenzen:

Es wird beispielsweise die absolute Anzahl der Lines of Code (oder auch Testschritte, sofern kein textbasiertes Skripting im Einsatz ist) der Automatisierung drastisch verringert. Das ergibt sich aus einer Verkürzung der sonst am stärksten skalierenden Gruppe von Artefakten: den Testfällen. Damit einher geht eine Verschiebung des Anteils der Automatisierungsstruktur und der Testfälle.

Ein weiterer Vorteil ist, dass durch die Auslagerung von Vorbereitung und Bereinigung diese nun nicht mehr über die gleichen Schnittstellen durchgeführt werden müssen wie der eigentliche Testschritt. Beispielweise kann die Anlage und das Löschen des Produkts und des Kunden nun über eine SOAP-Schnittstelle erfolgen, während der Testschritt und die Überprüfung weiterhin über die Weboberfläche geschehen. Diese Flexibilität kann dazu genutzt werden, Performanz, Wartbarkeit und Stabilität weiter zu erhöhen.

Aus der Praxis:
Nachhaltig automatisierte Testfälle am Flughafen Wien

Am Flughafen Wien wurde das seit 34 Jahren eingesetzte Kernsystem auf Host-Basis für die Verwaltung und Bearbeitung von Flugdaten durch eine neue Lösung auf Java-Basis abgelöst. Im Zuge dieser Ablösung entstanden mehrere Hundert teilweise sehr komplexe Szenarien, die jeweils mehrere Testfälle abbildeten.

Das inkrementelle Vorgehen bei der Ablösung führte zu häufigen Änderungen der Schnittstellen, auf denen diese Aktionen durchgeführt werden mussten. Aber auch Performanzgrenzen machten eine Migration gewisser Automatisierungsbereiche auf eine Non-GUI-Schnittstelle notwendig, allerdings nur für Vorbereitung und Bereinigung – Testschritt und Überprüfung mussten weiterhin auf dem User-Interface verbleiben.

Als das Altsystem vollständig abgelöst war, konnte die kommerzielle Lösung für die Automatisierung durch eine Open-Source-Lösung ersetzt werden, da die Anbindung der Terminal-Emulation nun wegfallen konnte.

Hinzu kam die Echtzeitkomponente von Flugdaten: Testflüge mussten aufgrund der komplexen Zeitlogik des Systems »just in time« angelegt werden. Des Weiteren wurde durch die beschränkte Anzahl einiger Elemente (z.B. eine geringe Anzahl von nur einfach verwendbaren Parkpositionen oder Zeilen auf öffentlichen Anzeigen) eine saubere Bereinigung absolut notwendig.

Ein wesentlicher Teil dieser Faktoren war zu Beginn des Projekts noch nicht klar. Dennoch wurde die Automatisierungslösung dort bereits nach dem Paradigma kompakter Testfälle (das nun in A2A aufgenommen wurde) aufgebaut, was sich im Zuge des Projektverlaufs und der nachfolgenden Wartungs- und Betriebsphase als erfolgskritisch bewährte.

Abb. 4–20
Struktur kompakter Testfälle

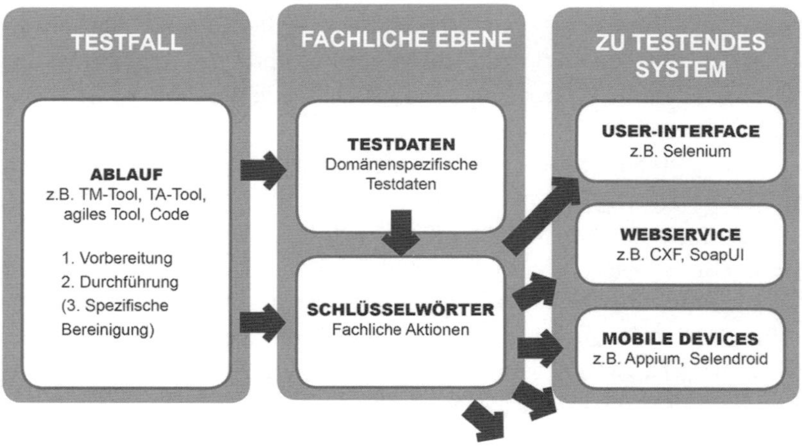

4.2.2 Kriterien zur Entscheidung für eine Testfalldarstellung

Auf den vorhergehenden Seiten wurden einige Konzepte für die Darstellung von automatisierten Testfällen gezeigt. Im Anhang finden sich weitere Illustrationen und Codebeispiele zur detaillierten Erläuterung der technischen Aspekte dieser Konzepte. Welcher Ansatz soll nun aber gewählt werden? Oft lassen sich die Darstellungsformen in einem Testprojekt kombinieren – wie beispielsweise datengetriebene und schlüsselwortgetriebene Automatisierung. Außerdem ist es möglich, mit einfachen Strukturen zu beginnen und diese nach und nach, je nach Bedarf, zu abstrahieren. Dies sollte möglichst rasch geschehen, um Wartungsaufwand zu vermeiden.

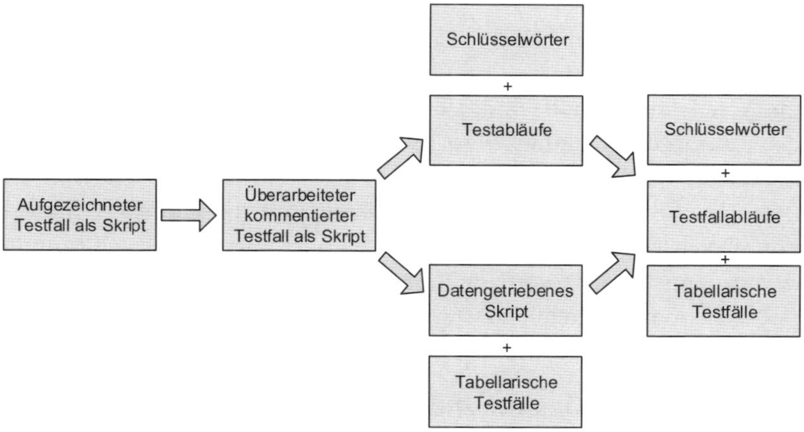

Abb. 4–21
Mögliche Entwicklung von aufgezeichneten Skripten hin zu daten- und schlüsselwortgetriebenen Testfallstrukturen

Um einen Startpunkt zu wählen, sind in jedem Fall einige Kriterien zu beachten:

4.2.2.1 Benutzergruppe

Ein wichtiger Aspekt bei der Entscheidung für die Darstellungsform von Testfällen kann die designierte Gruppe von Benutzern sein: Tester mit reichlich Entwicklungserfahrung werden sich durch zu inflexible Darstellungsformen rasch eingeschränkt fühlen (beispielsweise wenn keinerlei Möglichkeit zur Modularisierung von Testfällen besteht), während rein fachliche Tester von zu technischen Darstellungen abgeschreckt werden (beispielsweise von Testfällen in reinem Quelltext).

4.2.2.2 Anzahl der Testfälle

Die Anzahl der zu erwartenden Testfälle kann ebenfalls ein wichtiges Kriterium sein. Ist sie hoch, ist eine einfache, leicht wartbare Form der Darstellung sehr zu empfehlen. Ist sie niedrig, kann es mitunter weniger aufwendig sein, einzelne Testfälle häufig nachzubearbeiten, als ein stabiles Framework zu schaffen.

4.2.2.3 Ähnlichkeiten zwischen Testfällen

Ein effektiver Weg, um zu einer Darstellung für automatisierte Testfälle zu kommen, ist, eine Testfallliste auf Ähnlichkeiten hin zu untersuchen. In vielen Fällen werden sich Muster zeigen, auf deren Basis sich Schlüsselwörter oder Abläufe für einen datengesteuerten Test ergeben. Ein starker Indikator für derartige Ähnlichkeiten kann die Verwendung von bestimmten Testfallentwurfsmethoden sein.

4.2.2.4 Komplexitätsverteilung der Testfälle

Für die richtige Wahl einer Testfalldarstellung ist weder der komplexeste noch der einfachste Testfall ein guter Indikator. Wesentlicher sind die Anteile der Testfälle in der jeweiligen Komplexität. Ist ein Großteil der Testfälle sehr einfach und nur einige wenige Testfälle sind sehr komplexe »Ausreißer«, kann es besser sein, den Großteil der Testfälle mit einfachen Mitteln zu automatisieren und die geringe Zahl der komplexen Testfälle manuell zu belassen oder mit alternativen Mitteln zu automatisieren, anstatt ein komplexes Automatisierungsframework zu erstellen, mit dem alle Testfälle automatisiert werden können.

4.3 Struktur, Design und Umsetzung

Die bei Weitem am häufigsten benötigte Art von Testautomatisierung ist die automatische Testdurchführung. In den vorigen Abschnitten wurde erläutert, welche logischen und technischen Konzepte hierfür eingesetzt werden können. Auch unterschiedliche Werkzeuge und Testarten werden in weiteren Kapiteln beschrieben. Allerdings ist in vielen Projekten die eine oder andere spezifische Erweiterung oder gar die Entwicklung eines Frameworks vonnöten. In diesem Abschnitt werden wesentliche Faktoren dargestellt, die sowohl bei der Verwendung von Werkzeugen als auch beim Design einer nachhaltigen Automatisierungsumgebung berücksichtigt werden sollten.

Ein Framework besitzt, im Gegensatz zu einem allgemeinen Werkzeug, situationsspezifische und unter Umständen auch businesslogische Funktionalitäten. Das Framework an sich enthält keine ausführbaren Testfälle, dient aber der Implementierung von wartbaren, kurz und linear gehaltenen Testfällen.

4.3.1 Warum eine Automatisierungsstruktur aufbauen?

Zu Beginn eines Automatisierungsvorhabens müssen zunächst die Anforderungen an eine Automatisierungsumgebung definiert werden:

- In welcher Form werden automatisierte Testfälle formalisiert?
- Welche Systeme müssen angesteuert werden?
- In welcher Form soll die Testdurchführung angesteuert und protokolliert werden?

Für die Beantwortung dieser Fragen wurden in den vorhergehenden Kapiteln bereits Anhaltspunkte gegeben. Sind diese Anforderungen einmal gesammelt und evaluiert, so kann sich herausstellen, dass kein einzelnes bestehendes Werkzeug alle Anforderungen erfüllt und die Umsetzung eines Automatisierungsframeworks notwendig ist.

Ein Werkzeug im Sinne eines Produkts ist definitionsgemäß selten für einen einzelnen Kunden und eine einzelne Kundensituation ausgelegt. Auf dem Markt befindliche Werkzeuge im Automatisierungsbereich sind hier keine Ausnahme: Sie verwenden generische technische Schnittstellen sowohl für die Ansteuerung der zu testenden Applikation als auch für die Erfassung und Wartung von Testfällen.

Tool und Anwendung

»Was Sie haben, ist ein Werkzeug; und was Sie brauchen, ist eine Anwendung!« [URL: Hayes]

Testfälle in Form von Spaghetticode zu halten, hat, wie bereits erwähnt, einen enormen Wartungsaufwand bei jeder Änderung der zu testenden Applikation zur Folge. Ebenso können Änderungen am durchführenden Werkzeug einen erheblichen Wartungsaufwand bedeuten. Nicht zuletzt ist man bei der Erfassung der Testfälle direkt auf Toolebene abseits einer Komplettmigration an einen Toolhersteller gebunden.

Um diesen Effekten vorzubeugen, empfiehlt sich eine mehrschichtige Struktur, wie in den nächsten Abschnitten beschrieben.

4.3.2 Grundlegende Struktur

Werden Testfälle direkt in Skripten oder Programmcode gehalten, ergibt sich folgende Struktur:

Abb. 4–22 *Struktur von automatisierten Testfällen, die direkt in Code gehalten werden*

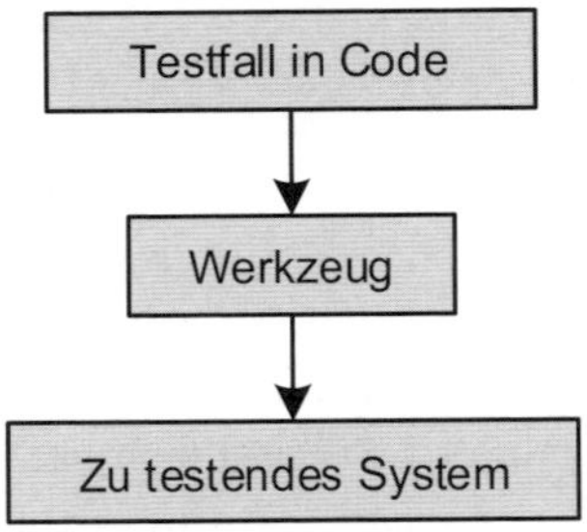

Die Testfälle und Testdaten sind somit direkt im Code enthalten. Der entstandene Code ist direkt von der vom Werkzeug zur Verfügung gestellten Funktionalität abhängig.

Die meisten Automatisierungswerkzeuge bieten die Möglichkeit, programmatische Inhalte zu erstellen. Wird diese Möglichkeit in Form eines Frameworks genutzt, ist es durchaus angebracht, sich ausführlich über dessen Design und Architektur Gedanken zu machen. Sollte die Möglichkeit der Entwicklung eines Frameworks bzw. die Einführung einer Architektur im vorhandenen Tool nicht bestehen, ist es immer noch sinnvoll, die zentralen Konzepte von Modularisierung und Entkopplung zu verstehen, um wartbare und effiziente Testfälle gestalten zu können – auch wenn es gilt, eine Toolentscheidung zu treffen.

Vermeidung von direkten Abhängigkeiten

Das ideale Automatisierungssystem vermeidet unmittelbare Abhängigkeiten zwischen Testfall, Werkzeug und dem getesteten System, wie sie in der obigen Darstellung zu erkennen sind:

Abb. 4–23 *Prinzipieller Aufbau eines Testautomatisierungsframeworks*

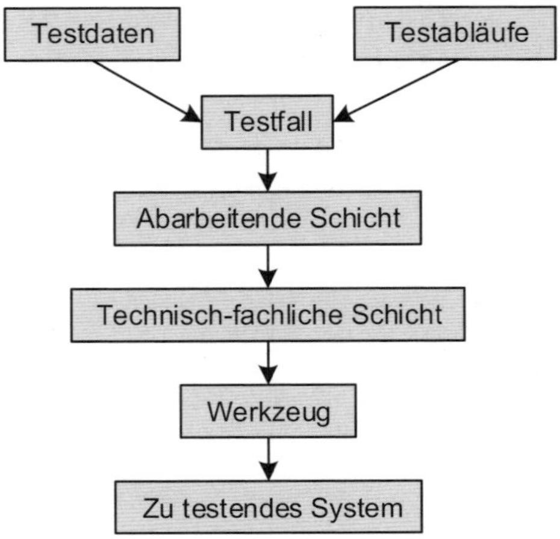

4.3.2.1 Testdaten und Testabläufe

Die oberste Schicht bilden Testdaten und Testabläufe, die zu Testfällen kombiniert werden. Diese Informationen sind üblicherweise in einer businessspezifischen, durch die nächste Schicht automatisiert verarbeitbaren »Testfallsprache« gehalten.

Änderungen des Testobjekts wirken sich auf dieser Ebene ähnlich aus wie Spezifikationen von manuellen Testfällen: Ändern sich die Anforderungen an das Testobjekt, müssen betroffene Testfälle angepasst werden.

> **Testdaten und Testabläufe**
> Testdaten und Testabläufe enthalten die fachlichen Informationen, die notwendig sind, um einen Testfall auszuführen.

Ein stark vereinfachtes Beispiel: Es soll die Additionsfunktionalität eines Taschenrechners automatisiert getestet werden. Die Testdaten liegen in Form von Eingabe-Ausgabe-Paaren vor:

Tab. 4–13 *Tabellarische Darstellung von Testfällen*

checkAddition		
A	**B**	**expectedResult**
43	12	55
55	-10	45
12	15	27

Für die Abarbeitung dieser Testdaten in Form von Testfällen ist aber noch ein Durchführungsablauf notwendig – dieser liegt in Form einer Methode »checkAddition« vor, die auf dem Rechner eine Addition durchführt und das Ergebnis mit einem spezifizierten Sollergebnis vergleicht:

Listing 4–11 *Beispiel für einen Testablauf, um Testdaten zu verarbeiten*

```
public void checkAddition(int a, int b, int expectedResult)
{
   Int actualResult = performAddition(a, b);
   assertEquals(actualResult, expectedResult);
}
```

4.3.2.2 Abarbeitende Schicht

Testabläufe und Testdaten werden von der (business-)logischen Abstraktionsschicht verarbeitet und in einzelne, vom Werkzeug auszuführende Schritte übersetzt. Ein solches Konzept ist in vielen Werkzeugen in Form von Features zur Schlüsselwortunterstützung oder Wizards für das datengetriebene Testen (oder auch »Data Driven Testing« genannt) bereits vorhanden. Selbst wenn kein Werkzeug mit diesen Features verwendet wird, ist diese Schicht notwendig, um Testfälle abarbeiten zu können, und somit zumindest rudimentär vorhanden: Sie stellt die von Testfällen genutzte Testfallsprache zur Verfügung.

> **Abarbeitende Schicht**
> Die abarbeitende Schicht ist dafür zuständig, formalisierte Testdaten und Testabläufe einzulesen, zu interpretieren und in konkrete, fachliche Schritte zu zerlegen.

Lesbare Testspezifikationen

Ein wichtiges Ziel beim Entwurf für diese Schicht ist es, die klare und lesbare Spezifikation von Testabläufen zu ermöglichen. Dazu stellt sie generische Funktionalität für das Durchführen von Aktionen auf dem zu testenden System und das Auslesen von fachlichen Informationen aus dem Testobjekt zur Verfügung und bietet einen einfachen Zugang für Testdaten an.

Eine Änderung des Testobjekts oder der Anforderungen hat im Allgemeinen keine Auswirkung auf diese Ebene, es sei denn, es werden Zwischenschritte notwendig oder die Form der möglichen Testfallspezifikationen muss erweitert oder geändert werden. Anpassungen auf dieser Ebene entstehen üblicherweise eher aus dem Bedarf des Tests zur Verbesserung der Testeffizienz oder -tiefe.

In unserem Beispiel würde diese Ebene beispielsweise anhand des Titels der Tabelle identifizieren, mit welcher Methode die in der Tabelle enthaltenen Testdaten zu verarbeiten sind. Demgemäß ist für jeden der Testdatensätze die Methode »checkAddition« einmal mit den enthaltenen Werten aus den Spalten »a«, »b« und »expected Result« durchzuführen und damit die folgenden Aufrufe automatisiert abzusetzen:

Listing 4–12
Interpretation von datengetriebenen Testfällen

```
checkAddition(43, 12, 55);
checkAddition(55, -10, 45);
checkAddition(12, 15, 27);
```

Ändern sich die Testfälle oder der Testablauf, so muss diese Schicht nicht angepasst werden – die entstehenden Aufrufe werden automatisiert generiert – solange sich nicht die Struktur von Testdaten oder Testfällen ändert, bleibt diese Schicht stabil.

Diese Schicht ist im Allgemeinen auch die definierende Schicht für die Protokollierung auf fachlicher Ebene, da sie direkt mit fachlichen Informationen arbeitet, und damit für den fachlichen Tester nachvollziehbare Informationen liefern kann, wie beispielsweise das Fehlschlagen einer Verifikation eines Ergebniswertes (»Testfall 15 fehlgeschlagen: Addition ›1 + 5‹, erwartetes Ergebnis: ›6‹, tatsächliches Ergebnis: ›7‹«).

4.3.2.3 Technisch-fachliche Schicht

Die nächste Schicht dieses Schemas ist etwas seltener explizit vorhanden: Sie dient der Bereitstellung von technischer Funktionalität für die einzelnen fachlichen Ausführungsschritte, die in der tatsächlichen technischen Umsetzung recht komplex sein können. Sie bietet also die eigentliche Zuordnung von fachlichen zu technisch auf dem Testobjekt oder anderen Systemen durchzuführenden Aktionen.

Technisch-fachliche Schicht
Die technisch-fachliche Schicht übersetzt fachliche Testschritte in technische Aktionen und führt diese über Schnittstellen oder Werkzeuge auf dem Testobjekt durch.

Diese Schicht erlaubt es einerseits, für verschiedene Einsatzbereiche unterschiedliche Werkzeuge und Befehlsbibliotheken zu kombinieren, und andererseits, diese zu verändern oder zu ersetzen, ohne die abarbeitende Schicht und damit in weiterer Konsequenz auch bestehende Testfälle adaptieren zu müssen.

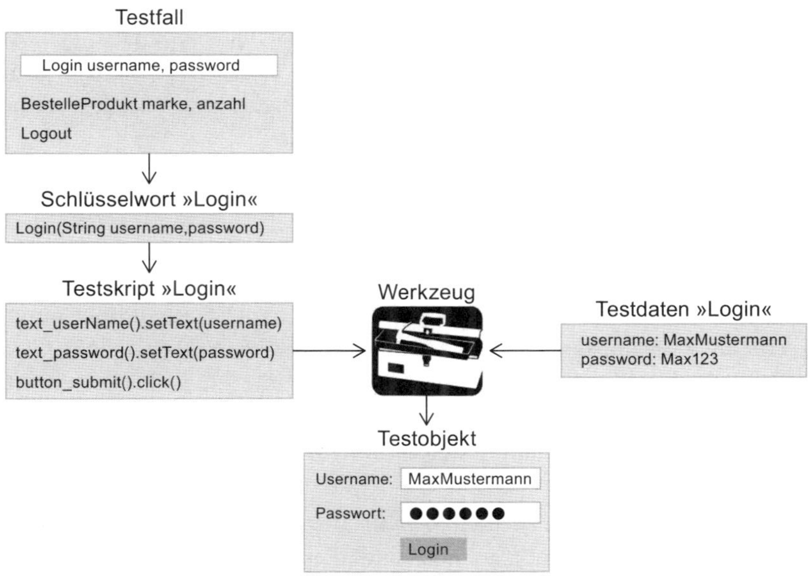

Abb. 4–24
Technisch-fachliche Schicht

Erhöhung der Wartbarkeit durch klare Trennung

Vor allem aber dient diese Schicht der Wartbarkeit des automatisierten Tests: Ändert sich das Testobjekt technisch oder nur leicht fachlich (beispielsweise durch die Umstellung eines Buttons auf eine Dropdown-Liste im GUI oder die Umstellung einer Fehlermeldung), muss in den meisten Fällen nur diese Ebene angepasst werden, um die automatisierten Testfälle wieder lauffähig und aussagekräftig werden zu lassen.

Die technisch-fachliche Schicht wäre im angeführten Beispiel die Implementierung der Methode, die die eigentliche Addition auf dem Rechner durchführt, also die Eingabewerte an den Rechner weitergibt und eine Berechnung anstößt:

Listing 4–13
Beispiel für die Umsetzung einer fachlichen Aktion durch technische Einzelschritte

```
public int performAddition(int a, int b)
{
enterNumber(a);
pressKey("+");
enterNumber(b);
pressKey("=");
return getResult();
}
```

Ändert sich nun zum Beispiel die Art, wie eine Addition durchgeführt wird, beispielsweise durch die Einführung von inverser polnischer Notation, so muss nur diese Methode angepasst werden – die Testfälle und die abarbeitende Schicht jedoch nicht. Auch die darunter liegende Schicht benötigt in vielen Fällen keine Anpassung.

Auch die technisch-fachliche Schicht kann für die Protokollierung des Testdurchlaufs wertvolle Informationen liefern, indem sie Details der Testdurchführung niederschreibt. Beispielsweise kann das unerwartete Fehlschlagen einer Aktion auf technischer Ebene (z.B. bedingt durch das Fehlen eines GUI-Objekts) hier in einen fachlichen Kontext gesetzt werden (»Addition konnte nicht durchgeführt werden, weil das Eingeben der Nummer ›23‹ nicht möglich war«).

4.3.3 Werkzeuge und Schnittstellen

Testautomatisierung muss bei der Durchführung in der einen oder anderen Form mit dem Testobjekt interagieren. Dies kann über unterschiedliche Schnittstellen des Testobjekts passieren: Datenbank, GUI, Webservice-Schnittstellen oder auch andere Interfaces. Diese Schnittstellen müssen der Automatisierung zur Verfügung stehen, um Testabläufe durchzuführen und die Reaktion des zu testenden Systems auszuwerten.

Schwierigkeit des Zugriffs auf GUI-Elemente

In einigen Fällen können hierfür frei zugängliche Schnittstellen genutzt werden – hauptsächlich sind dies Schnittstellen technischer Natur, die direkt oder über kurze Umwege durch Skripte oder Programme automatisiert werden können, da sie dafür gedacht sind, programmiertechnisch angesteuert zu werden. Doch bei GUI-Schnittstellen ist dies beispielsweise nicht der Fall: Die Schnittstelle ist für einen Benutzer und nicht für Skripte oder Programme vorgesehen. Damit sind in der Regel auch keine Mechanismen vorhanden, um diese Schnittstelle automatisiert anzusteuern.

Die Öffnung dieser Art von Schnittstellen ist eines der Hauptfeatures der meisten Automatisierungswerkzeuge. Aus Sicht der Automatisierung übernimmt in diesen Fällen letztendlich das Werkzeug die Rolle einer Schnittstelle zum Testobjekt.

Kommerzielle Automatisierungswerkzeuge unterstützen meist mehrere Arten von GUI- und Non-GUI-Schnittstellen. Sie stellen für die Ansteuerung eine konsolidierte Menge an Funktionen zur Verfügung. Damit führen sie eine zusätzliche Abstraktionsschicht zwischen der technischen Schicht der Automatisierung und dem Testobjekt ein.

Erweiterbarkeit von Werkzeugen

Die durchführenden Komponenten in dieser Art von Zwischenschicht sind in vielen Werkzeugen als Add-in-Konzept, also erweiterbar, umgesetzt, um weitere Technologie-Unterstützung hinzufügen zu können, ohne eine neue Version des Werkzeugs zu benötigen.

Im Falle des obigen Beispiels würde diese Schicht die tatsächliche Interaktion mit dem Taschenrechner implementieren, also die Methoden »enterNumber(int a)«, »pressKey(char c)« und »getResult()«, und beispielsweise im Falle eines physischen Taschenrechners einen Roboterarm und eine Kamera ansteuern, um die entsprechenden Aktionen durchzuführen.

Wird nun der physische Rechner durch einen Softwarerechner ersetzt oder ein Roboterarm eines anderen Herstellers benutzt, können diese Methoden angepasst werden, ohne eine der darüber liegenden Schichten anpassen zu müssen.

Auf dieser Ebene verfügbare Informationen sind üblicherweise technischer, generischer Natur und eher für das Debugging eines Testfalls oder des Frameworks hilfreich (»Eigenschaft ›text‹ auf Button ›OK‹ nicht gefunden«).

4.3.4 Bezug zu verbreiteten Automatisierungsformen

Weitverbreitete, modularisierte Konzepte wie die bereits angesprochenen logischen Konzepte von schlüsselwortgetriebenem oder datengetriebenem Testen und Mischformen daraus, die die fachliche Funktionalität direkt auf einem Werkzeug automatisieren, stellen eine Variante eines solchen Designs dar, in denen das Werkzeug die Rolle einer oder mehrerer Schichten übernimmt.

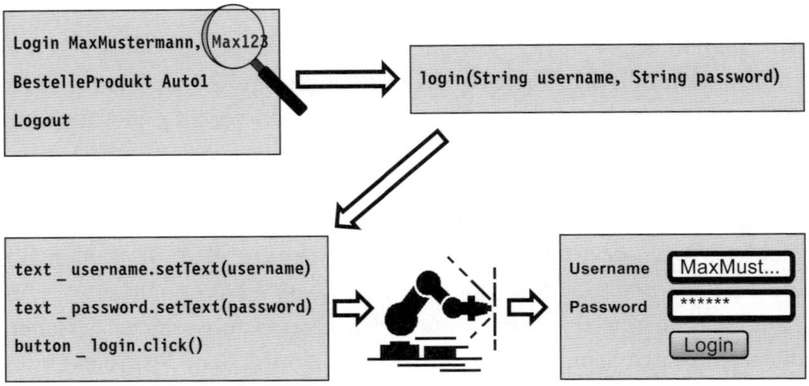

Abb. 4–25
Der Weg einer Aktion vom Testfall bis zum zu testenden System

Als Beispiel lässt sich das Konzept der schlüsselwortgetriebenen Automation anführen:

Die Testabläufe und Testdaten besitzen eine klare Darstellung, die abarbeitende Schicht wiederum wird von den Werkzeugen zur Verfügung gestellt. Sie erlaubt die Verarbeitung und Auswertung der einzelnen Testschritte und die Weitergabe von Testdaten zur eigentlichen Durchführung auf dem Testobjekt. Sie stellt also in diesem Fall eine Art Zuordnung von Schritten des Testfalls zu deren technischer Umsetzung dar.

Die technische Schicht ist im Skriptcode oder in einzelnen Testablaufabschnitten, also Schlüsselwörtern, enthalten und steuert die darunter liegende Schicht, einzelne Durchführungs- oder Auslesefunktionen, des Werkzeugs an, die wiederum mit dem Testobjekt interagieren.

4.3.5 Umsetzung eines Automatisierungsframeworks

Die Umsetzung eines Automatisierungsframeworks ist Entwicklungsarbeit, die Spezialisten-Know-how erfordert. Wie in allen Entwicklungsvorhaben ist eine strukturierte Herangehensweise vonnöten.

Zwei Ansätze stehen in der Regel zur Wahl:

1. **Bottom-up**
   Die Entwicklung startet im Schichtendiagramm von unten, beginnt also mit den Schnittstellen zum Testobjekt und danach mit den darüber liegenden Schichten.
2. **Top-down**
   Die Entwicklung startet mit der Haltung und Verarbeitung von Testabläufen und Testdaten, und damit mit der abarbeitenden Schicht.

Je nach zur Verfügung stehenden Schnittstellen und Werkzeugfunktionalität können beide Ansätze infrage kommen. Auch für eine Parallelisierung der Entwicklungsarbeiten bieten diese zwei Ansätze einen guten Ansatzpunkt:

Parallelisierung der Frameworkentwicklung

Ein Teil des Automatisierungsteams setzt sich mit den Schnittstellen zum Testobjekt auseinander, der andere Teil beginnt mit den Komponenten zur Verarbeitung von Testfällen. Integriert werden die Ergebnisse beider Teile in der technisch-fachlichen Schicht.

Aus der Praxis:

Testen eines Automatisierungsframeworks

Bei der Entwicklung eines Testframeworks für ein Unternehmen mit Bedarf an einem hohen Automatisierungsgrad waren klare Anforderungen gegeben. Auch die Zieltechnologie wurde eindeutig spezifiziert: Tests sollten auf Webapplikationen über den Internet Explorer möglich sein. Ein Werkzeug wurde beschafft und ein Framework sowie die Infrastruktur für Tester und Automatisierer erstellt. Tausende Testfälle wurden damit automatisiert und täglich Hunderte Testfälle ausgeführt. Das Framework wuchs mit jeder neuen Anforderung der Tester.

Nach einigen Jahren Betrieb wurden Anforderungen gestellt, die Tests auch mit dem Browser Firefox durchzuführen und auch Desktop-Applikationen automatisiert zu testen. Nach kurzer Analyse des Bestands war klar: Ein Redesign der ausführenden Komponente war notwendig. Aufgrund der großen Menge von automatisierten Testfällen musste das Ergebnis abwärtskompatibel sein, um nicht alle bestehenden Testskripte manuell überarbeiten zu müssen.

Für die bestehenden Projekte blieb die zu diesem Zeitpunkt stabile Version des Frameworks im Einsatz, und ein Frameworkentwickler wurde mit der Wartung dieser Version betraut. Das restliche Team widmete sich dem Redesign, verbunden mit einem intensiven Refactoring des bestehenden Frameworkcodes.

Zur Sicherung der Abwärtskompatibilität und der bestehenden Funktionalität wurde ein Set an Testfällen ausgewählt und vervollständigt, das beim Redesign des Automatisierungsframeworks als Regressionstest nach jeder Änderung durchgeführt wurde. So konnte mittels automatisierten Regressionstests auf Systemtestebene die Qualität und Stabilität des Automatisierungsframeworks selbst sichergestellt werden.

4.3.6 Umsetzung von kompakten Testfällen (nach A2A)

4.3.6.1 Details der Funktionsweise

Wie in Abschnitt 4.2.1.5 beschrieben, können kompakte Testfälle nach A2A (Advanced Automation Approach) dazu beitragen, Tests wartbar, effizient und stabil zu gestalten.

Die Bordmittel der gängigen Werkzeuge alleine reichen dafür oft nicht aus. Daher wird in A2A eine applikationsspezifische Schicht aufgebaut, die die Logik für Vorbereitungs- und Bereinigungsschritte enthält.

Dies geschieht mittels folgender Konzepte:

- **Applikation**
  Reflektiert eine Applikation
  - Beispiel: Webshop
- **Client**
  Reflektiert eine Technologieanbindung. Eine Schnittstelle ist immer genau einem Client zugeordnet, ein Client kann aber für mehrere Schnittstellen verwendet werden.
  - Beispiel: Automatisierungsclient für den Browser
- **Schnittstelle**
  Reflektiert die Schnittstelle einer Applikation. Eine Applikation kann eine oder mehrere Schnittstellen besitzen. Zugriff darauf muss vorbereitet und auch bereinigt werden.
  - Beispiel: Webinterface des Webshops
- **Schlüsselwort**
  Reflektiert eine fachliche Aktion auf einer Schnittstelle
  - Beispiel: Login
- **Testdatum**
  Ein Datenobjekt, das vorbereitet und bereinigt wird
- **Testdatenprovider**
  Eine Komponente, die für die Erstellung und Bereinigung von Testdaten zuständig ist. Verwendet eine oder mehrere Schnittstellen, um dies zu erreichen.
- **Testobjekt**
  Ein Objekt, das vorbereitet und bereinigt wird
  - Beispiel: Ein Testdatum oder auch eine Schnittstelle

Das Beispiel über das logische Konzept der kompakten Testfälle nach A2A wiederaufgreifend, wird nun folgender Testfall betrachtet:

Vorbedingung:
1. Erzeuge Produkt »Ferrari« mit Preis »1.000.000,–« und Lagerstand »1«
2. Erzeuge User mit Passwort im Status »aktiviert«

Testschritt:
3. Als der neu angelegte User über die Weboberfläche: Füge das neu angelegte Produkt dem Warenkorb hinzu
4. Gehe zum »Checkout«

Überprüfung:
5. Überprüfe, ob in »Summe« »1.000.000,–« steht

Bereinigung: implizit

Hier wurde ergänzt, dass der Testschritt und die Überprüfung bewusst über die Weboberfläche durchgeführt werden soll – ein Testfall zielt ja zumeist auf eine konkrete Schnittstelle ab.

Für die formale Abbildung dieses Testfalls können viele Darstellungsformen gewählt werden. Beispielsweise kann dieser in der Syntax von BDD formuliert oder auch grafisch, wie in vielen kommerziellen Automatisierungswerkzeugen üblich (z.B. Simplified Scripting in IBM RFT), dargestellt werden.

In diesem Abschnitt soll allerdings illustriert werden, wie der Ansatz technisch umgesetzt werden kann, und zu diesem Zweck bietet sich Pseudocode an. In Pseudocode könnte der Testfall wie folgt aussehen (eine detaillierte Erläuterung ist darunter angegeben):

Listing 4–14
Abbildung eines Testfalls in Pseudocode

```
Product product;
Customer customer;
NumericConstant PRODUCT_PRICE = 1000000;
StringConstant PRODUCT_NAME = "Ferrari";
void setUp() {
product = data().product(ProductStatus.AVAILABLE, PRODUCT_PRICE,
    PRODUCT_NAME);
customer = data().customer().createCustomer(CustomerStatus.
    VALIDATED);
}
// Testschritt und Überprüfung
void test() {
String displayedPrice = app().webshop().webUi(customer)
    .addToCart(product)
    .checkout()
    .getDisplayedValue();
assertEquals(displayedPrice, PRODUCT_PRICE);
}
```

Erläuterung:

01 – 04: Variablen, die die Testdaten halten

05 – 08: Vorbereitung:

- Ein Testdatum des Typs Produkt im Status `"AVAILABLE"` wird mit den Testdaten angelegt
- Ein Testdatum des Typs Kunde im Status `"VALIDATED"` wird erzeugt

09 – 15: Eigentlicher Testschritt und Überprüfung:

- Die Schnittstelle »webUi« der Applikation »webshop« wird als der neue Kunde geöffnet
- Das Produkt wird dem Einkaufswagen hinzugefügt
- Checkout wird durchgeführt
- Der angezeigte Preis wird ausgelesen

Es wird überprüft, ob der angezeigte Preis dem erwarteten Preis entspricht. Die Bereinigung wird implizit durchgeführt.

Unter `data()` ist die Liste der Testdatenprovider zu finden. In diesem Fall sind zumindest ein Provider für Kunden und ein Provider für Produkte dort verfügbar. Die Provider erzeugen die Testdaten und verwalten diese in einer Liste. Nach dem Testfall ruft das Framework für alle Testdatenprovider eine Methode `cleanUp()` auf, die die Provider dazu veranlasst, die Daten in dieser Liste wieder zu bereinigen. Zu diesen Zwecken haben sie, ähnlich wie der Testfall an sich, Zugang zu allen Applikationen, deren Schnittstellen und Schlüsselwörtern.

Hinter `app()` verbirgt sich die Liste der Applikationen und hinter `webshop()` die Liste der Schnittstellen der Applikation `webshop()`. Hinter `webUi(customer)` wiederum befindet sich die Liste der Schlüsselwörter für diese Schnittstelle, die mittels eines Clients umgesetzt wurden. Der Aufruf von `webUi()` an sich kann in diesem Fall eine Lazy Instantiation (also »Erzeugung erst bei Bedarf«) des entsprechenden Clients durchführen, sofern dieser noch nicht angelegt wurde.

Mit diesem Client wird dann unter Nutzung des angegebenen Customers ein Login durchgeführt. Danach werden die angegebenen Schritte durchgeführt, wobei in diesem Beispiel die Schlüsselwörter verkettet aufgerufen werden.

Auch auf den Schnittstellen wird am Ende des Testfalls eine Methode `cleanUp()` aufgerufen, die in diesem Fall zum Logout und zum Beenden des Browsers führt.

Die `cleanUp()`-Methoden der Provider und Schnittstellen werden jeweils in der umgekehrten Reihenfolge ihrer ursprünglichen Verwendung aufgerufen, und zwar für Testdatenprovider zuerst und dann für

Schnittstellen. Dies dient dem Zweck, eventuell vorhandene Abhängigkeiten zu respektieren.

Wenn wir annehmen, dass sowohl für Product als auch für Customer die SOAP-Schnittstelle des Webshops benutzt wird, wäre in unserem Fall die Reihenfolge der Erzeugung:

1. Client: SOAP-Schnittstelle des Webshops
2. Data: Product
3. Data: Customer
4. Client: Webinterface des Webshops

Die Reihenfolge der Bereinigung ist also:

1. Data: Customer
2. Data: Product
3. Client: Webinterface des Webshops
4. Client: SOAP-Schnittstelle des Webshops

Dieses Verhalten kann unter Zuhilfenahme gängiger Design Patterns umgesetzt werden. Als besonders hilfreich erschienen in einigen Referenzprojekten folgende Patterns:

- Factory Pattern zur Erzeugung der Schnittstellenobjekte und der Testdatenprovider
- Lazy Instantiation für die Erzeugung der Schnittstellenobjekte bei Bedarf
- Builder Pattern und State Pattern für die Erzeugung, Weiterverarbeitung und Bereinigung von Testdaten
- Command Pattern zur Kapselung von generischen Aktionen – z. B. für unterschiedliche Ausprägungen von User-Interfaces

Auch die Unterstützung von gängigen Frameworks und anderen Methoden wie beispielsweise Continuous Integration und Analyse von Codequalität sollten bei Implementierungen dieser Kategorie nicht ungenutzt bleiben.

4.3.6.2 Organisatorische Aspekte

In jedem Fall ist eine Qualitätssicherung des Kernframeworks notwendig: Während die umgesetzten Testfälle für Schnittstellen und Datenbereitstellung in vielen Fällen gleichzeitig Testfälle für die verwendeten Elemente sind, sollte zumindest das Kernframework zusätzlich qualitätsgesichert werden, um falschen Ergebnissen und anderen schwer nachvollziehbaren oder gar irreführenden Fehlersituationen vorzubeugen.

Die Strukturierung nach Applikationen und Testdatenprovidern ermöglicht eine organisatorische Einbettung dieser Architektur. Die einzelnen Elemente können in eigene Pakete ausgelagert und entsprechend in Verantwortlichkeiten aufgeteilt werden.

Hier sei als Beispiel eine mögliche Verteilung in einer größeren Organisation dargestellt:

- **Paket Automation Core**
  Betreut durch ein Kernteam von entwicklungsnahen Automatisierern
- **Paket Clients**
  Betreut durch das Kernteam und/oder Spezialisten für die jeweilige Technologie
- **Testdatenprovider**
  Betreut durch Experten für die jeweiligen Testdaten; in der Regel durch die Automatisierer der für einen Datentyp führenden Applikationen
- **Applikationen, Schnittstellen und Schlüsselworte**
  Durch die Automatisierer der jeweiligen Applikationen

Der häufige Einsatz von loser Kopplung und die auf mehrere Systeme verteilten Arbeitsabläufe machen in vielen Umfeldern einen isolierten Systemtest beinahe unmöglich. Das bedeutet oft, dass die automatisierten Testfälle für jedes Produkt nicht nur die zu testende Applikation ansteuern, sondern auch die umliegenden Systeme. Wenn die Automatisierung für jede Applikation isoliert passiert, werden Schnittstellen mehrfach automatisiert.

Wenn die Erstellung der Anbindung durch das Team umgesetzt wird, das die jeweilige Applikation betreut, und diese Anbindung den anderen Applikationen als Teil des Lieferobjekts zur Verfügung gestellt wird, können diese Redundanzen vermieden werden. Dies bedeutet in der Regel nur wenig Mehraufwand für dieses Team, da die eigenen Anforderungen an eine solche Anbindung meist deutlich umfassender sind als die von anderen Teams. Möglichkeiten der Anbindungen auf mehreren Ebenen und der automatischen Testdatenerzeugung stehen damit allen Applikationsautomatisierungen zur Verfügung. Gekoppelt mit konsequentem Configuration Management auf Systemintegrationsumgebungen können auf diese Weise auch End-to-End-Prozesse automatisiert werden.

Und nicht zuletzt: Auch die Dokumentation der Komponenten sollte nicht zu kurz kommen.

4.4 Kontrollfragen zum Kapitel

1. Welche Gründe für Testautomatisierung über die grafische Benutzerschnittstelle gibt es?
2. Was spricht gegen das Aufzeichnen von Mausbewegung und Tastendruck?
3. Welche für die Automatisierung geeigneten Eigenschaften kann eine Schaltfläche besitzen?
4. Welche Eigenschaften sind für eine stabile Identifikation erforderlich?
5. Was versteht man unter datengetriebener Testfalldarstellung?
6. Welche Testmethoden lassen sich gut durch die datengetriebene Testfalldarstellung umsetzen?
7. Was versteht man unter schlüsselwortgetriebener Testfalldarstellung?
8. Worauf sollte man bei der schlüsselwortgetriebenen Automatisierung achten?
9. Wie verhalten sich Testdaten zu Testabläufen?
10. Welche Aufgaben erfüllt die abarbeitende Schicht?
11. Welche Aufgaben erfüllt die technisch-fachliche Schicht?
12. Über welche Schnittstellen kann mit dem Testobjekt interagiert werden?
13. Welche Ansätze für die Umsetzung eines Automatisierungsframeworks gibt es?

5 Einsatzgebiete

Wo überall kann Testautomatisierung angewandt werden? Ist diese in jeder Situation tatsächlich nutzenstiftend und sinnvoll? Gibt es nicht doch Ausgangsbedingungen, die dem Ansatz des automatisierten Softwaretests entgegenwirken? In diesem Kapitel wird diesen Fragen nachgegangen und sie werden differenziert nach der Art der zu testenden Zielsysteme, den unterschiedlichen Teststufen und diversen Projektszenarien beantwortet.

5.1 Einsatzgebiete nach Systemart

Generell kann bei Software zwischen verschiedenen Arten von Systemen unterschieden werden. Dieses Kapitel beschreibt, welche Aspekte und Möglichkeiten dabei in Hinsicht auf die Testautomatisierung zu berücksichtigen sind.

5.1.1 Desktop-Applikationen

Ein Fall, der in der Softwareindustrie immer seltener auftritt, aber immer noch einen großen Teil der bestehenden Softwaresysteme, speziell im Bereich kleinerer Applikationen, darstellt, sind Standalone-Desktop-Applikationen. Hiermit sind Applikationen gemeint, die in sich geschlossen sind und keine wesentlichen Schnittstellen zu anderen Systemen als dem Betriebssystem aufweisen.

In diesen Fällen ist häufig zusätzlich zu Entwicklertests auf Komponentenebene ein automatisierter Test über die Benutzerschnittstelle sinnvoll. Hierfür können Tools verwendet werden, die die Technologie der Applikation bzw. deren Benutzerschnittstelle unterstützen. Zusätzlich kann es notwendig sein, über das Filesystem (und eventuell von der Applikation verwendete Formate) auf Testdaten zuzugreifen oder diese zu erstellen.

Hilfsfunktionen in der getesteten Applikation

Des Weiteren kann es notwendig oder hilfreich sein, in die Applikation für Testzwecke Hilfsfunktionalitäten einzubauen, die etwa bei der Testvorbereitung oder der Überprüfung der Ergebnisse Unterstützung bieten.

Bei dieser Art des Softwaresystems ist die Automatisierung wesentlich vereinfacht, da die Abhängigkeiten zu anderen Softwaresystemen begrenzt sind – somit kann mit hoher Wahrscheinlichkeit auch ein eingeschränktes Set an Schnittstellen ausreichend sein, um einen funktionalen Test zu automatisieren.

Dass dieser Systemtyp inhärent auf nur einen gleichzeitigen Benutzer ausgelegt ist, vermeidet ebenfalls eine Reihe von Problemen in der Automatisierung – somit kann z.B. auf Tests mit mehreren Benutzern gleichzeitig verzichtet werden. Auf einen Test von mehreren parallelen Instanzen sollte allerdings nicht verzichtet werden.

5.1.2 Client-Server-Systeme

Einen ebenfalls häufigen Typ eines Softwaresystems stellen klassische Client-Server-Systeme dar. Hier werden Daten zentral auf einem Server gehalten, der ebenfalls für wesentliche Teile der Funktionalität des Systems verantwortlich sein kann.

Um dies zu differenzieren, kann zwischen »Fat Client« und »Thin Client« unterschieden werden: Wie der Name bereits andeutet, enthält ein »Fat Client« wesentlich mehr Teile der Funktionalität, während ein »Thin Client« eher als Darstellungs- und Eingabemaske gesehen wird und die Funktionalität größtenteils auf dem Server verbleibt.

Eine wichtige Entscheidung für den automatischen Test solcher Systeme ist, ob die Benutzerschnittstelle mitbetrachtet werden soll oder ob hierfür ein manueller Test effizienter ist. Speziell im Fall von Thin Clients kann es ausreichend sein, die Automatisierung direkt über die Client-Schnittstellen arbeiten zu lassen und somit auf automatisierte GUI-Tests zu verzichten. Einer der Vorteile eines solchen Vorgehens ist die im Allgemeinen stark erhöhte Durchführungsgeschwindigkeit der automatisierten Testfälle. Im Falle von Fat Clients ist ein derartiges Vorgehen üblicherweise nicht angebracht, da ein großer Teil der Funktionalität im Client liegt und damit nicht getestet werden würde.

Parallele Verwendung durch mehrere User

Ein wichtiger Aspekt bei Client-Server-Systemen ist, dass in den meisten Fällen mehrere User mit dem System parallel arbeiten. Für einen automatisierten Test gibt es mehrere mögliche Szenarien:

- Mehrere Benutzer über denselben Testrechner
- Mehrere Benutzer über unterschiedliche physische Rechner
- Mehrere Benutzer über unterschiedliche virtualisierte Rechner

Im ersten Fall ist die Abarbeitung der automatisierten Testfälle auf einem physischen Rechner zu parallelisieren. Die meisten Testwerkzeuge bieten hierfür jedoch keine explizite Unterstützung, da Automatisierung über das GUI eine gewisse Exklusivität voraussetzt. Die Erstellung einer eigens dafür benötigten Funktionalität kann sehr aufwendig werden.

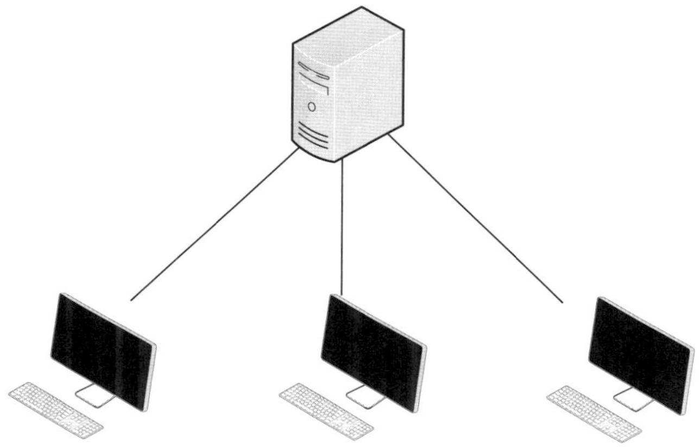

Abb. 5–1
Illustration einer Client-Server-Umgebung

Die zweite Möglichkeit enthält die Schwierigkeit der Kontrollierbarkeit der Testumgebung. Mehrere physische Rechner für den Zweck der Automatisierung zu konfigurieren und zu warten bedeutet einen nicht unerheblichen Aufwand, selbst bei identischer Bauart.

Virtualisierung

Die am meisten genutzte Möglichkeit ist der Test über mehrere virtualisierte Rechner. Diese Methode hat den Vorteil, einfach eine definierte Konfiguration eines Rechners auf mehrere Instanzen multiplizieren zu können.

Die Erfahrung zeigt, dass viele Testteams, die erstmals eine virtualisierte Umgebung nutzen, die dafür notwendigen Administrationstätigkeiten und den damit verbundenen Aufwand stark unterschätzen. Ein effektives Konfigurationsmanagement für die virtualisierten Testrechner ist erfolgskritisch.

Bei der Erstellung einer virtualisierten Umgebung für eine parallelisierte automatische Testdurchführung ist zu beachten, dass die Anzahl der virtualisierten Rechner rasch anwachsen kann. Des Weiteren müssen die Automatisierungsumgebung samt aller Abhängigkeiten sowie alle für den Zugriff auf das zu testende System notwendigen Komponenten installiert werden.

Und nicht nur das: Auch Aktualisierungen dieser Softwarekomponenten sowie des Betriebssystems sind in der Regel häufig notwendig. Unter Umständen soll die virtualisierte Umgebung zusätzlich auch für den Test unterschiedlicher Konfigurationen und Betriebssysteme genutzt werden. Daher ist ein entsprechender Prozess, im Regelfall mit automatisierten Lösungen für die Herstellung einer passenden Konfiguration, absolut notwendig.

5.1.3 Webapplikationen

Einen sehr häufig anzutreffenden und gut dokumentierten Spezialfall von Client-Server-Applikationen stellen Webapplikationen dar. Hier gibt es im Allgemeinen keinen spezifischen Client für eine Applikation, sondern einen generischen – den Browser. Durch die starke Standardisierung der übermittelten Daten (HTTP und HTML) können hier spezifische Methoden angewandt werden, die auf diese Protokolle abzielen und sich deren Verwendung zunutze machen (z.B. Capture & Replay auf Protokollebene). Viele Werkzeuge unterstützen Webapplikationen explizit. Auch die Parallelisierung von Testdurchführungen ist in Webapplikationen einfacher umzusetzen, da einige Werkzeuge nicht über das physische GUI, sondern über JavaScript auf die Oberfläche der Applikationen zugreifen oder überhaupt auf der Ebene der darunter liegenden Protokolle und Formate (HTTP und HTML/Text, eventuell mit In-Memory-Browser für JavaScript-Funktionalität) ihre Tests abarbeiten können, was die Testdurchführungszeit im Normalfall wesentlich beschleunigt.

Eine Festlegung, die eine Toolentscheidung deutlich vereinfacht, ist die Beantwortung der Frage, ob automatisierte Tests auf unterschiedlichen Browsern und Browserversionen durchgeführt werden sollen. Dies hängt speziell von den Funktionalitäten ab, die innerhalb des Browsers zur Verfügung gestellt werden, also von JavaScript, Ajax und ähnlichen Techniken. Die grafische Darstellung an sich automatisiert zu testen ist im Allgemeinen ineffizient, also sind automatisierte Browsertests hauptsächlich in Fällen sinnvoll, in denen ein Teil der Funktionalität durch Nutzung dieser Techniken umgesetzt ist.

Teilautomatisierte Tests

Ein weiteres Szenario, in dem automatisierte Testabläufe in mehreren Browsern bereitgestellt werden können, sind teilautomatisierte Tests. Beispielsweise können automatisierte funktionale Tests durchlaufen und im Zuge der Durchführung Screenshots erfasst werden, damit nach dem Durchlauf ein Tester diese Screenshots manuell durchsehen und auf korrekte Darstellung überprüfen kann. Diese Methode kann eine gute Balance zwischen manuellem Testaufwand und Aufwand für die Automatisierung darstellen, da die maschinelle Überprüfung der korrekten Darstellung von Webpages mit dynamischem Inhalt zumindest zum aktuellen Zeitpunkt noch nicht stabil gewährleistet werden kann.

5.1.4 Mobile Applikationen

Generell kann man die Automatisierung mobiler Applikationen konzeptionell mit dem Test von Client-Server-Systemen vergleichen[1], mit dem Unterschied, dass statt Desktop-Clients mobile Endgeräte die Kommunikation mit dem Server übernehmen.

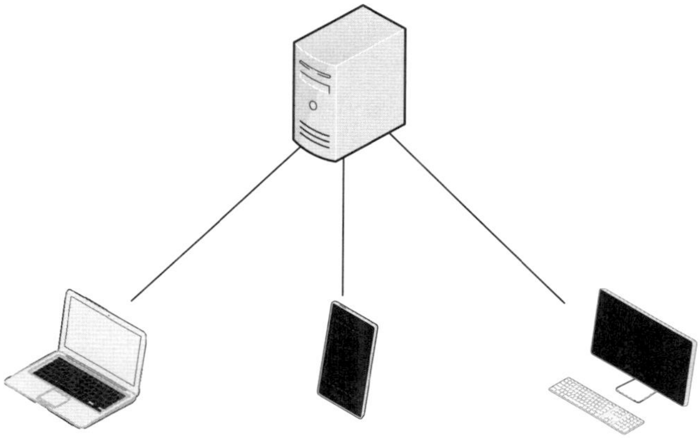

Abb. 5–2
Illustration einer Client-Server-Umgebung mit mobilen Endgeräten

So gesehen stellt sich natürlich die Frage, warum die Automatisierung der Tests von mobilen Applikationen überhaupt gesondert betrachtet werden sollte. Abgesehen von der konzeptionellen Ähnlichkeit dieser Einsatzgebiete zeigt sich jedoch, dass bei diesem Einsatzgebiet einige spezielle Herausforderungen auftreten können, die eine gesonderte Betrachtung rechtfertigen. In diesem Abschnitt sollen daher einige dieser speziellen Herausforderungen beim Test von mobilen Applikationen erwähnt und ein mögliches Vorgehen in diesen Testprojekten beschrieben werden.

5.1.4.1 Herausforderungen bei der Automatisierung mobiler Applikationen

Wie bereits zu Beginn erwähnt, stellt der automatisierte Test mobiler Applikationen ein Qualitätssicherungsteam vor spezielle Schwierigkeiten, die in diesem Abschnitt kurz aufgezählt und beschrieben werden sollen. An dieser Stelle sei angemerkt, dass viele der Punkte nicht nur auf die Testautomatisierung zutreffen, sondern ähnlich auch für den manuellen Test von mobilen Applikationen gelten und dementsprechend berücksichtigt werden müssen.

---

1. An dieser Stelle werden nur native mobile Applikationen betrachtet, für Webapplikationen, die mobile Endgeräte unterstützen, siehe Abschnitt 5.1.3.

Auswahl der Testplattformen

Aktuell besteht die Gerätelandschaft aus einer Vielzahl von potenziell relevanten Endgeräten für Testautomatisierungsprojekte und ein großes Problem stellt daher die sinnvolle Auswahl einer Teilmenge von Geräten für die Testdurchführung dar. Dabei ist für Testautomatisierungsprojekte primär die starke Fragmentierung der Gerätehersteller sowie der Betriebssysteme problematisch, wohingegen unterschiedliche Versionen von Geräten oder Betriebssystemen relativ einfach handhabbar sind. Der Grund dafür ist, dass im zweiten Fall lediglich die Testdurchführung auf einem anderen Gerät stattfindet, die automatisierten Testskripte hingegen nicht angepasst werden müssen. Soll ein Testfall allerdings auf einem anderen Betriebssystem ausgeführt werden, so muss in den meisten Fällen ein neues Automatisierungsskript erstellt werden.

Folgende Fragen sollten bei der Auswahl von relevanten Testplattformen unter anderem berücksichtigt werden:

- Wer ist die Zielgruppe der Applikation (z.B. lediglich interne Nutzer, internationaler Nutzerkreis, auf Regionen beschränkt)?
- Welches sind die relevantesten Betriebssysteme in der Zielgruppe?
- Welches sind die relevantesten Gerätehersteller in der Zielgruppe?
- Wie erhalte ich Nutzungsdaten von dieser Zielgruppe (z.B. Nutzungsstatistiken von bestehenden Applikationen, länder-/regionenspezifische Statistiken)?
- In welchen Netzwerken muss die Applikation funktionieren (z.B. 3G, 4G, HSDPA,[2] nur WLAN)?
- Welcher Überdeckungsgrad soll angestrebt werden (z.B. 80% der von der Zielgruppe genutzten Betriebssystemversionen)?
- Welche Neuerungen/Änderungen wurden bei einer neuen Betriebssystemversion eingeführt und welche Auswirkungen könnten diese auf die zu testende Applikation haben (z.B. native Twitter-API bei iOS5)?
- Welche Schlüsse lassen sich aus der Analyse der Fehlerstatistiken ziehen (z.B. treten auf gewissen Plattformen gehäuft Fehler auf? Treten auf einer bestimmten Plattform kaum Fehler auf?)?
- Welche speziellen Hardwareanforderungen hat die zu testende Applikation (z.B. welche Sensoren werden benötigt, minimaler Arbeitsspeicher)?

---

2. HSDPA: High-Speed Downlink Packet Access

Besonderheiten/spezielle Probleme bei der GUI-Testautomatisierung von mobilen Applikationen

Derzeit befindet sich die Automatisierung von mobilen Applikationen noch in einem relativ frühen Reifestadium. Das lässt sich daran erkennen, dass für die Identifizierung von GUI-Objekten viele Hersteller immer noch auf Methoden der Bilderkennung setzen. Das führt dazu, dass auch kleine Änderungen am Look & Feel einer Applikation die Stabilität der Testautomatisierung stark negativ beeinflussen. Die Erfahrung bei der Testautomatisierung auf Desktop-PCs hat gezeigt, dass eine nachhaltige Testautomatisierung mit dieser oder ähnlichen Methoden nur schwer erreicht werden kann.

Die Alternative dazu ist die native Identifikation von GUI-Elementen, die es aktuell aber oft noch erforderlich macht, dass die zu testende mobile Applikation instrumentalisiert und damit verändert wird. Dadurch ist es nicht möglich, dass die getestete Applikation direkt veröffentlicht werden kann, und es besteht das Risiko, dass Unterschiede in diesen beiden Varianten auftreten.

Aber auch im Bereich der Objektinteraktion stellt die Automatisierung von mobilen Applikationen besondere Anforderungen. Zum Beispiel gilt heutzutage die Unterstützung von Gesten (z.B. `"Flick"`, `"Tap"`, `"Pinch"`, `"Spread"`, ...) als unabdingbar, um eine hohe Usability für die Endbenutzer erreichen zu können, und sie werden daher in vielen Applikationen für vielfältige Benutzerinteraktionen eingesetzt (ein »Pinch« und »Spread« wird beispielsweise fast universell als Zoomoperation interpretiert). Wie gut diese Interaktionsvariante von Testautomatisierungswerkzeugen jedoch unterstützt wird, variiert sehr stark von Hersteller zu Hersteller.

Umgang mit Interrupts

Ähnlich wie die zuvor erwähnten Gesten stellen auch Interrupts (z.B. eingehende Anrufe, SMS, Push-Notifications) die Werkzeughersteller sowie die Testautomatisierer vor große Herausforderungen. Werden für die Testdurchführung Emulatoren oder Simulatoren eingesetzt, so lassen sich die Unterbrechungen relativ einfach simulieren. Auf physischen Endgeräten ist dies jedoch nur schwer möglich.

Unterschiedliche Hardware der Endgeräte

Gerade bei mobilen Endgeräten findet sich eine Vielzahl von Geräten mit unterschiedlichster Hardware wieder, mit Unterschieden in diversen Komponenten. Je nach Applikation können diese Variationen für den Test relevant oder auch nicht sein. Für die Automatisierung bedeutet das, dass generell eine große Anzahl von Endgeräten unterstützt werden sollte und dass die Testdurchführung auf nur einer Hardwarevariante nicht besonders effektiv ist. Damit die Automatisierung tatsächlich einen Mehrwert für das Projekt darstellt, sollten die gleichen Testfälle auf vielen Geräten durchgeführt werden können. Daraus folgt allerdings, dass entweder Investitionen in die Anschaffung von physischen Endgeräten getätigt werden müssen oder dass Emulatoren und Simulatoren für die Testdurchführung genutzt werden.

Auch die Diversität in Bildschirmgröße, Auflösung und Punktdichte findet man in dieser Form nur bei mobilen Geräten. Diese Faktoren sind bei der Automatisierung von Desktop-Applikationen weniger relevant.

Netzwerkperformanz und unterschiedliche Typen von Netzwerkanbindungen

Da mobile Applikationen oft mit unterschiedlichen und ständig wechselnden Netzwerkanbindungen funktionieren müssen, stellt sich die Frage, wie dieser Aspekt in der Testautomatisierung berücksichtigt werden kann. In der Praxis werden diese Tests entweder manuell in Feldtests oder in einer Testumgebung mit simulierten Netzwerkverbindungen (WAN-Emulatoren) durchgeführt.

5.1.4.2 Lösungsansätze

In den folgenden Abschnitten sollen nun einige mögliche Lösungsansätze und Methoden für die Testautomatisierung einer mobilen Applikation beschrieben werden, die bei der Lösung der zuvor erwähnten Herausforderungen unterstützen können. Dabei gelten die folgenden Überlegungen primär für formularbasierte Applikationen, bei denen ein Großteil der Businesslogik nicht am Endgerät, sondern auf einer anderen Schicht implementiert ist. Für reine Medienapplikationen (z.B. Spiele) sind diese Ansätze nicht geeignet.

Multi-Layer-Test

Einer der wichtigsten Ansätze bei der Automatisierung von mobilen Applikationen ist der Multi-Layer-Test. Die Grundannahme dabei ist, dass aufgrund der Vielfalt an Zielplattformen ein Großteil der funktionalen und nicht funktionalen Anforderungen nicht auf dem Endgerät selbst, sondern auf einer technischen Schicht getestet wird. Da diese technischen Schichten geräteneutral definiert und implementiert werden, kann man davon ausgehen, dass eine auf diesen Ebenen verifizierte Anforderung auch am Endgerät funktioniert. Beispiele dafür sind Tests der Service- oder Business-Layers.

Zusätzlich spielen bei diesem Ansatz auch Entwicklertests (Unit Tests, Komponententests) eine wichtige Rolle. Durch diese Tests sollten bereits viele der Grundfunktionalitäten wie zum Beispiel Berechnungen, Businessregeln und Ähnliches ausführlich verifiziert werden.

Auch kann in einigen Fällen davon der glückliche Fall eintreten, dass der Test von grundlegenden Funktionalitäten bereits an anderer Stelle abgedeckt ist (z.B. im Falle der serverseitigen Funktionalität eines bereits eingehend getesteten E-Banking-Systems, das nun auch via Mobile-Client-App zur Verfügung gestellt wird).

Dabei darf jedoch nicht vergessen werden, dass auch bei diesem Ansatz Tests auf dem tatsächlichen Endgerät notwendig sind. Allerdings kann deren Anzahl drastisch reduziert und gleichzeitig die Menge an Zielplattformen vergrößert werden. Die notwendige Testtiefe wird daher nicht durch umfangreiche Tests über die Benutzerschnittstelle gewährleistet, sondern durch die auf einer anderen Schicht durchgeführten Tests.

Insgesamt erreicht man dadurch also eine effizientere Testautomatisierung, ohne jedoch das Risiko von unerkannten Fehlerzuständen aufgrund einer zu geringen Testtiefe zu erhöhen.

Des Weiteren bietet die Automatisierung auf Nicht-UI-Ebene noch weitere Vorteile:

- Die Komplexität der Automatisierung von Integrationstests (z.B. von SOAP/REST-konformer Webservices) ist geringer als die Automatisierung von UI-Tests.
- Durch die geringere Komplexität und bessere Automatisierbarkeit sinken auch die Kosten für die Durchführung eines Testfalls.
- Die Durchführungsgeschwindigkeit und Stabilität ist höher (z.B. weil Vorbedingungen schneller hergestellt werden können).
- Aufgrund der hohen Durchführungsgeschwindigkeit und geringen Kosten pro Durchführung können pro Release umfangreiche Regressionstests durchgeführt werden.
- Die Fehleranalyse ist in den meisten Fällen deutlich einfacher und kostengünstiger durchzuführen.

Einsatz von Simulatoren und Emulatoren

Auch wenn mit diesem Ansatz nur ein geringer Anteil von funktionalen Anforderungen auf einem physikalischen Endgerät getestet werden müssen, kann dieser Teilbereich trotzdem sehr zeit- und kostenintensiv werden. Ein vielversprechender Weg, um diese Probleme zu vermeiden, stellt der Einsatz von Emulatoren und Simulatoren als Ersatz für reale Endgeräte dar. Die primären Ziele sind dabei sowohl die Reduktion von Kosten als auch das Sicherstellen einer flexiblen Geräteauswahl mit der Möglichkeit, neue Geräte rasch und ohne großen Aufwand bei der Testdurchführung berücksichtigen zu können.

Risikobasierte Auswahl der Zielplattform

Abschließend fehlt bei all diesen Ansätzen noch ein zentraler Aspekt: die Auswahl von relevanten Zielplattformen für die Testdurchführung.

Denn auch die automatisierte Durchführung stößt bei der derzeitig am Markt verfügbaren Menge an potenziellen Zielplattformen an ihre Grenzen. Wie eine aktuelle Nutzeranalyse, durchgeführt von Entwicklern der OpenSignal-App, zeigt, fanden sich bei 682.000 Benutzern der Applikation 11.868 unterschiedliche Android-Geräte. In einer inhaltlich gleichen Analyse aus dem Jahr 2012 betrug diese Zahl noch lediglich 3.997 Geräte. Diese Gerätevielfalt und vor allem deren Verteilung und Häufigkeit wird in Abbildung 5–3 gezeigt.

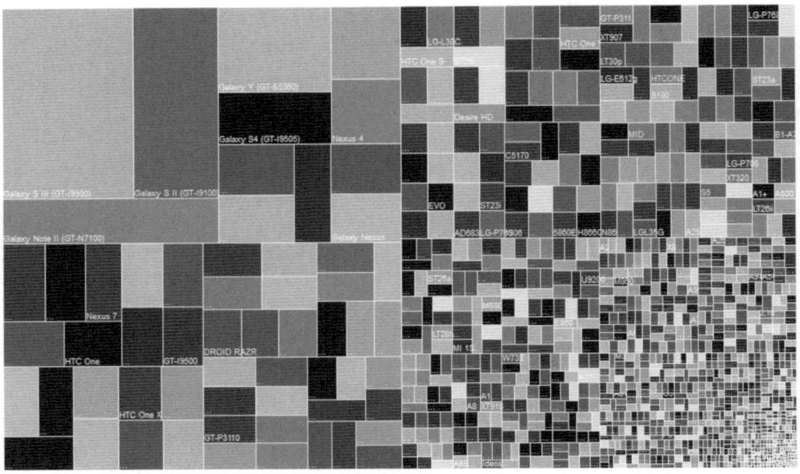

Abb. 5–3 *Verteilung und Häufigkeit von Android-Geräten, erhoben anhand von Statistiken der OpenSignal-Applikation (http://opensignal.com/reports/fragmentation-2013/)*

Um in diesem Umfeld überhaupt zielführend Testautomatisierung durchführen zu können, ist es daher notwendig, eine Möglichkeit zu finden, um diese Vielzahl zu reduzieren, ohne dabei ein allzu großes Risiko eingehen zu müssen. Es ist daher empfehlenswert, wenn bei der Umsetzung einer Automatisierungslösung bereits frühzeitig Kriterien für die Auswahl definiert werden. Je nach Projekt und Zielgruppe unterscheiden sich diese Kriterien drastisch. Interne Applikationen haben beispielsweise oft den Vorteil, nur auf einer sehr begrenzten Anzahl an Geräten und Betriebssystemen funktionieren zu müssen.

Anders sieht das hingegen bei Applikationen für Endkunden bzw. Businesskunden aus. Hier können Nutzungsstatistiken von bestehenden Applikationen oder länder- bzw. regionenspezifische Statistiken die Entscheidung unterstützen.

Einsatz von Cloud-Services

Die Idee beim Einsatz von Cloud-Services für das Testen mobiler Applikationen ist, dass die Nutzung von verschiedenen mobilen Endgeräten strukturierter und einfacher durchgeführt werden soll. So muss nicht für jeden Test das passende Gerät organisiert werden, sondern es wird ein Cloud-Service angesprochen, der den Test auf dem gewünschten Gerät, Emulator oder Simulator ablaufen lässt und die Testergebnisse an den Tester zurückliefert.

Zusätzlich kann meist eine parallele Testdurchführung auf mehreren Geräten gleichzeitig stattfinden, ohne zuvor die Endgeräte physisch am Teststandort oder die Emulatoren bzw. Simulatoren über den Computer vorzubereiten. Dies erhöht die Effizienz des Testens und entlastet den Tester durch Verringerung der organisatorischen Tätigkeiten.

Durch eine Cloud-Lösung mit echten Testgeräten ist auch das Gerätemanagement einfacher, da das Inventar über den Service stets abrufbar ist und der aktuelle Status jederzeit überprüft werden kann. Auch die Problematik, dass Geräte verlegt oder für längere Zeit ungenutzt bei einem Tester liegen gelassen werden, wird minimiert.

Wird eine Cloud-Lösung mit Emulatoren und Simulatoren gewählt, so entfällt die Anschaffung der Testgeräte für die Cloud. Die Anbieter einer solchen Lösung stellen den gesicherten Zugang zu den virtuellen Testgeräten zur Verfügung, den die Tester dann für die Testdurchführung nutzen können.

Die Wahl des passenden Cloud-Service kann durch verschiedene Aspekte geprägt sein. So müssen die Leistungen der Anbieter evaluiert und die daraus resultierenden Vorteile abgewogen werden. Um dies zu verdeutlichen, werden im Folgenden die Leistungen von zwei beispielhaften Cloud-Service-Anbieter aufgezeigt, wobei anzumerken ist, dass sich sowohl deren Umfang als auch deren Qualität unter Umständen sehr rasch ändern können. Die hier vorgestellten Angebote sollen demnach lediglich die derzeitigen Möglichkeiten von Cloud-Services verdeutlichen, um besser abwägen zu können, ob sie für den Einsatz im eigenen Projekt evaluiert werden sollten.

CloudMonkey

Der Serviceanbieter CloudMonkey Mobile liefert eine Lösung zur Verwendung von bis zu 32 verschiedenen Android- und/oder iOS-Geräten. Die Testgeräte werden dabei an den sogenannten LabManager angeschlossen und können durch die CloudMonkey-Software über ein Netzwerk verwaltet und für die Testdurchführung verwendet werden. Der LabManager bildet somit das Herzstück der Cloud und kann in das unternehmensinterne Netzwerk eingebunden werden. Die Nutzung der Testgeräte ist dadurch netzwerkweit verfügbar, ohne den direkten Standort des LabManager aufsuchen zu müssen.

So kann sich ein Tester über die Software zu den gewünschten Testgeräten in der Cloud verbinden und seine Tests durchführen. Dabei bietet der Service die Möglichkeit, automatisierte Tests auf einem oder mehreren Geräten parallel ablaufen zu lassen. Nach dem Durchlauf wird dem Tester das Ergebnis mittels generierter Protokolle angezeigt. Zusätzlich werden im Fehlerfall oder wenn gewünscht zu bestimmten Testaktionen Screenshots erstellt und den Ergebnissen beigefügt.

Über Fernzugriff ist es möglich, die Testgeräte direkt zu steuern, manuell zu testen oder den automatisierten Testablauf zu überwachen.

SauceLabs

Eine Lösung mittels einer Cloud bestehend aus Emulatoren und Simulatoren bietet SauceLabs an. Der Tester benutzt dabei für die Testdurchführung einen gesicherten Zugang zu dieser Cloud, der von dem Serviceanbieter zur Verfügung gestellt wird.

So können Tests an die SauceLabs-Cloud geschickt und durchgeführt werden. Dabei kann der Tester wählen, welche Betriebssystemversionen von Android und/oder iOS für den Test berücksichtigt werden sollen. Automatisierte Tests können auf mehreren Geräteemulatoren und Simulatoren parallel durchgeführt werden.

Die Cloud stellt nach einem Test oder einer Testreihe ein Protokoll der Testergebnisse bereit. Dabei bietet SauceLabs die Möglichkeit von Screenshots und Screencasts an, die während der Durchführung aufgenommen werden, um den Testablauf nach Beendigung besser bewerten und nachvollziehen zu können.

Ebenso kann ein Tester während eines laufenden Tests auf das virtuelle Gerät per Fernzugang zugreifen, den Ablauf beobachten oder auch die Steuerung übernehmen, um Probleme genauer zu analysieren.

5.1.5 Webservices

Zusätzlich zu Webapplikationen sind auch Applikationen mit Webservice-Integration immer häufiger anzutreffen. Gerade auch im Bereich der sogenannten »Systems of Systems« (Systeme, die durch die Integration von mehreren in sich eigenständigen Teilsystemen entstehen) sind Webservices eine weitverbreitete Methode zur Kommunikation zwischen Systemen.

Ein Webservice ist ein unabhängiger, logisch abgeschlossener Softwarebaustein, der neben seiner Implementierung über eine öffentliche Schnittstelle verfügt, die über das Internet nutzbar ist. Die Implementierung kann in jeder Sprache und auf jeder Plattform erfolgen, wodurch Webservices große Bedeutung für die Interoperabilität haben.

Webservices spielen eine Hauptrolle in der serviceorientierten Architektur (SOA), die 3 Rollen und Interaktionen definiert:

- Service-Provider – veröffentlichen
- Service-Requester – auffinden
- Service-Broker – binden

Der Service-Provider implementiert einen Webservice und veröffentlicht seine Schnittstelle. Über den Service-Requester können Webservices gesucht werden und der Service-Broker hält u.a. Informationen über den Leistungsumfang der Webservices und deren Nutzung bereit.

Eine Stärke von Webservices ist das Einhalten von Standards, deren wichtigste die folgenden sind:

- SOAP (Simple Object Access Protocol) – für den Austausch von XML-basierten Nachrichten
- WSDL (Web Service Description Language) – für die XML-basierte Beschreibung der öffentlichen Schnittstelle
- UDDI (Universal Description, Discovery and Integration) – für das Veröffentlichen und Auffinden von Webservices

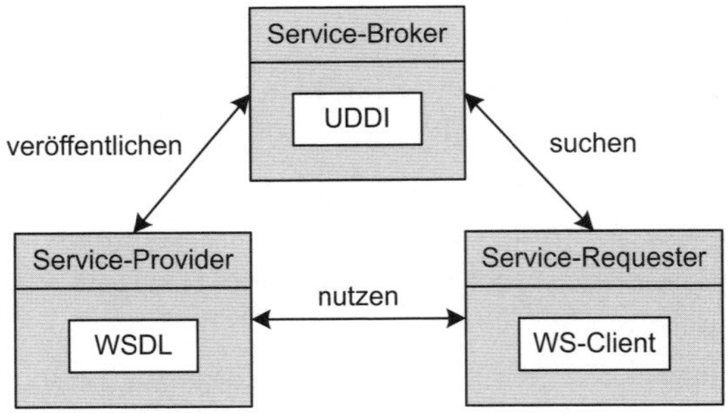

Abb. 5–4
Magisches SOA-Dreieck [Dostal et al. 07]

Aber auch flexiblere, weniger stark standardisierte Formen von Webservices wie z.B. REST sind in bestimmten Einsatzgebieten verbreitet.

Auch hier spielen XML und HTTP eine wesentliche Rolle. Eine Applikation schickt einen HTTP-Request an eine andere Applikation, die einen Webservice bereitstellt, und erhält eine Antwort in Form einer HTTP-Response. Wie Request und Response aussehen können, ist üblicherweise formal spezifiziert: in Form von WSDL- (typischerweise in Kombination mit SOAP-Applikationen) oder WADL-Spezifikationen (typischerweise mit REST-Applikationen), die ebenfalls bereitgestellt werden.

Listing 5–1
Beispiel für einen SOAP-Webservice-Request[2]

```
POST /InStock HTTP/1.1
Host: www.example.org
Content-Type: application/soap+xml; charset=utf-8
Content-Length: nnn

<?xml version="1.0"?>
<soap:Envelope
xmlns:soap="http://www.w3.org/2001/12/soap-envelope"
soap:encodingStyle="http://www.w3.org/2001/12/soap-encoding">

<soap:Body xmlns:m="http://www.example.org/stock">
  <m:GetStockPrice>
    <m:StockName>IBM</m:StockName>
  </m:GetStockPrice>
</soap:Body>

</soap:Envelope>
```

Webservices sind durch ihre gute Toolunterstützung (sowohl bei der Implementierung als auch beim Test) gut automatisiert testbar. Auch als Schnittstelle für z.B. Testdatenvorbereitung sind sie oft effizienter verwendbar als eine Benutzerschnittstelle.

Einige vereinfachende Aspekte gegenüber Webapplikationen auf HTML-Basis sind:

3. Quelle: *http://www.w3schools.com/SOAP/soap_example.asp.*

- Schnellere Testdurchführung, da kein Browser und Rendering benötigt wird
- Keine zusätzliche Ebene an Funktionalität (wie z.B. JavaScript), die berücksichtigt werden muss
- Keine inhärente Darstellungs- oder System/Browser-Kompatibilitäts-Problematik

5.1.6 Data Warehouse

Ein Beispiel komplexer Systeme mit vielen Schnittstellen, Daten und oft wenig intuitiver Struktur sind Data Warehouses. Datenbanken und die darunter liegenden Systeme und Standardprodukte selbst unterscheiden sich prinzipiell im Test nicht wesentlich von anderen Applikationen – sie haben konkrete Anforderungen und Use Cases. Im Gegensatz dazu stellen Data Warehouses zentrale Datensammlungen aus mehreren Systemen eines Unternehmens dar, deren Struktur und Aufbereitung der Daten eine umfassende Analyse erlaubt, um Management- und Businessentscheidungen zu unterstützen.

Grundsätze von DWH

Ein Data Warehouse (DWH) erfüllt im Wesentlichen zwei Grundsätze:

- **Integration von Daten**
  In einem DWH sind Daten aus verteilten und unterschiedlich strukturierten Quellen zu einem gemeinsamen, konsistenten Datenbestand (Datenbank) zusammengefasst. Somit wird eine globale Sicht auf die ursprünglich heterogenen und verteilten Datenbestände erreicht, die es ermöglicht, Datenanalysen und übergreifende Auswertungen durchzuführen.
- **Separation von Daten**
  Dieser Aspekt betrifft die Trennung von Daten des operativen Bereichs von jenen Daten, die im DWH z.B. für Geschäftsanalysen verwendet werden.

Den Betrieb eines DWH, beginnend bei der Datenbeschaffung über die Speicherung der Daten in der DWH-Datenbank bis zur Verwaltung von Datenbeständen für nachfolgende Datenanalysen und -auswertungen, nennt man »Data Warehousing«.

Hier gibt es abseits der organisatorischen Problematik und der Infrastruktur (große Datenmengen, rechtlich sensitive Daten etc.) einige andere Aspekte, die den manuellen Test beinahe unmöglich machen:

- Viele technische Schnittstellen mit vielen Ursprungssystemen für Daten
- Keine grafische Oberfläche

- Aufwendige Kernfunktionalitäten wie z.B. Historisierung von Daten oder Konsistenzprüfungen
- Import, Export und Semantik der Daten sind komplex und in vielen Fällen dem Testteam nicht im Detail bekannt

Abb. 5–5
Ansatzpunkte für den Test eines Data Warehouse

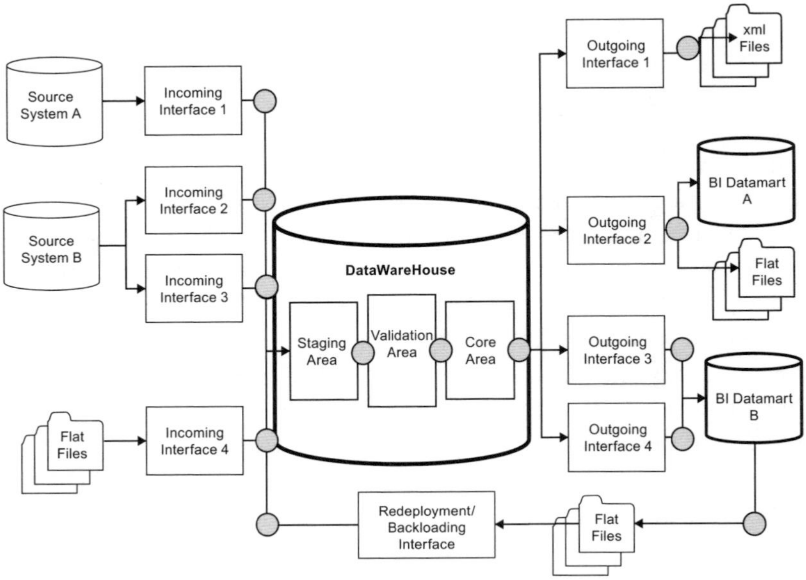

Für einen umfassenden Test ist in den meisten Fällen eine Kombination von automatisierten Ansätzen notwendig. Für den Kernbereich des Data Warehouse, also die zentrale Datenhaltung und eigentliche Data-Warehouse-Funktionalität, wie z.B. Historisierung, Referenzen oder andere Kernfunktionalitäten, gibt es üblicherweise Konsistenzregeln bzw. Regeln, denen die Daten im Kernsystem genügen müssen. Hier kann ein automatisiertes System überprüfen, ob diese Regeln tatsächlich eingehalten werden, also ob z.B. in der Datenhistorie immer der aktuellste Datensatz die Markierung für den derzeit gültigen Datensatz besitzt.

Interfaces

Eine weitere wichtige Rolle spielen die Input- und Output-Interfaces von Data Warehouses. In vielen Fällen sind hier zahlreiche Systeme über ETL-Schnittstellen (Extract/Transform/Load) an das Data Warehouse angebunden. Da sich auch diese Systeme immer wieder verändern können, befindet sich diese Interface-Landschaft in vielen Fällen in ständiger Veränderung und somit ist ein automatisierter, leicht wartbarer Regressionstest wichtig. Für den Test der Input- und Output-Interfaces eines Data-Warehouse-Systems gibt es mehrere Ansätze, die hier über ein abstraktes Beispiel illustriert werden:

Plausibilitätschecks

Es werden m gültige und n ungültige Datensätze importiert. Im Zielsystem müssen nun m Datensätze akzeptiert sein und n Datensätze als »rejected« im Log erscheinen.

- Vorteile:
  Test ist einfach und überall einsetzbar.
- Nachteil:
  Inhalte werden nicht betrachtet.

Nachimplementierung

Nachimplementierung (oder auch Back-to-Back Testing) bezeichnet die Implementierung der Funktionalität oder eines Teils der Funktionalität eines Systems zu Testzwecken, um die Ergebnisse der Implementierung bei Eingabe der gleichen Datenmenge (die oft aus Produktivumgebungen bezogen wird) vergleichen zu können und dadurch Fehler aufzudecken. Die Import- und Transformationsregeln werden in einem Automatisierungsframework nachimplementiert und die Ergebnisse des zu testenden Interface (nach z.B. einem Testlauf mit anonymisierten Echtdaten) werden mit den Ergebnissen des Automatisierungsframeworks verglichen.

- Vorteile:
  Kein Wissen über Ursprungssysteme notwendig, inhaltlicher Test mit Echtdaten ist möglich.
- Nachteile:
  Keine Garantie über Testabdeckung, Nachimplementierung der Funktionalität des zu testenden Systems ist aufwendig.

Definierte Eingabe-Ausgabe-Paare

Eine bekannte und nach Testentwurfsmethoden aus den Import- und Transformationsregeln abgeleitete Menge an Testdatensätzen wird importiert und das Ergebnis mit bekannten, ebenfalls abgeleiteten Ergebnisdaten verglichen.

- Vorteile:
  Garantie über Testabdeckung möglich, einfach zu implementieren.
- Nachteil:
  Ziel- und/oder Ursprungssysteme müssen bekannte Datenformate haben.

5.1.7 Dynamische GUIs: Formularlösungen

Die meisten Applikationen haben ein bekanntes, konstantes Interface. Die den meisten Systemen beigelegte Taschenrechner-Applikation beispielsweise hat eine bestimmte Anzahl an Tasten und Eingabefeldern – manchmal gibt es noch einen Wissenschaftsmodus, der einige Tasten und Felder hinzufügen kann, aber im Allgemeinen ist das GUI bekannt. Dies gilt nicht für alle Applikationen – repräsentativ für eine Klasse von Applikationen mit dynamisch veränderlichen GUIs werden im Folgenden sogenannte »Formularlösungen« betrachtet.

Formularlösungen zeichnen sich dadurch aus, dass eine Menge an Formularen von einem Formulardesigner erzeugt wird, die dann einer größeren Benutzergruppe zur Verfügung gestellt werden. Soll so ein System getestet werden, wird es notwendig sein, beide Seiten der Nutzung zu beleuchten. Ein typisches Szenario ist es also, ein Formular im Formulardesigner-Interface zu erstellen und dies dann von der Benutzerseite aus zu überprüfen.

Abb. 5–6 Die für den Testfall benötigten GUI-Elemente können je nach Testdaten unterschiedlich sein – das Paradebeispiel hierfür sind Formularlösungen.

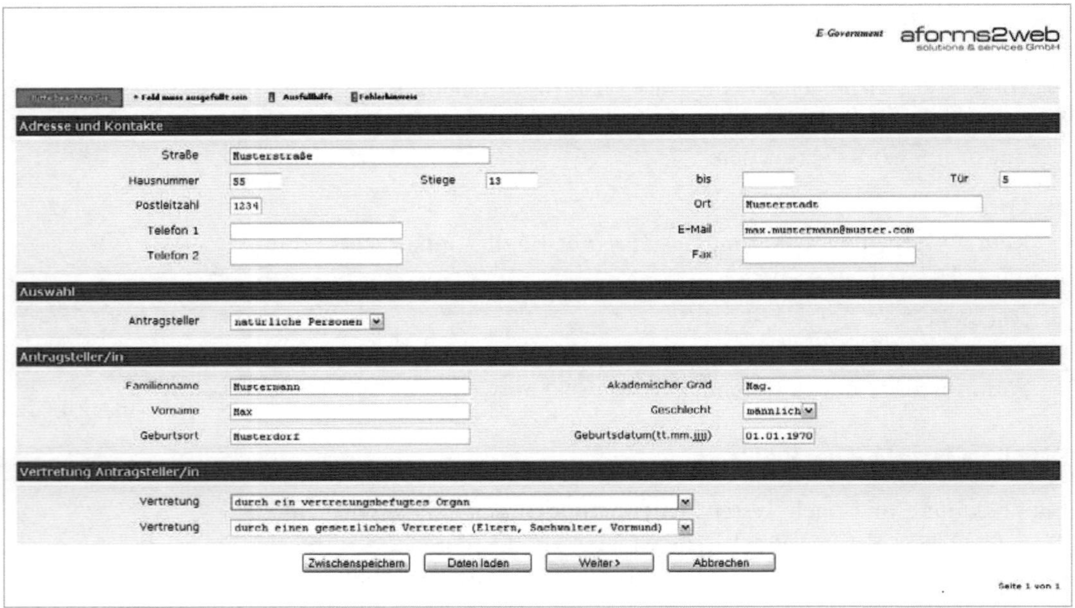

Wie bereits dargestellt, unterstützen die meisten kommerziellen Werkzeuge eine Methode der Abstraktion von GUIs von ihren physischen Erkennungsmerkmalen – im dargestellten Beispiel »GUI-Maps« genannt. Die Methode verwendet konstante Werte oder Wildcards bzw. Regular Expressions zur Identifikation von GUI-Elementen am Bildschirm.

Dies ist bei Formularlösungen nicht immer möglich: Das GUI aufseiten des Formulardesigners ist üblicherweise konstant. Die Objekte, die der Benutzer in einem Formular zur Verfügung hat, sind allerdings nicht konstant, sondern abhängig davon, was der Formulardesigner zuvor konfiguriert hat. Selbst bei konstanten Eingaben des Formulardesigners werden die Eingabefelder zur Laufzeit generiert und können unter Umständen bei jedem Lauf unterschiedliche Eigenschaften haben. Selbst wenn sie bei jedem Lauf gleich sein sollten: Es wird eine große Anzahl an Formularen notwendig sein, um so ein System durchgängig zu testen – jedes dieser Formulare manuell aufzuzeichnen ist oft unmöglich.

Dynamische Erkennungskriterien

Daher kann es notwendig sein, die Erkennungskriterien erst zur Laufzeit zu definieren. Ein beispielhafter Testfall könnte so aussehen:

Listing 5–2
Beispiel für eine Testfallspezifikation, die dynamische GUI-Erkennung notwendig machen kann

```
Formular mit Feldern:
Vorname (String, 20 Zeichen)
Nachname (String, 40 Zeichen)
Geburtsdatum (Datum)
```

Bei der Durchführung dieses Testfalls wird ein Formular angelegt, das die Felder »Vorname«, »Nachname« und »Geburtsdatum« mit den entsprechenden Datentypen enthält. Danach wird das Formular geöffnet und mit (den Datentypen entsprechenden) vordefinierten Testdaten befüllt.

Um diesen Testfall nicht manuell ausführen zu müssen, gibt es mehrere Möglichkeiten. Eine Variante ist, manuell eine GUI-Map für dieses Formular zu erstellen. Dies birgt aber die Problematik, dass bei Änderungen nun sowohl die Testdaten bzw. der Testfall als auch die dazugehörige GUI-Map zu adaptieren sind. Für jeden Testfall dieser Art sind die GUI-Elemente einzeln zu erfassen und zu warten. Somit ist es effizienter, die Erkennungsmerkmale erst zur Laufzeit zu ermitteln oder sie nach definierten und der Applikation entsprechenden Regeln zu erstellen.

Dies ist in vielen GUI-Automatisierungswerkzeugen möglich. In einigen ist dies bereits in der Oberfläche für GUI-Maps abgebildet (also können Erkennungsmerkmale mit Daten befüllt werden), in anderen ist es nur über Scripting möglich. Einige Automatisierungswerkzeuge unterstützen eine solche Verwendungsweise nicht.

5.1.8 Cloud Based Systems

Für »Cloud Computing« gibt es keine eindeutige Definition, aber viele pragmatische Ansätze, die zugrunde liegenden Konzepte und Eigenschaften zu beschreiben.

Die wichtigste Eigenschaft von Cloud Computing ist, dass Anwendungen, Werkzeuge, Entwicklungsumgebungen, Managementtools, Speicherkapazität, Netzwerke, Server etc. vom Anwender nicht mehr selbst bereitgestellt oder betrieben, sondern von einem oder mehreren Anbietern »gemietet« werden, die die IT-Infrastruktur über ein Netzwerk als Cloud-Services öffentlich anbieten. Das hat für den Nutzer den Vorteil, dass Anschaffungs- und Wartungskosten für IT-Infrastruktur entfallen. Es werden nur die tatsächlich konsumierten Services für die Dauer der Nutzung bezahlt. Standardisierte und hoch skalierbare Services ermöglichen es vielen Unternehmen, nun Dienstleistungen in Anspruch zu nehmen, die früher kaum zu bezahlen waren.

Ein Problem, mit dem sich der Anwender von Cloud-Services auseinandersetzen muss, ist die Datensicherheit. Es liegt in seiner Verantwortung, welche Daten er in welchem Umfang außerhalb seines Unternehmens geben möchte.

Die übliche Darstellung der Cloud-Computing-Architektur besteht aus drei Schichten:

- **Infrastruktur – Infrastructure as a Service (IaaS)**
  Server, Archivierungs- und Backup-Systeme werden den Nutzern als virtuelle Services über das Internet zur Verfügung gestellt.
- **Plattform – Platform as a Service (PaaS)**
  Dient der Entwicklung und Bereitstellung von eigenen Anwendungen, um sie in die Cloud zu integrieren und zu betreiben.
- **Software – Software as a Service (SaaS)**
  Softwareapplikationen können als standardisierte Services über das Internet bezogen werden.

Arten von Clouds

Man unterscheidet folgende Arten von Clouds:

- **Private Cloud**
  Sowohl Anbieter als auch Nutzer befinden sich im selben Unternehmen, wodurch beispielsweise die Probleme der Datensicherheit wegfallen.
- **Public Cloud**
  Kann von beliebigen Anwendern genutzt werden und ist nicht auf interne Anwendungen eines Unternehmens beschränkt; bei Public Clouds spielt der Aspekt der Datensicherheit eine wichtige Rolle.
- **Hybrid Cloud**
  Kombiniert Private Clouds und Public Clouds.

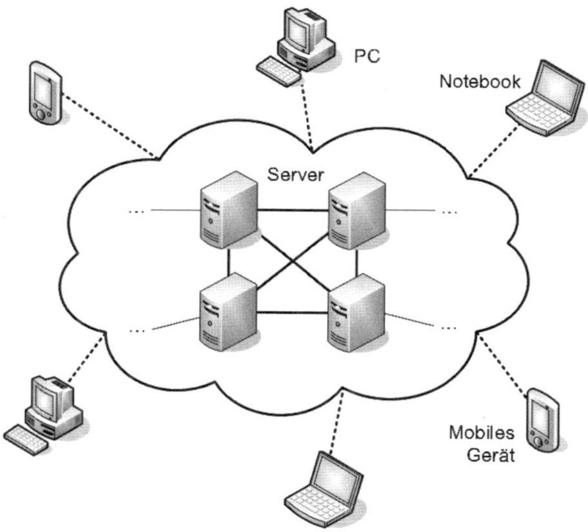

Abb. 5–7
Cloud

Die Auslagerung der Betriebsumgebungen und die Nutzung von externen Services für Funktionalitäten haben auch auf den Test einen wesentlichen Einfluss. Gerade in solchen mehrschichtigen Szenarien, in denen Verantwortlichkeiten nicht bei einer einzelnen Partei liegen und funktionalitätsrelevante Teile unabhängig voneinander entwickelt und betrieben werden, ist eine kontinuierliche Überprüfung der Funktionalität der Systeme im Sinne eines häufig durchgeführten Regressionstests notwendig.

Klarer Scope für Test und Automatisierung

Wichtig ist hierfür, den Scope für Test und Testautomatisierung klar abzustecken und zu klären: Tests, die ein Cloud-Infrastruktur-Provider durchführen muss, sind in der Regel grundsätzlich anders fokussiert als Tests, die ein Plattform- oder Softwareentwickler oder gar der Kunde selbst durchführt: Aus Applikationsentwickler- oder Kundensicht ist die Cloud-Infrastruktur und/oder Plattform in vielen Fällen eine Blackbox und nicht explizites Testziel. Das zu testende System kann beispielsweise eine Webapplikation sein und auch als solche getestet werden.

Für Plattform- und Infrastruktur-Provider bietet sich jedoch ein Bild, das mehr auf die technischen Bereiche von Betriebs- und Interoperabilitätstests setzt.

5.2 Einsatzgebiete nach Testart

Testautomatisierung kann in mehreren Dimensionen klassifiziert werden: Sie kann den Test in unterschiedlichen Teststufen unterstützen, aber auch unterschiedliche Softwarequalitätskriterien können mit automatisiertem Test – und teilweise sogar nur auf diese Weise – abgedeckt werden. In diesem Abschnitt werden die unterschiedlichen Szenarien beleuchtet und die jeweiligen Methoden zur automatisierten Testdurchführung erläutert.

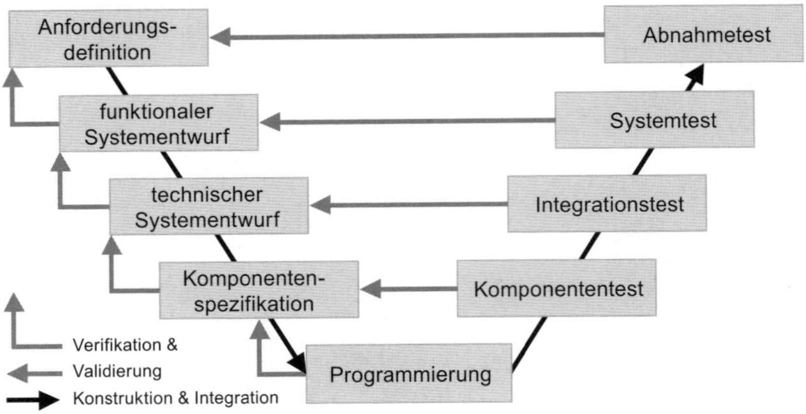

Abb. 5–8
Das V-Modell

Teststufen

Es gibt viele Modelle, an denen sich Softwareentwicklungsprozesse orientieren können. Ein weitverbreitetes Modell ist das klassische V-Modell. Es bildet eine Basis für die Klassifizierung von Aktivitäten und deren Abhängigkeiten. Im Test sind die unterschiedlichen Teststufen an diesem Modell angelehnt, dabei spielt die Automatisierung je nach Teststufe eine unterschiedliche Rolle.

Komponententest

Typische Beispiele für automatisierte Tests sind Komponenten-, Modul- oder auch Unit Tests. Diese Tests fallen üblicherweise in den Verantwortungsbereich des Entwicklungsteams und werden somit oft als »automatisierte Entwicklertests« bezeichnet.

Der Komponententest zielt darauf ab, Funktionalität in der kleinsten Einheit, in der Software sinnvoll getestet werden kann, zu verifizieren. Gängige Definitionen für diese kleinste Einheit sind Klassen, Funktionen, Methoden oder Prozeduren, wobei aber auch andere Definitionen, je nach Sprachparadigma, möglich sind.

Da das zu testende System aller Wahrscheinlichkeit nach nicht nur aus solch eigenständigen Einheiten besteht, sondern Abhängigkeiten zwischen diesen Einheiten existieren, muss ein Testrahmen geschaffen werden, in dem diese Einheiten isoliert lauffähig und kontrollierbar gemacht werden können.

Mocks

In objektorientierten Umgebungen erfolgt dies durch eine Ersetzung der Abhängigkeiten mit möglichst einfachen »Mocks«, die im Gegensatz zur »echten« Abhängigkeit so wenig Funktionalität wie möglich besitzen. Üblicherweise bieten Mocks die Möglichkeit, zu spezifizieren, welche Werte sie bei Aufrufen zurückgeben, und zu überprüfen, ob und wie oft Methoden aufgerufen wurden.

Auf diese Weise werden die kleinstmöglichen Testobjekte isoliert testbar gemacht. Der automatisierte Komponententest eignet sich speziell dafür, dem Entwicklungsteam rasch Feedback über Auswirkungen von Änderungen am Testobjekt zu geben, und bietet damit Sicherheit, bei größeren Änderungen innerhalb einer Einheit (z.B. Refactoring) jederzeit feststellen zu können, ob bestehende Funktionalität beeinträchtigt wurde.

Auch die Robustheit der einzelnen Komponenten ist auf dieser Teststufe gut testbar, da auf die Komponenten meist ohne die Einschränkung von vorgelagerten Datenvalidierungen zugegriffen werden kann.

Test Driven Development

Der Komponententest wird immer mehr im Sinne von »Test Driven Development« angewendet. Test Driven Development (TDD) ist ein zentraler Bestandteil vieler agiler Methoden in der Softwareentwicklung, z.B. von Extreme Programming (XP). Die Idee von TDD ist, dass das Schreiben von Code durch den Test gesteuert wird. Üblicherweise werden Tests nach oder parallel zur Implementierung geschrieben, um den Code zu testen. Das hat den Nachteil, dass eine hohe Testabdeckung durch automatisierte Tests nur mit relativ hohem Aufwand möglich ist.

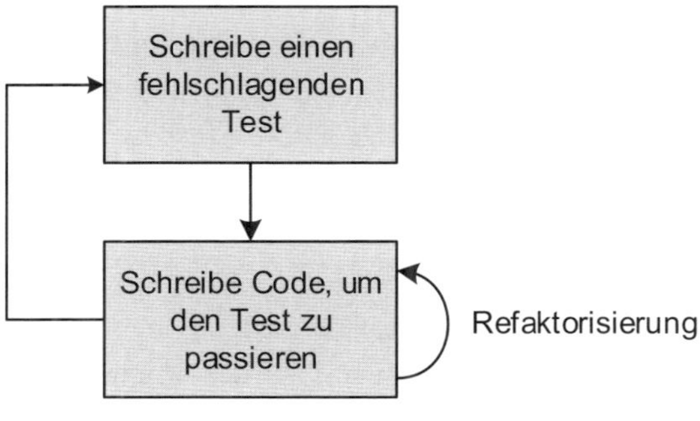

Abb. 5–9
Vorgangsweise bei Test Driven Development

Test Driven Development

TDD geht einen neuen Weg, der ein radikales Umdenken erfordert: zuerst der Test und danach die Codierung. Es wird jeweils nur so viel neuer Code geschrieben, wie es der automatisiert ausgeführte Test verlangt, um keinen Fehler zu melden. Der Code ist möglichst einfach und verständlich zu gestalten. Der Vorteil liegt auf der Hand: Es gibt zu jedem Zeitpunkt im Entwicklungszyklus ein Set an automatisierten Tests, die den aktuell vorliegenden Code in seiner Gesamtheit testen.

Folgende Schritte werden bei Verwendung dieser Methode beachtet:

1. Erstellung der benötigten Klasse
2. Erstellung einer Testklasse für die Klasse
3. Definition und Anlegen der Methoden der Klasse sowie der Testklasse
4. Implementierung der Tests in die Methoden der Testklasse
   a) Definition der Eingabewerte
   b) Definition der erwarteten Ergebnisse
   c) Überprüfung durch Assertions auf Richtigkeit und Fehlerfall (Extremfall)
5. Implementierung der Logik in die Methoden der Klasse

Für einen erfolgreichen Einsatz von TDD ist eine Toolunterstützung (Frameworks) auf den Ebenen Testentwicklung, Testautomatisierung und Build-Automatisierung unbedingt notwendig.

Integrationstest

Der Integrationstest beschreibt den expliziten Test des Zusammenspiels mehrerer Komponenten. Auf dieser Teststufe können, je nach Situation, sowohl Methoden des Komponententests als auch des Systemtests angewandt werden.

- **Komponentenintegrationstest**
  Beim Komponentenintegrationstest wird die zu testende Komponente nicht wie im Komponententest durch Techniken wie Mocking isoliert, sondern ihr Zusammenspiel mit den entsprechenden Komponenten getestet. Dieser Test ist in den meisten Fällen vollautomatisiert und bietet unter anderem Sicherheit bei größeren Refactorings, die auch die Interaktion von mehreren Komponenten betreffen.
- **Subsystem- und Systemintegrationstest**
  Beim (Sub-)Systemintegrationstest wird ähnlich vorgegangen: Teile des Gesamtsystems werden miteinander integriert und ihre Interaktion auf Korrektheit überprüft. Hierfür können Simulatoren und

Testrahmen notwendig sein. In diesem Fall sind die zu testenden Komponenten üblicherweise keine Klassen und Module, sondern bereits Pakete solcher Einheiten oder Teilsysteme.

Robustheit und Datenintegrität

Der Integrationstest ist die Teststufe der Wahl, um Robustheit und Datenintegrität zwischen Komponenten sowie die Einhaltung von Protokollen und vereinbarten Verwendungsweisen zu überprüfen.

Auch auf dieser Ebene ist in vielen Fällen zumindest eine Teilautomatisierung sinnvoll, da ein nur teilweise integriertes System häufig noch keine Benutzerschnittstelle hat bzw. diese noch nicht integriert ist.

Systemtest

In sequenziellen Entwicklungsmodellen findet der funktionale Systemtest in seiner Gesamtheit an einer zentralen Stelle im Entwicklungsprozess statt. Dennoch gibt es Szenarien, in denen ein Regressionstest notwendig wird:

- Nachträgliche Change Requests und Erweiterungen
- Fehlerkorrekturen
- Refactoring
- Redesign
- Wartungsarbeiten

Wenn im Test von Testautomatisierung die Rede ist, so ist zumeist der automatisierte Systemtest gemeint. Dieser setzt in den meisten Tools an der grafischen Benutzerschnittstelle und der Datenbank an, um durch Tester spezifizierte und zumeist zuvor manuell durchgeführte Testfälle automatisiert abzuarbeiten. Dies ist mit ein Grund, warum der automatisierte Systemtest eine der aufwendigsten Varianten von Testautomatisierung sein kann:

- Fokus ist das gesamte zu testende System – unter Umständen inklusive weiterer, dahinter liegender Systeme.
- Die Testfälle erfordern zumeist fachliches Verständnis.
- Die betroffenen Schnittstellen sind für die Interaktion mit einem Benutzer, nicht mit einem Programm konzipiert.
- Für die Vorbereitung von ausreichenden Testdaten können keine Mocks verwendet werden – dies muss im System selbst erfolgen.
- Testtreibererstellung für die Simulation von Drittsystemen ist erforderlich, wenn kein Systemintegrationstest gewünscht ist.

Auch bei nicht funktionalen Systemtests, wie beispielsweise Last- und Performanztests auf Systemtestebene, ist Automatisierung in vielen Fällen ein essenzielles Werkzeug.

Abnahmetest

In klassischen, sequenziellen Entwicklungsmodellen steht der Abnahmetest am Ende eines Softwareentwicklungsprozesses, nach dem Systemtest. Hier wird die erstellte Software anhand der zu Beginn aufgestellten Anforderungsdokumentation vom Kunden abgenommen.

Agile und Iterative Ansätze

In einigen Softwareentwicklungsmodellen, speziell in agilen und iterativen Ausprägungen, werden im Vorhinein unter Einbezug aller Disziplinen konkrete Akzeptanzkriterien in Form von Testfällen festgelegt und formuliert, die als Basis für die Feststellung der Komplettierung einer Funktionalität dienen.

Behaviour Driven Development

Eine Technik, die als Weiterführung von Test Driven Development gesehen werden kann und eine automatisierte Überprüfung der Erfüllung dieser Akzeptanzkriterien beinhaltet, ist Behaviour Driven Development (BDD) [URL: BDD]. In BDD sollen Testfälle in einer Form festgelegt werden, die einerseits fachlich verständlich und andererseits automatisiert durchführbar ist. Dies soll dazu dienen, dem Entwickler ausreichend Hintergrundinformationen über den Zweck des erwarteten Codes in Form von Beispielen zu vermitteln.

Domänenspezifische Sprachen

Hierfür werden domänenspezifische Sprachen definiert, in denen Testfälle festgehalten werden können. Die Automatisierung dieser Testfälle bzw. die Erstellung einer Automatisierungsumgebung, die diese Testfälle automatisiert abarbeiten kann, ist Teil der Entwicklungsarbeit und kann im Vorfeld und unter Zuhilfenahme von Frameworks durchgeführt werden.

Ein klassisches Schema in BDD ist die Form, in der Testfälle beschrieben werden: Diese bestehen aus Vorbedingungen, Aktionen und Überprüfungen.

Ein Beispiel:

- **Gegeben** ein Kunde unter 16 Jahren ist angemeldet
- Und ein leerer Warenkorb des Kunden
- Und eine Veranstaltung mit Altersbeschränkung ab 16
- **Wenn** der Kunde die Veranstaltung in den Warenkorb legt
- **Dann** soll eine Fehlermeldung »Die Veranstaltung hat eine Altersbeschränkung von 16 Jahren« erscheinen ...
- ... und kein Ticket im Warenkorb sein

In diesem Beispiel beschreibt der erste Abschnitt die erforderlichen Testdaten, die vor Durchführung des Testfalls zur Verfügung gestellt werden müssen. Der zweite Abschnitt beschreibt eine Aktion auf dem Testobjekt. Der dritte Abschnitt legt Überprüfungen der Reaktion des zu testenden Systems und die dazugehörigen erwarteten Ergebnisse fest.

Ein Beispiel für ein Framework, das zu diesem Zweck eingesetzt werden kann, ist das in Abschnitt 6.3.2.4 beschriebene Fit bzw. Slim und FitNesse.

5.3 Softwarequalitätskriterien

Es existieren zahlreiche Standards und Richtlinien für Software, Softwareentwicklung und die damit verbundenen Prozesse. Einige dieser Ansätze sind domänenspezifisch, andere versuchen eine übergreifende Vereinheitlichung von Software-Engineering. ISO 25010 ist einer dieser Standards und beschreibt allgemeine Qualitätskriterien, hinsichtlich derer Software untersucht werden kann [ISO 25010, Pfeifer & Schmitt 14]. Auch hier kann Automatisierung in mehreren Bereichen eine unterschiedliche Rolle spielen. Einige Qualitätskriterien benötigen in der Praxis Automatisierung, um mess- und dadurch verifizierbar zu werden. Bei der Definition des Test-Scopes bietet diese Auflistung eine hilfreiche Checkliste, um bewusst in einer konkreten Situation Entscheidungen für oder gegen den Test der einzelnen Kriterien fällen zu können. Die gelisteten Qualitätskriterien sind in den meisten Fällen auf alle Teststufen anwendbar.

In den einzelnen Abschnitten findet sich zur Erinnerung und Erläuterung des jeweiligen Qualitätskriteriums ein Merksatz mit einer Kurzfassung der Definition.[4] Der darunter liegende Abschnitt befasst sich dann mit Methoden für Test und Automatisierung in Bezug auf das jeweilige Kriterium.

Abb. 5–10
Darstellung der Qualitätskriterien nach ISO 25010

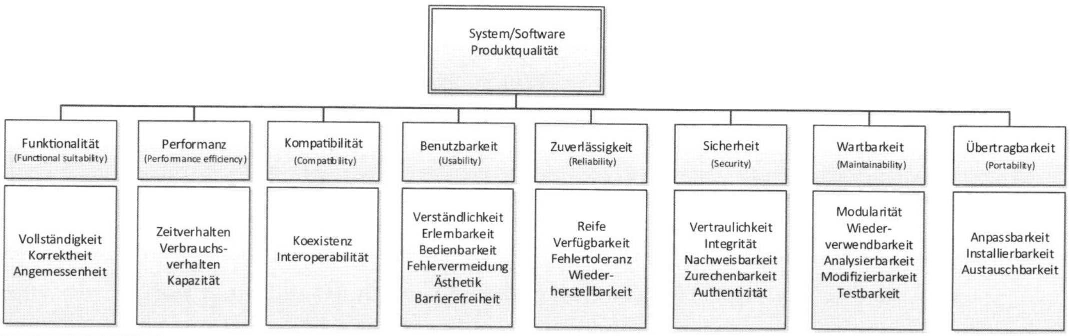

4. Definitionen der ISO/IEC 25010:2011(E) in einer freien Übersetzung in das Deutsche durch die Autoren.

5.3.1 Funktionalität (functional suitability)

Funktionalität umfasst Attribute, die die Existenz und spezifizierte Funktionen zur Erfüllung von ausgesprochenen oder unausgesprochenen Bedürfnissen unter bestimmten Bedingungen beschreiben.

In vielen Fällen ist dieses Qualitätskriterium Hauptfokus der Testaktivitäten. »Funktionalität« umfasst laut Standard Vollständigkeit, Richtigkeit und Angemessenheit. In allen diesen Bereichen kann Testautomatisierung Teile des Testprozesses unterstützen.

Vollständigkeit (functional completeness)

Vollständigkeit bezeichnet den Grad der Abdeckung der spezifizierten Aufgaben und Anwenderziele durch das Set der bereitgestellten Funktionen.

Speziell Methoden aus dem agilen Umfeld wie Behaviour Driven Development oder Acceptance Test Driven Development unterstützen bei der Messung der Vollständigkeit (siehe Abschnitt 5.2). Dabei wird der Fokus darauf gelegt, dass durch Methoden der Testautomatisierung (z.B. im Zuge eines Regressionstests) stetig festgestellt werden kann, zu welchem Grad die an ein System gestellten Anforderungen im aktuellen Zustand erfüllt werden. Auch modellbasierte Vorgehensweisen können dabei helfen, die funktionale Vollständigkeit sicher und automatisiert zu überprüfen.

Korrektheit (functional correctness)

Korrektheit beschreibt den Grad, zu dem ein System korrekte Ergebnisse mit hinreichender Genauigkeit liefern kann.

Korrektheit nachzuweisen ist eines der wesentlichsten Ziele von Testaktivitäten. Dies wird zumeist durch eine systematisch ermittelte Stichprobe an Eingabe- und Ausgabepaaren erreicht. Automatisierung kann hier speziell in der wiederholten Durchführung unterstützen, aber auch die Erreichung einer höheren Testtiefe kann als Ziel gesetzt werden.

Vermeidung von Nachimplementierung

Der Test der Korrektheit ist ein in der Automatisierung oft missverstandenes Konzept: Es sollte so weit als möglich vermieden werden, Funktionalität des Testobjekts, wie z.B. Berechnungs- oder dynamische Ablauflogik, im Automatisierungssystem nachzuimplementieren oder nachzumodellieren. Konzepte wie Model Based Testing nutzen diese Technik, um Testfälle abzuleiten – erfolgt dies allerdings dynamisch während der Testdurchführung, so führt das zumeist zu wesentlich erhöhtem Implementierungs-, Wartungs- und Fehleranalyseaufwand und unter Umständen sogar zur Fehlermaskierung durch sich überschneidende Fehler im getesteten Objekt und der Automatisierungsimplementierung.

Ein Beispiel:

> *Eine Applikation zur Berechnung des Eintrittspreises zu Veranstaltungen soll für Personen unter 17 Jahren 40% und für Personen über 60 Jahren 20% vom Eintrittspreis abschlagen.*

Diese Funktionalität soll mit Testfällen abgedeckt werden, in denen als Alter 10, 20 und 70 und als Regeleintrittspreis jeweils 30,– verwendet wird.

Automatisierungslösung A:

Listing 5–3
Automatisierungslösung mit Sollwertberechnung

```
Setze Alter: x
Setze Regeleintrittspreis: y
Starte Berechnung
Überprüfe Ergebnis-Eintrittspreis – automatisiert berechnet:
Wenn x < 17 dann y*0.6
wenn x > 60 dann y*0.8
Ansonsten y
```

Testdaten:

1. x = 10, y = 30
2. x = 20, y = 30
3. x = 70, y = 30

Automatisierungslösung B:

Listing 5–4
Automatisierungslösung ohne Sollwertberechnung

```
Setze Alter: x
Setze Regeleintrittspreis: y
Starte Berechnung
Überprüfe Ergebnis-Eintrittspreis: z
```

Testdaten:

1. x= 10, y =30, z = 18
2. x= 20, y =30, z = 30
3. x= 70, y =30, z = 24

Wenn in obigem Beispiel der Testfall mit Datenkonstellation 3 eine Abweichung zurückliefert, ist klar ersichtlich, dass in einer Lösung wie A wesentlich mehr Aufwand in die Fehleranalyse fließt (auch wenn die Differenz in diesem einfachen Beispiel recht gering ist). Auch bei Änderungen an den Anforderungen ist Variante B wesentlich besser wartbar, da nur die Testfälle, nicht jedoch die Implementierung der Sollwertberechnung verändert werden müssen.

Die Sollwerte sollten also so konkret wie möglich in der Testfallspezifikation festgelegt sein – nicht im Code des Automatisierungsframeworks. Hierfür kann mit konkret spezifizierten Testaktionen samt Eingabe-Ausgabe-Paaren eine wesentlich leichter zu handhabende Automatisierung geschaffen werden.

In vielen Fällen ist es nicht möglich, konkrete Werte für Testdaten im Vorfeld zu ermitteln, etwa bei Datumsangaben oder zeitabhängigen Fällen oder in Systemen mit Verbrauchsdaten und Bewegungsdaten mit Abhängigkeiten.

Anforderung an Daten
Es ist wichtig, einen Weg zu finden, die Anforderungen an die vom Testfall benötigten Daten so einfach und klar wie möglich zu formulieren, um eine Nachimplementierung des Testobjekts zu vermeiden.

Angemessenheit (functional appropriateness)

Angemessenheit bezeichnet den Grad der Eignung von Funktionen, um für die Erfüllung spezifizierter Aufgaben eingesetzt werden zu können.

Für diese Überprüfung ist umfassendes Fachwissen über die Domäne des zu testenden Systems notwendig. Testautomatisierung ist somit nach derzeitigem Stand der Technik alleine nicht in der Lage, eine fachliche Eignung eines Produkts feststellen zu können, ohne fachlichen, formalisierten Input über die Domäne und deren Anforderungen zu erhalten.

Allerdings tragen Konzepte wie schlüsselwortgetriebenes Testen dazu bei, den fachlichen Inhalt der Testfälle von deren technischer Durchführung zu entkoppeln.

Zusammenspiel von Fachlichkeit und technischer Umsetzung

Es ist immer noch notwendig, die konkrete Implementierung der Fachlichkeit – also das zu testende System – mit der Automatisierung zusammenzubringen. Dies kann erst geschehen, nachdem die Spezifikation oder Umsetzung der Lösung einen ausreichenden Reifegrad erreicht hat – es ergibt sich aber die Chance, die fachliche Testfallspezifikation bereits im Vorfeld durchzuführen, sobald die prinzipielle Verwendungsweise des zu testenden Systems festgelegt ist. Ziel dieses Ansatzes ist es, einen höheren Parallelisierungsgrad der Aktivitäten bzw. einen Test-First-Ansatz (also Definition der Tests im Vorhinein) zu erreichen.

5.3.2 Performanz (performance efficiency)

Performanz definiert das Leistungsniveau der Software in Relation zu den eingesetzten Betriebsmitteln unter bestimmten Konditionen.

Viel zu selten sind in der Praxis hierzu konkrete Zielmetriken vorzufinden. Es gibt zwar Richtwerte, die sich aus allgemeinen Richtlinien für Benutzbarkeit herleiten lassen, es ist jedoch wichtig, auch in diesem Bereich konkrete Anforderungen und deren Zielwerte zu definieren, um, automatisiert oder manuell, wichtige Informationen über das Qualitätsniveau zu messen und zu testen.

Zeitverhalten (time behaviour)

Zeitverhalten beschreibt den Grad, zu dem Antwort- und Verarbeitungszeiten eines Systems bei der Durchführung von Funktionen spezifizierten Anforderungen entsprechen.

Dieses Verhalten kann über die Messung der Antwortzeiten beispielsweise im Systemtest überprüft werden, sofern einzelne Nutzungen ein aussagekräftiges Ergebnis liefern.

Gerade in Systemen mit mehreren Nutzern ist aber das Zeitverhalten stark abhängig von der Anzahl der gleichzeitigen Benutzer und deren Anwendungsverhalten sowie der auf dem Zielsystem gespeicherten Datenmenge. Somit erfolgt ein Test des Zeitverhaltens häufig durch Aufbringung einer definierten Last auf das zu testende System.

Hierfür werden typische Nutzungsszenarien – ermittelt z.B. aus einer Benutzerstatistik – automatisiert. Danach werden sie parallel über Simulation von einer bestimmten Anzahl von Benutzern mit einer der Realität möglichst nahen Szenarienverteilung auf das zu testende System aufgebracht. Die Antwortzeiten des Systems werden gemessen und im Anschluss analysiert und bewertet. Je nach Mengengerüst können derartige Tests rasch in manuell nicht mehr zu bewältigenden Dimensionen notwendig werden – ihre Automatisierung ist also in vielen Fällen nicht nur hilfreich, sondern auch notwendig.

Performanztest vs. Stresstest

Unterschieden werden kann zwischen Performanztest und Stresstest. Beim Performanztest wird die Reaktionszeit des Systems bei einer bestimmten Last gemessen – z.B. je ein Szenario für leichte Last, reguläre Last und Spitzenlast. Beim Stresstest hingegen wird die Last nach und nach erhöht, um den Punkt festzustellen, ab dem das System nicht mehr nutzbar ist. Dies hat das Ziel, aus dieser Information Schlüsse z.B. darüber zu ziehen, ab welchem Punkt neue Hardware anzuschaffen ist. Auch die Robustheit des Systems kann mittels Stresstest überprüft werden.

Für diesen Zweck sind zwei Komponenten notwendig: eine Komponente zur Aufbringung der Last und eine Komponente zur Überprüfung der Reaktionszeit. Idealerweise erfolgt dies in Verbindung mit dem »virtuellen Benutzer«, dem diese Reaktionszeit zugeordnet ist, um die Szenarien separat bewerten zu können.

Eine detaillierte Betrachtung dazu erfolgt in Abschnitt 5.4.6.

Verbrauchsverhalten (resource utilization)

> Das **Verbrauchsverhalten** beschreibt, in welchem Umfang verschiedene Arten von Ressourcen durch das System bei dessen Ausführung verwendet bzw. verbraucht werden.

Verbrauchsverhalten kann ähnlich getestet werden wie das Zeitverhalten, jedoch werden hier statt der Reaktionszeit verschiedene Verbrauchsindikatoren gemessen: Speicherverbrauch, Rechenzeitverbrauch und deren Verhältnis zu den verfügbaren Ressourcen sind übliche Messwerte.

Interessant kann aber auch sein, wie viel Speicher das zu testende System bei einer bestimmten Menge an gespeicherten Datensätzen benötigt. Dies kann durch die automatisierte Erzeugung einer entsprechenden Datenmenge analysiert werden: Mögliche Daten für die Datensätze werden spezifiziert und die Daten systematisch in das Testobjekt eingebracht. Die Daten können entweder direkt injiziert werden, beispielsweise in eine Datenbank, oder auch über eine produktiv genutzte Schnittstelle (z. B. SOAP-Webservice) eingebracht werden, um den Realismus der Teststellung zu erhöhen, indem auch eventuell zusätzlich vorhandene Verarbeitungen angestoßen werden.

Doch auch gerade bei der Durchführung eines automatisierten Systemtests kann es sinnvoll sein, parallel zur eigentlichen Abarbeitung von Testfällen die Systemauslastung zu überprüfen, um gegebenenfalls stark abweichende Werte analysieren zu können. Dies kann beispielsweise durch die Erfassung des maximalen Speicherverbrauchs und der maximalen CPU-Auslastung erfolgen. Hierfür sind diese Daten während der Durchführung jedes Testfalls in der Testprotokollierung mitzuerfassen, um nach Testläufen einen Überblick über die Auswirkungen der einzelnen Testszenarien zu bekommen.

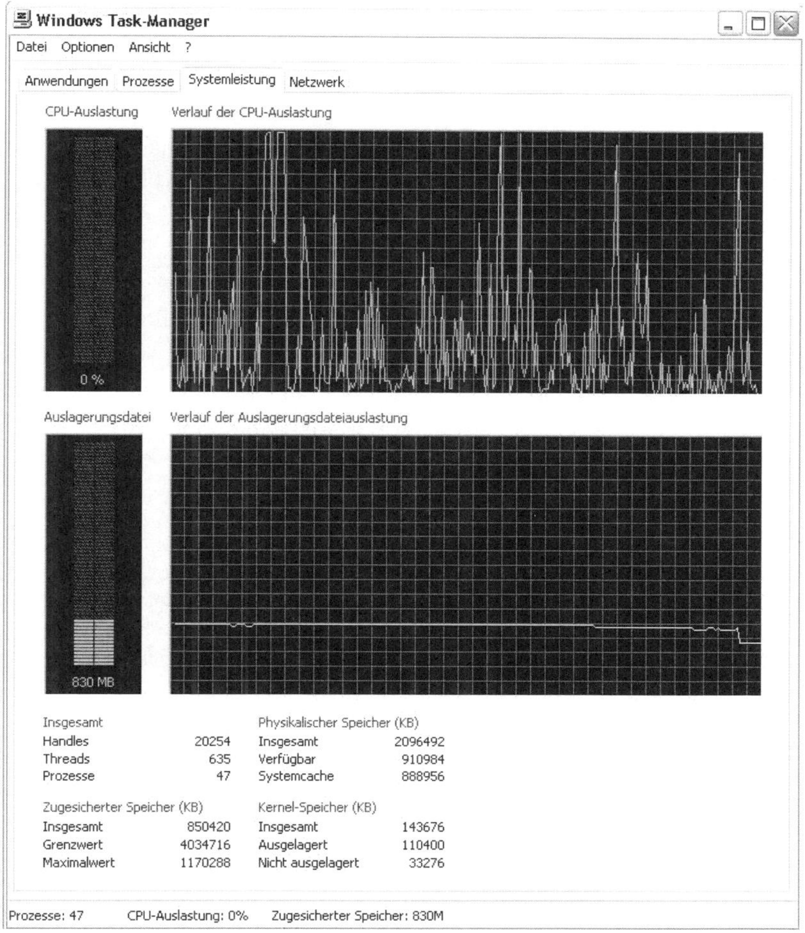

Abb. 5–11
Der Windows Task-Manager stellt unter anderem den Ressourcenverbrauch über die Zeit dar.

Kapazität (Capacity)

Die **Kapazität** eines Produkts oder Systems beschreibt den Grad, zu dem die Leistungsgrenzen bestimmter Parameter spezifizierten Anforderungen entsprechen.

Typische Parameter sind z.B. die Anzahl der maximal gleichzeitigen User, bis zu der das System noch zufriedenstellend funktionieren muss, oder die zu erwartenden Datenmengen, die von den Datenbanken noch performant verarbeitet werden müssen.

Die Überprüfung dieser Anforderungen ist unter anderem auch Ziel eines Stresstests (siehe Abschnitt 5.4.6).

5.3.3 Kompatibilität (compatibility)

> **Kompatibilität** beschreibt den Grad, zu dem ein Produkt, ein System oder eine Komponente Informationen mit anderen Produkten, Systemen oder Komponenten austauschen und die geforderten Funktionen ausführen kann, bei gleichzeitiger Nutzung der Hard- oder Softwareumgebung durch andere Produkte, Systeme oder Komponenten.

Auch die Messung von »Kompatibilität«, die in die Subkriterien Koexistenz und Interoperabilität eingeteilt wird, kann durch Automatisierung zumindest vereinfacht werden. Dadurch ist es zwar nicht möglich, automatisiert festzustellen, zu welchem Grad ein System als kompatibel betrachtet werden kann, allerdings erleichtert sie die manuelle Bewertung dieses Kriteriums.

Koexistenz (co-existence)

> **Koexistenz** beschreibt, bis zu welchem Grad ein Produkt seine erforderlichen Funktionen effizient ausführen kann, während eine gemeinsame Umgebung und Ressourcen mit anderen Produkten geteilt wird, ohne nachteilige bzw. schädliche Auswirkung auf die anderen Produkte zu haben.

Aus dem Merksatz geht bereits hervor, dass die automatisierte Bewertung der »Koexistenz« nur schwer realisierbar ist. Allerdings bieten neue Methoden wie die Service-Virtualisierung (siehe auch Abschnitt 4.1.6) diverse Möglichkeiten, bestimmte Systemkonfigurationen zu simulieren, um dadurch einfacher deren Auswirkungen auf andere Systeme oder Produkte feststellen zu können. Aber auch die Überprüfung im Rahmen eines Last- und Performanztests (siehe auch Abschnitt 5.4.6) dient dazu, schädliche Auswirkungen eines Produkts auf das Zeitverhalten eines anderen Produkts zu erkennen.

Interoperabilität (interoperability)

> **Interoperabilität** beschreibt den Grad, zu welchem mehrere Produkte, Systeme oder Komponenten Informationen untereinander austauschen und diese Informationen weiterverwenden können.

Interoperabilität (zu einem gewissen Grad aber auch Koexistenz) steht im Fokus des Integrations- und auch indirekt des Systemtests. Speziell in komplexen Systemen wie einem »System-of-Systems«, das z.B. aus einer Reihe von Systemen besteht, die untereinander Webservices anbieten und verwenden, kann der manuelle Test recht schwierig werden und Testwerkzeuge erfordern – selbst wenn diese nicht zur Automatisierung der Testfälle an sich, sondern lediglich als Testrahmen verwendet werden.

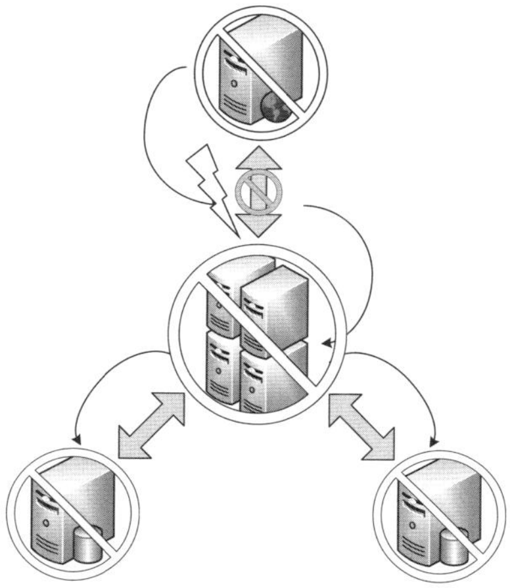

Abb. 5–12
In einem komplexen System mit mehreren integrierten Subsystemen kann der Ausfall einer Komponente weitere Systeme in Mitleidenschaft ziehen.

Folgen des Fehlschlagens eines beteiligten Systems für andere Systeme

Gerade in einem Umfeld, in dem mehrere Systeme beteiligt sind, die unter Umständen in unterschiedlichen Verantwortungen liegen, ist die Möglichkeit einer raschen, wiederholbaren Überprüfung der funktionalen Qualität wichtig. Eine Änderung an einem der beteiligten Systeme kann schnell negative Auswirkungen auf verwendete und verwendende Systeme haben. Dies kann mit einem automatisierten Test der Schnittstellenkonformität, mit aus der Produktion abgegriffenen oder synthetischen Testtransaktionen sowie mit systemübergreifenden Testfällen abgefangen werden.

5.3.4 Benutzbarkeit (usability)

> Die **Benutzbarkeit** beschreibt, in welchem Maß ein Produkt oder System von definierten Benutzern in einem spezifizierten Kontext genutzt werden kann, um definierte Ziele effektiv, effizient und zufriedenstellend zu erreichen.

Verständlichkeit (appropriateness recognizability), Erlernbarkeit (learnability), Bedienbarkeit (operability), Fehlervermeidung (user error protection), Ästhetik (user interface aesthetics) und Barrierefreiheit (accessibility) sind Großteils schwierig automatisiert zu bewerten, obwohl es auch für diese Aspekte Werkzeuge gibt, die heuristisch gewisse Kriterien überprüfen und die für die Identifikation von Problemstellen herangezogen werden können.

Gibt es jedoch konkrete Anforderungen, die das zu testende System erfüllen soll – ob im Sinne von Konformität oder durch Auslegung der Ziele für eines der anderen Subkriterien von Benutzbarkeit –, so können hierzu für das System allgemeingültige Überprüfungen entworfen werden. Ein Beispiel einer solchen wiederverwertbaren, automatisierten Überprüfung sind Werkzeuge, die die Konformität einer Webseite mit den Richtlinien der WAI (Web Accessibility Initiative) des W3C (World Wide Web Consortium) automatisiert überprüfen und damit eine Aussage ermöglichen, ob die Applikation auch für Personen mit z.B. Sehbehinderung tauglich sein kann. Die Richtlinien der Web Content Accessibility Guidelines 2.0 haben zum Ziel, zumindest teilweise automatisch überprüfbar zu sein [URL: WCAG 2.0].

Allgemeingültige Anforderungen

Ein allgemeines Testkriterium in solchen Werkzeugen ist beispielsweise, ob alle grafischen Darstellungen auch eine textuelle Beschreibung (Alt-Text) besitzen. Über die Aussagekraft dieses Textes kann zwar kaum eine Aussage getroffen werden – aber die Qualität des Inhalts ist nicht Ziel der Überprüfung, sondern lediglich die Existenz eines beschreibenden Textes.

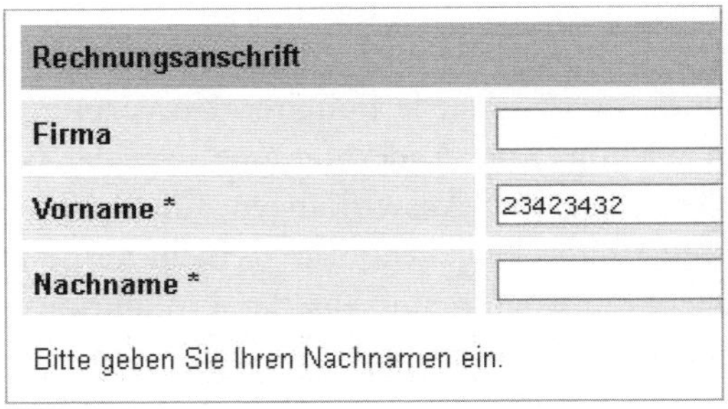

Abb. 5–13
Die Darstellung von Fehlermeldungen kann z.B. auf Farbe überprüft werden (Fehlermeldung »Bitte geben Sie Ihren Nachnamen ein.« ist im Original rot eingefärbt).

Nach einem ähnlichen Muster kann auch die Verfügbarkeit von Hilfetexten zu Objekten auf der grafischen Benutzeroberfläche überprüft werden. Eine weitere häufig anzutreffende und leicht im Zuge der Systemtests automatisiert überprüfbare Anforderung an die Benutzbarkeit ist die Einfärbung von Informations- und Fehlermeldungen durch das zu testende System.

Auch visuelle Eigenschaften wie beispielsweise der Kontrast der angezeigten Elemente können automatisiert gemessen und bewertet werden. Des Weiteren gibt es Werkzeuge für die Simulation von visuellen Einschränkungen von Benutzergruppen, wie etwa Rot-Grün-Farbenblindheit.

5.3.5 Zuverlässigkeit (reliability)

Zuverlässigkeit beschreibt den Grad, zu dem ein Produkt, ein System oder eine Komponente spezifizierte Funktionen unter spezifizierten Rahmenbedingungen über einen spezifizierten Zeitraum erbringen kann.

Häufig sind Anforderungen in diesem Bereich businesskritisch, da bei Nichteinhaltung ein ansonsten funktionstüchtiges System in nicht akzeptablen Ausmaßen ausfallen kann. Konkrete Ausprägungen dieser Anforderungen sind in Form von Service Level Agreements anzutreffen, die meist relativ einfach automatisiert verifizierbar sind.

Reife (maturity)

Reife beschreibt den Grad, zu dem ein Produkt, ein System oder eine Komponente im normalen Betrieb spezifizierte Anforderungen an die Zuverlässigkeit erfüllt.

Fehlerzustände, die bei der Erhebung der Reife eines Systems berücksichtigt werden müssen, sind solche, die durch eine spezifische Verwendung der Software ausgelöst werden können – beispielsweise ein Abstürzen der Software bei einer bestimmten Eingabe. Solche Szenarien können durch einen umfassenden funktionalen Test überprüft werden. Speziell in Multiuser-Umgebungen kann aber auch die gleichzeitige Nutzung der Applikation zu Fehlerzuständen führen – dies sind Szenarien, die im manuellen Test oft nur aufwendig und schwer überprüfbar sind, da sie die Gleichzeitigkeit oder enge zeitliche Abhängigkeit von zwei Nutzeraktivitäten verlangen.

Nutzungsszenarien mit mehreren Benutzern

Automatisierung kann hier durch ähnliche Verfahren wie im Last- und Performanztest bestimmte Nutzungsszenarien mit einer großen Anzahl von Benutzern kombinieren und simulieren. Auch eine systematische Durchführung von zeitlich getakteten Nutzerszenarien ist möglich, aber unter Umständen aufwendig zu realisieren. Des Weiteren hängt in solchen Szenarien die Aussagekraft auch stark von der Ähnlichkeit der Testumgebung zur Produktionsumgebung ab, da sich das Zeitverhalten bei unterschiedlicher Nutzerlast und Systemleistung sehr stark verändern kann und dadurch eventuell Fehler maskiert werden.

Verfügbarkeit (availability)

> **Verfügbarkeit** beschreibt, zu welchem Grad sich ein System, ein Produkt oder eine Komponente in einem funktionstüchtigen und erreichbaren Zustand befindet.

Um die stetige Funktionstüchtigkeit und Erreichbarkeit eines Systems festzustellen, bieten sich automatisierte Smoke-Tests an. Diese können in vielen Fällen teilweise oder sogar vollständig aus einem automatisierten Regressionstest abgeleitet werden und bieten somit die Möglichkeit, die Verfügbarkeit relativ aufwandsneutral messen zu können. Auch mit diversen Werkzeugen aus dem Bereich Monitoring lassen sich mithilfe von automatisierten Testfällen bestimmte SLAs kontinuierlich verifizieren.

Fehlertoleranz (fault tolerance)

> **Fehlertoleranz** beschreibt den Grad, zu dem ein System, ein Produkt oder eine Komponente auch bei Auftreten von Software- oder Hardwarefehlern weiterhin funktionstüchtig bleibt.

Hierzu kann die bewusste Eingabe von ungültigen Testdaten verwendet werden. Aber auch lange, unerwartete oder gar zufällig generierte Ketten von Anwendungsfällen in der Applikation lassen sich hierfür nutzen. Die dabei entstehenden Testfälle können wie funktionale Testfälle automatisiert werden. »Negativtestfälle« können ebenfalls ähnlich wie bei der funktionalen Ordnungsmäßigkeit als generelle Automatisierungsszenarien modelliert werden. Beispielsweise könnte im Falle einer Webapplikation etwa durch eine generische Automatisierung bei Formularen in der Applikation überprüft werden, ob die Applikation bei einer Eingabe einer ungültigen Zeichenkette in ein als »Datum« gekennzeichnetes Feld stabil und mit einer bestimmten Fehlermeldung reagiert.

Fehlertoleranz auf unterschiedlichen Ebenen

Speziell bei Non-GUI-Schnittstellen kann bei zuverlässigkeitskritischen Applikationen zusätzlich zum Systemtest ein ausführlicher Integrationstest auch außerhalb der Schnittstellenspezifikationen sinnvoll sein.

Aber auch im Systemtest können ähnliche Funktionalitäten in unterschiedlichen Schnittstellen angeboten werden, die es zu überprüfen gilt. In einigen Fällen können Input-Validierungen redundant aufgebaut sein – beispielsweise in einer Applikation, die ihre Funktionalität über ein Web-GUI und als Webservice anbietet. Selbst wenn die

GUI-Schnittstelle den Webservice nutzt, werden in vielen Fällen zur Performanzsteigerung auch Input-Validierungen direkt im GUI umgesetzt. Beim Test über das GUI können also unter Umständen nicht alle notwendigen Validierungen auf dem Service durchgetestet werden.

Hier kann Automatisierung mehrere Durchführungsausprägungen haben. Beispielsweise indem beim schlüsselwortgetriebenen Testen zwei Schlüsselwortmengen implementiert werden: eine, die das Webservice nutzt, und eine, die über die Weboberfläche auf die zu testende Applikation zugreift. Ein und derselbe Testfall kann dann durch Wechsel der Schlüsselwortmenge auf beide Schnittstellen angewandt werden.

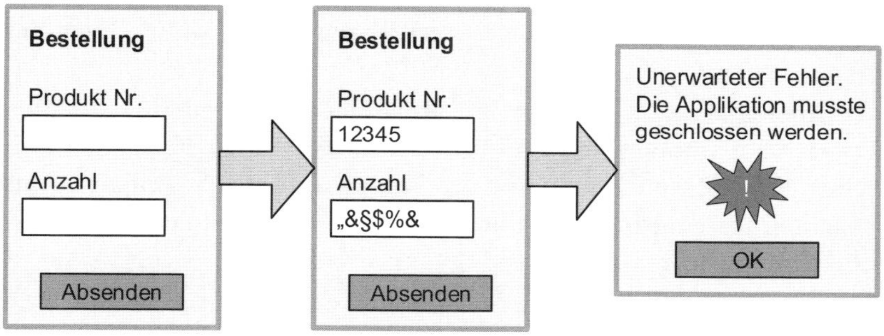

Abb. 5–14
Absturz einer Applikation bei unerwarteter Eingabe

Aber auch die künstliche Erzeugung von Fehlerwirkungen innerhalb des zu testenden Systems kann automatisiert und damit zur Überprüfung der Fehlertoleranz eines Systems genutzt werden.

Ähnlich wie beim Debugging können in der Laufzeitumgebung Daten oder Referenzen manipuliert oder gelöscht oder andere Fehlerzustände absichtlich hervorgerufen werden, um die Reaktion der Applikation zu überprüfen. Auch auf Systemebene kann Ähnliches durch Methoden aus dem Bereich Service- oder Hardware-Virtualisierung gezielt oder zufällig (Chaos Monkey) bewirkt werden. Somit lässt sich einfach erkennen, wie ein System bei Ausfall bestimmter Systemkomponenten reagiert und weiterhin funktionsfähig bleibt.

In diesen Fällen ist oft eine Mischung aus automatisierter Fehlererzeugung mit manuell überprüfter Systemreaktion ein effizienter Weg – also keine rein automatisierte, sondern eine toolunterstützte Testdurchführung.

Wiederherstellbarkeit (recoverability)

> **Wiederherstellbarkeit** beschreibt den Grad, zu dem ein System oder ein Produkt im Falle einer Unterbrechung oder eines Fehlers davon betroffene Daten und den gewünschten Zustand des Systems wiederherstellen kann.

Wie bei der Fehlertoleranz kann hier Automatisierung durch die Provokation bzw. künstliche Schaffung von Fehlersituationen helfen. Aber auch hier können ansonsten manuell durchzuführende Testfälle automatisiert werden – beispielsweise durch einen Smoke-Test, gefolgt vom Auslösen eines Absturzes in der Applikation oder harter Beendung des Prozesses, einem Neustart des zu testenden Systems und einem erneuten Smoke-Test, eventuell Bezug nehmend auf Daten des ersten Testlaufs.

Konsistenz und Richtigkeit von Daten

Aber auch die Konsistenz und Richtigkeit der wiederhergestellten Daten kann automatisiert geprüft werden, etwa durch einen automatischen Vergleich mit einem vor der Provokation des Systemversagens erstellten Datenabzug oder durch automatisierte logische Integritätsüberprüfungen.

5.3.6 Sicherheit (security)

> **Sicherheit** beschreibt den Grad, zu dem ein System oder Produkt Informationen und Daten nur jenen Personen oder anderen Produkten zur Verfügung stellt, die dies gemäß ihrer Autorisierung entsprechenden Zugriffsrechte auch dürfen.

Entsprechend dem Standard wird »Sicherheit« in Vertraulichkeit, Integrität, Nachweisbarkeit, Zurechenbarkeit und Authentizität eingeteilt.

> **Vertraulichkeit** (confidentiality): Nur dafür autorisierte Personen dürfen Zugriff auf die entsprechenden Daten haben.
>
> **Integrität** (integrity): Es muss sichergestellt sein, dass kein unberechtigter Zugriff auf oder eine Modifikation von Computerprogrammen oder -daten erfolgen kann.
>
> **Nachweisbarkeit** (non-repudiation): Zu jeder Zeit muss ein Nachweis über erfolgte Aktionen oder Ereignisse möglich sein.
>
> **Zurechenbarkeit** (accountability): Eine Aktion oder Ereignis muss eindeutig jener Entität zuordenbar sein, die diese ausgelöst hat.
>
> **Authentizität** (authenticity): Beschreibt den Grad, inwieweit überprüft werden kann, ob die Identität eines Nutzers oder einer Ressource jene ist, die dieser bzw. diese zu sein behauptet.

Auch wenn die Sicherheit eines Systems vor allem vom konkreten Umfeld und der konkreten Umsetzung abhängt, so gibt es doch auch in diesem Bereich eine Reihe von immer wieder aufzufindenden Schwachstellen: Diese können klassische wiederkehrende Denkfehler sein; aber auch Schwachstellen in wiederverwertetem Code oder verwendeten Libraries und Subsystemen können Sicherheitslücken darstellen. Zahlreiche freie und kommerzielle Werkzeuge sammeln diese bekannten Schwachstellen und können eine Applikation oder Umgebung mit geringem Konfigurationsaufwand auf diese hin untersuchen. Diese Art von Sicherheitstest wird im Allgemeinen als Teil von »Non-Functional Security Testing« gesehen.

Automatischer Test eines Rollenkonzepts

Aber auch für »Functional Security« kann Automatisierung deutlichen Mehrwert bringen. So kann zum Beispiel ein Rollenkonzept effizient automatisiert getestet werden, indem automatisiert eine Rollen-Funktionalitäts-Matrix abgearbeitet wird.

Ein Beispiel:

Tab. 5–1 *Tabellarische Darstellung des Tests eines Rollenkonzepts*

Funktionalität/Rolle	Administrator	Autor	Chefredakteur
Einloggen	X	X	X
Benutzer anlegen	X		
Neuen Artikel verfassen		X	X
Fremden Artikel editieren			X

Ist diese Matrix gegeben, muss die Testautomatisierung feststellen können, ob im Testobjekt ein Benutzer eine Aktion durchführen kann. Im komplexesten Fall erfordert dies, für jede Funktionalität zwei Abläufe zu automatisieren: einen möglichst einfachen »Positivfall« und eine Möglichkeit, den »Negativfall« festzustellen – z. B. durch eine Überprüfung über das GUI, ob eine Navigation zur entsprechenden Funktionalität nicht möglich ist. Hierbei sollte darauf geachtet werden, dass auch vorhandene alternative Möglichkeiten, diese Funktionalität zu erreichen (z. B. über eine URL, einen POST-Parameter oder über einen Webservice), ebenfalls überprüft werden.

Sind die entsprechenden Überprüfungsmechanismen im Automatisierungssystem verfügbar, kann nun über die Matrix iteriert werden und die Umsetzung von Rollen-Funktions-Kombinationen vollständig überprüft werden. Dies wäre bei komplexen Rollenkonzepten manuell aufwendig und für den durchführenden Tester eine sehr ermüdende Aufgabe – speziell im Falle von immer wiederkehrenden Regressionstests. Eine ausführliche Überprüfung ist aber gerade in Business-Sicherheitstests notwendig und in vielen Fällen auch durch einzuhaltende Standards, Policies oder Vorschriften gefordert.

5.3.7 Wartbarkeit (maintainability)

Wartbarkeit und die entsprechenden Submerkmale sind ein Maß dafür, wie effizient und effektiv ein Produkt oder System geändert oder erweitert werden kann und inwiefern dabei das Risiko von neuen Fehlern und eine Verringerung der Produktqualität vermieden wird.

Modularität (modularity), Wiederverwendbarkeit (reusability), Analysierbarkeit (analysability) und Modifizierbarkeit (modifiability)

Da es sich bei diesen Kriterien teilweise um innere Qualitätsmerkmale handelt, also Merkmale, die beim Betrachten und Bearbeiten des Sourcecodes des Testobjekts selbst Wirkung zeigen, können hier statische Analysewerkzeuge auf Schwachstellen aufmerksam machen.

Verbesserung durch Automatisierung

Eine hohe und hochwertige Abdeckung des Testobjekts durch automatisierte Tests kann stark zur Verbesserung dieser Kriterien beitragen: Der Einsatz von Unit Tests stellt im Allgemeinen gewisse Anforderungen an die Struktur des Testobjekts und führt damit zu einer gemeinhin besseren Analysier- und Modifizierbarkeit und potenziell auch besserer Stabilität.

Modifizierbarkeit und Stabilität des Codes profitieren stark von der Möglichkeit, Auswirkungen von Änderungen rasch durch automatisierte Tests zu überprüfen. Aber auch die Analysierbarkeit kann bei stabiler Automatisierung mit ausführlicher Protokollierung von Testautomatisierung profitieren.

Testbarkeit (testability)

Testbarkeit ist ein Maß für die Effizienz und Effektivität, mit der Testkriterien für ein Produkt, System oder eine Komponente erstellt und Tests zur Überprüfung der Kriterien durchgeführt werden können.

Die Verringerung dieses Aufwands oder, anders betrachtet, die Steigerung der Effizienz von Tests ist oberstes Ziel der Automatisierung. Die Testbarkeit eines Testobjekts kann von vielen Faktoren abhängen, darunter einige technische, wie z.B. verwendete Technologien oder Schnittstellen und deren Ausprägung (z.B. eindeutige Objekterkennungsmerkmale auf jedem GUI-Objekt). Aber auch fachliche Kriterien, wie z.B. die Komplexität der Arbeitsabläufe, haben Einfluss.

Oft ist eine Erstellung von Testautomatisierung in einer späten Phase der Entwicklung des zu testenden Systems aufwendig, da während der Zeit davor kein Wert auf Testbarkeit gelegt wurde oder nur auf manuelle Testbarkeit. Daher ist es sinnvoll, sich bereits vor oder in der Phase des technischen Designs von Funktionalitäten Gedanken über den Testansatz und dafür notwendige Einstiegspunkte zu machen.

5.3.8 Übertragbarkeit (portability)

Übertragbarkeit ist ein Maß für die Effizienz und Effektivität, mit der ein System, ein Produkt oder eine Komponente von einer Software- oder Hardwareumgebung sowie anderen Ausführungsumgebungen auf eine andere übertragen werden kann.

Wie weit »Übertragbarkeit« und deren Subkriterien Anpassbarkeit und Installierbarkeit durch die Automatisierung bewertet werden kann, hängt stark von den konkreten Rahmenbedingungen ab. Sind die Automatisierungswerkzeuge selbst ebenfalls übertragbar, bietet die Automatisierung jedoch die Chance, die Funktionstüchtigkeit von Applikationen auf unterschiedlichen Umgebungen umfassend und effizient zu überprüfen.

Anpassbarkeit (adaptability)

Anpassbarkeit ist ein Maß für die Effizienz und Effektivität, mit der ein Produkt oder ein System an verschiedene oder sich verändernde Software- oder Hardwareumgebungen sowie andere Ausführungsumgebungen angepasst werden kann.

Automatisierung kann zur Überprüfung dieses Kriteriums herangezogen werden, indem Tests automatisiert und dann zur Überprüfung einer erfolgten Anpassung benutzt werden. Voraussetzung hierfür ist allerdings die Lauffähigkeit bzw. Anpassbarkeit der Automatisierung selbst.

Des Weiteren können statische Analysewerkzeuge dazu genutzt werden, Software auf system- und umgebungsspezifische Abhängigkeiten hin zu untersuchen, um ein Indiz für das Ausmaß der notwendigen Anpassungen bei der Portierung auf eine neue Umgebung zu erhalten.

Installierbarkeit (installability)

Installierbarkeit ist ein Maß für die Effektivität und Effizienz, mit der ein Produkt oder System in einer spezifizierten Umgebung erfolgreich installiert und/oder deinstalliert werden kann.

Der Aufwand hierfür kann stark dynamisch und reaktiv zu Änderungen im zu testenden System sein – beispielsweise durch die Notwendigkeit der Änderung von Konfigurationsparametern oder der Durchführung von Datenbankskripten für Anpassungen des Datenmodells. Aus diesem Grund wird Automatisierung im Allgemeinen eher zur Überprüfung des Erfolgs einer Installation als zur Überprüfung der Effizienz des Installationsprozesses herangezogen.

Automatisierung kann aber die Erhöhung der Installierbarkeit erleichtern, indem sie bei Änderungen zur Verbesserung des Installationsprozesses die Sicherheit bietet, rasch Feedback über eventuell auftretende negative Konsequenzen dieser Änderung zu erhalten.

Diese Überprüfungen können im Ausmaß entsprechend der Kritikalität der Änderungen und deren möglichen Auswirkungen variieren: Von kompakten Smoke-Tests bis hin zu vollständigen Regressionstests auf mehreren Plattformen kann das Spektrum der notwendigen Tests reichen.

Austauschbarkeit (replaceability)

Austauschbarkeit ist ein Maß dafür, inwieweit und mit welchem Aufwand ein Produkt ein anderes spezifiziertes Produkt zum selben Zweck und in der gleichen Umgebung ersetzen kann.

Zur Überprüfung der Austauschbarkeit kann Automatisierung in mehreren Szenarien unterstützen:

- Die neue Software soll im Verhalten nach außen identisch mit der alten Software sein und es existieren für die alte Software Systemtestfälle. In diesem Fall können automatisierte Systemtests der alten Software auf die neue Software angewandt und somit für den Test der Austauschbarkeit herangezogen werden.
- Alt- und Neusystem erzeugen vergleichbare Ergebniswerte. In diesem Fall kann ein Parallelbetrieb mit automatischer Überprüfung der Gleichheit der Ergebniswerte beider Systeme verwendet werden, um die Austauschbarkeit zu überprüfen.

5.4 Einsatzgebiete nach Projektart

Unterschiedliche Projektarten bedingen unterschiedliche Szenarien der Automatisierung.

Unterschiedliche Projekttypen verlangen einen differenzierten Ansatz in der Testautomatisierung. Der automatisierte Test einer Einzelplatzanwendung hat unter Umständen einen eingeschränkten technologischen Scope und den Schwerpunkt auf der funktionalen Korrektheit. Darüber hinaus steht der Regressionstest mehrerer geplanter Releases im Vordergrund. Demgegenüber ist der Einsatz von Testautomatisierung in einem Datenmigrationsprojekt normalerweise eher als Konsistenz- und Vergleichstest zu verstehen und nicht als Wiederholungsfall auf Jahre hinaus zu konzipieren.

5.4.1 Das klassische Softwareentwicklungsprojekt

So einfach dieser Projekttyp aufgrund der zumindest theoretisch geforderten, klaren fachlichen Vorgaben und Dokumentationen für den Softwaretest scheint, so schwierig ist dieser für die Implementierung einer umfassenden Testautomatisierung. Der Grund dafür liegt jedoch nicht in den fachlichen oder technischen Herausforderungen. Im Gegenteil, die fachlichen Anforderungen und die dazugehörigen Testfälle können meist erschöpfend und strukturiert erarbeitet und rechtzeitig zur Testdurchführung bereitgestellt werden. Die große Problematik für die Automatisierung besteht in der zeitgerechten Verfügbarkeit der zu automatisierenden Applikation. Mit der oft schon verzögerten Bereitstellung der Testobjekts wird bereits die Testdurchführung und ein rasches Feedback für die Entwicklung erwartet und nicht der Start einer unter Umständen mühsamen Automatisierung.

Daher steht in klassischen Softwareentwicklungsprojekten vorerst der manuelle Test im Vordergrund und nur in jenen Fällen, wo ein langdauerndes über mehrere Lieferversionen geplantes Projekt vorliegt oder wo bereits in Voraussicht auf eine langjährige Produktweiterentwicklung geplant wird, hält die Testautomatisierung Einzug in das Vorhaben. Punktuell wird aber auch auf die Automatisierung zurückgegriffen, wenn der Test stark datengetrieben ist und es z. B. gilt, eine Vielzahl von Wertekombinationen zu testen. Hier rechnet sich die Investition in die Automatisierung unter Umständen schon mit einer einzigen Testdurchführung.

5.4.2 Das Wartungsprojekt und die Produktweiterentwicklung

Heutzutage ist in diesen Projekten die Automatisierung des Softwaretests nicht allzu oft anzutreffen. Dies gilt aber meist auch für die geordnete Testdurchführung als Ganzes. Der Test von kleineren Erweiterungen und Anpassungen wird durch die Entwickler selbst durchgeführt oder an die Fachbereiche delegiert. Zunehmend ist dieses Szenario jedoch schwer lebbar. Die Applikationen werden immer komplexer und die benötigten Testressourcen immer weniger verfügbar bzw. deren Kosten immer transparenter. Wenn so z.B. die Kosten der Fachbereiche transparent werden und hoch sind, wird es immer schwieriger, für den Ansatz, durch den Fachbereich zu testen, Argumente zu finden.

Daher stellt dieser Projekttyp aus organisatorischer Sicht einen idealen Ausgangspunkt für die Testautomatisierung dar. Nach der grundlegenden Definition eines Automatisierungskonzepts kann dieses laufend und in kleinen Schritten umgesetzt werden. Diese Schritte erlauben einen stetigen Lern- und Adaptionszyklus. Die Umsetzungen können z.B. entlang folgender Nutzenüberlegungen priorisiert werden:

Schritte zur Automatisierung in Wartungsprojekten

- Automatisierung der Testfälle, die die aktuellen Änderungen betreffen. Neu entwickelte und von Veränderungen betroffene Bereiche sind wesentlich fehleranfälliger als Bereiche der Applikation, die bereits lange in Produktion sind. Das gilt auch noch für mehrere Folgereleases.
- Automatisierung jener Tests, die normalerweise vom Fachbereich durchgeführt werden. In einem ersten Ansatz werden diese Tests auch auf einem vergleichbaren Qualitäts- und Detaillevel umgesetzt. Dies reduziert den Aufwand und schafft somit eine massive Kosteneinsparung (Aufwand der Fachbereiche) bei zumindest gleichbleibender Qualität.
- Automatisierung der Testfälle, die sich aus Problemen und Fehlern im laufenden Betrieb ableiten. Es gibt Fehler im fachlichen Umfeld dieser bekannten Problemfelder oder auch Fehler, die wiederholt auftreten. Daher eignet sich diese Quelle im besonderen Maße für die Auswahl der zu automatisierenden Testszenarien.
- Laufende Optimierung und Ausbau der oben angeführten Szenarien, insbesondere der Regressionstests, wie sie normalerweise durch den Fachbereich oder eine Testabteilung manuell durchzuführen sind.

5.4.3 Das SAP-Projekt

Ein Sonderfall für ein Implementierungs- oder Weiterentwicklungsprojekt sind die vielen SAP-Implementierungen. Die laufenden Releasewechsel, Upgrades oder Enhancement Packages stellen eine große Herausforderung an die jeweilige Organisation dar. Jedes Mal sind insbesondere die Mitarbeiter aus den Fachbereichen aufgerufen, nach den durchgeführten Änderungen die Funktionstüchtigkeit des Systems zu überprüfen. Speziell davon betroffen sind alle Customizing-Einstellungen, individuelle Erweiterungen und die Systemschnittstellen. Der dafür notwendige Testumfang erreicht schnell ein fast nicht zu bewältigendes Maß, was nicht zuletzt auch ein Grund ist, warum manche Unternehmen erst gar nicht jedes Upgrade oder jedes Package einspielen, und lieber auf Systemverbesserungen verzichten, als das stabile Systemverhalten zu gefährden.

Automatisierung im SAP-Umfeld

Es ist also sehr gut nachvollziehbar, dass der Ruf nach automatisierten Tests gerade in diesem Umfeld immer lauter wird. Die Ausgangslage dafür ist sehr gut: eine stark standardisierte Applikationslandschaft und weitestgehend einheitliche Benutzeroberflächen und Schnittstellenarchitektur. Viele Hersteller kommerzieller Automatisierungslösungen sind zudem SAP-zertifiziert und bedienen sich direkt der transparenten SAP-Technologien.

Gründe dafür, dass die Automatisierung im SAP-Umfeld immer noch nicht Standard ist, liegen zum Teil in der Problematik der Testumgebung bzw. Testdatenbereitstellung und Wiederherstellung einer über die Systeme hinweg konsistenten Datenbasis für die Testdurchführung. Zum anderen Teil liegen diese aber auch in der nicht einfach zu beantwortenden Frage, welche der abertausend möglichen Tests tatsächlich automatisiert werden sollen. Die richtigen Antworten auf diese konzeptionellen Fragen sind jedoch der Schlüssel zur erfolgreichen Automatisierung im SAP-Projekt.

5.4.4 Agile Projekte

Hocheffiziente Testmethoden und Pair Testing

»Working software is the primary measure of progress«, so heißt es in einem der zwölf Prinzipien des Agilen Manifests [URL: AGILE]. Das Ziel jedes Sprints ist daher, dass an dessen Ende eine funktionstüchtige, potenziell auslieferbare und daher korrekte Software verfügbar ist. Insbesondere bei sehr kurzen Zyklen ist dies jedoch nur schwer zu gewährleisten, wenn gleichzeitig bis zum letzten Tag entwickelt wird. Um dennoch sicherstellen zu können, dass alle notwendigen Testaktivitäten durchgeführt werden können, ist Testautomatisierung besonders im agilen Umfeld unumgänglich. Die Automatisierung wird jedoch durch die Tatsache erschwert, dass oft keine stabilen Testobjekte verfügbar sind, sondern diese Artefakte kontinuierlichen Änderungen unterliegen. Diese Aussage trifft nicht nur auf jene Applikationsteile zu, die während eines Sprints umgesetzt werden, sondern auch auf solche aus vorhergehenden Iterationen. »Welcome changing requirements, even late in development«, lautet das entsprechende Prinzip im Agilen Manifest.

Für die Qualitätssicherung bzw. speziell die Testautomatisierung bedeutet dies, dass nicht nur sehr häufig komplette Regressionstests durchgeführt werden müssen, sondern auch, dass dieser Test stetig an neue Anforderungen, technische oder fachliche Änderungen angepasst werden muss. Daher ist es auch nicht überraschend, dass in vielen agilen Projekten mit gänzlich anderen Methoden und Ansätzen gearbeitet wird als in klassischen Projekten.

Wichtige Ansätze abseits von Testautomatisierung, die die tägliche Arbeit von agilen Testern und Entwicklern sehr stark prägen, sind der explorative Test und das Pair Testing (bzw. Pairing generell). Da diese Methoden jedoch nicht direkt die Testautomatisierung unterstützen, seien interessierte Leser an dieser Stelle auf [Kaner et al. 11] bzw. [Baumgartner et al. 13] und [Linz 13] verwiesen.

Für den Einsatz von Testautomatisierung bedeutend sind jedoch die kontinuierliche Integration und kontinuierliche Auslieferung (Continuous Integration bzw. Continuous Delivery) sowie technische Ansätze wie testgetriebene Entwicklung (Test Driven Development) oder auch akzeptanztestgetriebene Entwicklung (Acceptance Test Driven Development), siehe dazu auch Abschnitt 5.2.

Kontinuierliche Integration und Auslieferung

Kontinuierliche Auslieferung beschreibt im Grunde keine einzelne Technik oder Methode, sondern eine ganze Sammlung von Prinzipien mit dem Ziel, große Teile des Integrations- bzw. Auslieferungsprozesses zu automatisieren. Dazu gehören neben einer umfassenden Testautomatisierung (Komponententests, Systemtests, aber auch Abnahmetests) auch die kontinuierliche Integration, die automatisierte Bereitstellung von Testsystemen und die automatisierte Auslieferung auf unterschiedliche Systeme (sowohl Entwicklungs-, QA- als auch Produktivumgebung).

Martin Fowler fasst kontinuierliche Auslieferung wie folgt kurz zusammen [URL: Fowler]:

»You're doing continuous delivery when:

- Your software is deployable throughout its lifecycle
- Your team prioritizes keeping the software deployable over working on new features

- Anybody can get fast, automated feedback on the production readiness of their systems any time somebody makes a change to them
- You can perform push-button deployments of any version of the software to any environment on demand«

Die kontinuierliche Integration stellt wie bereits erwähnt nur einen Teil eines kontinuierlichen Auslieferungsprozesses dar. Ein weiterer zentraler Bestandteil ist die automatisierte Durchführung von Tests auf den unterschiedlichen Teststufen. Daraus ergeben sich spezifische Anforderungen an die Testautomatisierungswerkzeuge:

- Kann die Testdurchführung in ein Build-System (z.B. Maven, Ant) integriert werden? Ist es also möglich, dass die automatisierten Testfälle bei jedem Build des Systems automatisch durchgeführt werden und abhängig vom Ergebnis der weitere Build-Verlauf (z.B. Build abbrechen bei fehlgeschlagener Testdurchführung) beeinflusst werden kann.
- Ist es möglich, die Testergebnisse von unterschiedlichen Teststufen einheitlich zu verwalten und darzustellen? Da vor allem in agilen Projekten auch die Testautomatisierung von Komponenten eine wichtige Rolle spielt, ist es essenziell, dass diese auf die gleiche Weise dargestellt und verwaltet werden können wie auch automatisierte Integrations- bzw. Systemtests.
- Wie lassen sich die automatisierten Testfälle auf unterschiedlichen Umgebungen durchführen? Diese Frage stellt sich speziell dann, wenn die Software tatsächlich kontinuierlich auch auf unterschiedliche Zielsysteme ausgeliefert werden soll. Dies sollte dann ohne Zusatzaufwand möglich sein – im Optimum lediglich durch die Änderung eines Konfigurationsparameters.

Zusammenfassend lässt sich sagen, dass die Automatisierung des funktionalen Regressionstests ein Muss für agile Projekte ist. Dies gilt sowohl für den Ausbau von Komponententests (speziell durch den Einsatz von testgetriebener Entwicklung) als auch für die Automatisierung von funktionalen Systemtests und automatisierten oder teilautomatisierten Abnahmetests. Damit dies möglich ist, dürfen auch organisatorische Rahmenbedingungen nicht außer Acht gelassen werden. In agilen Projekten bedeutet das, dass die Automatisierbarkeit bzw. die Testbarkeit, aber auch der Grad der Automatisierung für eine User Story als essenzielle Punkte in die Definition of Done des Teams aufgenommen werden müssen und wie jede andere Abnahmebedingung zu handhaben ist.

Dies ist insbesondere wichtig, um auch das Bewusstsein für die für den Test mit jedem Sprint stetig ansteigenden Aufwände zu schaffen. In der Praxis ist es zwar selten der Fall, dass tatsächlich die gesamte bereits bestehende Funktionalität bei jedem Sprint erneut getestet wird, doch selbst wenn nur ein Anteil daran in den Regressionstest mit aufgenommen wird, verschiebt sich das Verhältnis von zu testender Funktionalität zu zu entwickelnder Funktionalität innerhalb eines Sprints rasch zulasten des Tests. Darauf muss das Team reagieren, die Automatisierung vorantreiben und die Sprintplanung entsprechend anpassen. Ein gutes, agiles Team findet die passende Lösung, denn für die funktionierende Software am Ende des Sprints ist das gesamte Team verantwortlich.

Abb. 5–15
Aufwandsentwicklung

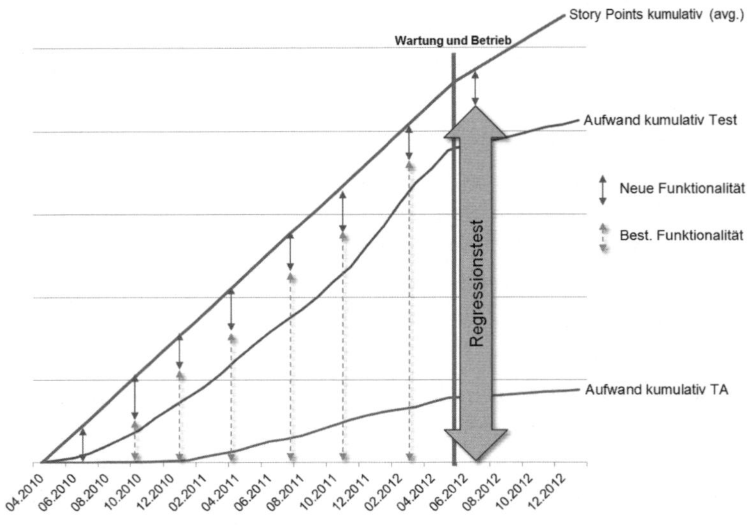

5.4.5 Migrationsprojekte

Automatisierung ist ein Muss für agile Projekte.

Bei einem Migrationsprojekt steht eine Frage im Vordergrund: Funktioniert das System noch so wie zuvor? Die Beantwortung dieser Frage kann Testautomatisierung auf verschiedene Weise sinnvoll unterstützen.

Testdatengenerierung

Um Datenmigrationen frühzeitig testen zu können, müssen zwei Testdatensets vorbereitet werden:

- **Generierte synthetische Daten**
  Diese basieren auf den Migrationsregeln und testen somit strukturiert die implementierten Routinen des Datenimports. Sie sind

Ergebnis der Testfallspezifikationsmethoden und können dann anhand der Werkzeuge generiert werden.

- **Produktionsdaten**
  Ein Test mit Produktionsdaten muss stattfinden, denn schlussendlich sollen diese Daten ja migriert werden. Es finden sich in Produktionsdaten immer wieder Konstellationen, die so in keinem Anforderungs- oder Entwurfsdokument spezifiziert wurden und bei einer Migration dann Probleme bereiten. Die Automatisierung kann hier zwei Aufgaben übernehmen: den Export der Produktivdaten aus dem alten System und, wenn nötig, eine Anonymisierung dieser Daten. Der Export kann später nach den Tests auch für die eigentliche Migration verwendet werden. Die Anonymisierung kann aus rechtlichen Gründen gefordert sein, da beispielsweise das Testteam gewisse Daten nicht sehen darf oder datenschutzrechtliche Anforderungen bestehen. Hier muss jedoch darauf geachtet werden, dass die Anonymisierung der Daten den Aufbau der Daten beibehält und auch auf spezielle Eigenschaften wie Schreibweisen eingeht.

Datenvergleich

Gerade wenn eine große Menge an Daten migriert wird, können die neuen Daten nicht manuell gegen die alten Daten getestet werden. Der Vergleich muss daher automatisiert werden. Dies kann z.B. mit Komparatoren erfolgen, die auf die zu vergleichenden Daten auch gewisse Regeln anwenden können.

Ablaufvergleich

Die Einsetzbarkeit von Testautomatisierung zur Überprüfung der Funktionalität vor und nach einer durchgeführten Migration ist sehr stark von der Art der Migration abhängig. Wenn zum Beispiel dieselbe Applikation auf eine neue Systemplattform migriert wurde oder die Anbindung an eine andere Datenbank erfolgt ist, kann die Durchführung eines umfassenden, automatisierten Testsets, das bereits für das bisherige System entwickelt wurde, in der neuen Umgebung sehr rasch die gewünschten Ergebnisse liefern. Ähnlich verhält es sich, wenn ein System z.B. automatisiert von Cobol nach Java transformiert wurde. Meist muss hier jedoch eine Anpassung der automatisierten Testfälle erfolgen und der Aufwand dafür ist abhängig davon, wie sehr die Entkopplung der fachlichen Testfälle von der technischen Implementierung gegeben ist.

Handelt es sich im Wesentlichen um einen Umstieg auf eine komplett neue Lösung, wird ein automatisierter Vergleich der Abläufe mit dem alten System unter Umständen aus Kosten-Nutzen-Sicht nicht zweckmäßig sein.

Migration der Testautomatisierung

Ebenso wie das System selbst kann auch eine vorhandene Testautomatisierung migriert werden. Wenn die Automatisierung schlüsselwortbasiert ist, genügt es, bei gleichbleibenden Abläufen die hinter den Schlüsselwörtern liegenden Skripte zu ändern. Eventuell müssen neue Schlüsselwörter erstellt oder alte Schlüsselwörter für obsolet erklärt werden, die Beschreibungssprache bleibt jedoch dieselbe. Somit müssen Tester sich nicht umgewöhnen und können einen Teil der bereits automatisierten Testfälle weiternutzen.

Schrittweise Umstellung von Schlüsselwörtern

In einem agilen Altsystem-Ablöseprojekt wurden Testfälle schlüsselwortbasiert umgesetzt. Aufgrund der komplexen Workflows mussten teilweise Aktionen auf dem Altsystem durchgeführt werden, um automatisierte End-to-End-Testfälle umsetzen zu können. Im Zuge des Projekts wurde dieses Altsystem Schritt für Schritt abgelöst, und Schlüsselwort um Schlüsselwort konnte verändert werden, um anstelle des Altsystems nun das neu entwickelte Produkt anzusteuern. Aufgrund der ähnlichen Strukturen und Workflows der zwei Systeme musste ein Großteil der bestehenden Testfallabläufe nicht verändert werden, obwohl die letztendlich durchzuführenden Aktivitäten und Technologien sich grundlegend unterschieden.

5.4.6 Last- und Performanztest

Der Last- und Performanztest ist dem Qualitätskriterium »Effizienz« zuzuordnen und beschäftigt sich im Wesentlichen mit dem Zeitverhalten bzw. der Schnelligkeit und dem Ressourcenverhalten bzw. Ressourcenverbrauch [Bath & McKay 15].

Der Fokus dieses Kapitels liegt auf dem Test von Serverapplikationen. Hier nur ein paar Anmerkungen zum Performanztest anderer Arten von Applikationen:

Beim Test von Standalone-Applikationen (z.B. Single-User-Spiel) kann eine klassische Testautomatisierung mit zusätzlichem Monitoring, Profiling oder Logging verwendet werden. Es kann auch oft schon genügen, einen manuellen Test mit gezielter Beobachtung der Reaktionszeiten durchzuführen. Eine Messung der Reaktionszeiten kann auch aus Logfile-Einträgen extrahiert werden.

Beim Test eines Data Warehouse wird der Durchsatz beim Abarbeiten eines Batch-Jobs gemessen. Die Fragestellung lautet im Wesentlichen, wie lange das Abarbeiten einer bestimmten Aufgabe dauert.

5.4.6.1 Arten von Last- und Performanztests

Da es immer wieder zu Missverständnissen bei der Übersetzung der englischen Begriffe in deutsche Begriffe kommt, sind teilweise die englischen Bezeichnungen in Klammer hinzugefügt.

- **Referenztest (engl. baseline testing)**
  Testziel: Eine Referenzmessung, die als Basis für Vergleiche mit nachfolgenden Tests verwendet wird. Beispiele für Referenztests:
  - Die Responsezeit pro Testszenario mit jeweils einem virtuellen Benutzer.
  - Messung der Grundlast des Systems, ohne dass die zu testende Anwendung gestartet ist.
- **Performanztest (engl. performance testing)**
  Testziel: Überprüfung ob Performanzziele unter realistischen, realitätsnahen Bedingungen erreicht werden.
- **Lasttest (engl. load testing)**
  Testziel: Das Verhalten des SUT (system under test) über einen längeren Zeitraum ermitteln. Es wird gemessen, wie hoch der Ressourcenverbrauch insbesondere bei steigernder Last ist. Zum Beispiel die CPU-Zeit, der Speicherverbrauch (Aufdeckung von Speicherlecks), Ein-/Ausgabeoperationen (wie LAN- oder Dateizugriffe), korrektes Session Management. Dient auch zur Feststellung der Belastungsgrenzen des Systems bzw. zur Überprüfung der Funktionstüchtigkeit innerhalb spezifizierter Anforderungen hinsichtlich Last, Volumen und Performanz.
- **Stresstest (engl. stress testing)**
  Testziel: Überprüfung des Systems an den spezifizierten bzw. ermittelten Belastungsgrenzen und darüber hinaus.

  Ein Beispiel sind Bounce-Tests, in denen sich Spitzenlast und Zeiten mit geringer Last abwechseln. Es wird ermittelt, ob die reservierten Ressourcen auch wieder korrekt freigegeben werden [Bath & McKay 15].

  Plötzliche Spitzenlasten werden auch beobachtet, wenn Webserver sich wieder von einem Ausfall erholen. Die Ressourcen werden erst nach und nach vom Betriebssystem wieder freigegeben, es werden dabei unter anderem die Systemwarteschlangen abgearbeitet [Tanenbaum 03, Bath & McKay 15].

- **Volumentest (engl. volume testing)**
  Testziel: Überprüfung des Systems bei Manipulation und Verarbeitung großer Datenmengen. Typische Problembereiche sind hier u.a. Caching, Performanz der Datenbanken, Kapazität des Netzwerkes.
- **Konfigurationstest (engl. configuration testing)**
  Testziel: Den Einfluss von Konfigurationsänderungen an der Infrastruktur oder der Applikation auf die Performanz testen. Dies kann mit einer Kombination der obigen Testarten durchgeführt werden.
- **Isolationstest (engl. isolation testing)**
  Testziel: Ein bereits identifiziertes Problem genauer untersuchen. Test isolierter Systemkomponenten. Es wird ein bestimmtes Testszenario oder auch eine bestimmte Transaktion isoliert getestet.

5.4.6.2 Tätigkeiten im Projekt

Die Tätigkeiten in einem Last- und Performanztest-Projekt sind in etwa gleich zu herkömmlichen Testprojekten. Am Anfang eines Projekts werden Testziele erarbeitet, die aus den spezifizierten nicht funktionalen Anforderungen abgeleitet werden. Fehlen diese, so sind sie gemeinsam mit dem Auftraggeber festzulegen. Durch Analyse der geplanten Nutzung des zu testenden Systems werden die wichtigsten Geschäftsfälle identifiziert und daraus Szenarien bzw. Transaktionen abgeleitet. Anhand derer werden die Last- und Performanztest-Szenarien sowie die benötigten Testdaten erstellt. Danach kann der Tester mit der Testdurchführung beginnen. Anschließend werden die Testergebnisse analysiert und dokumentiert.

5.4.6.3 Definieren der Performanzziele

Die Vereinbarung konkreter Ziele ist gerade für den Performanztest von großer Bedeutung. Andernfalls führt dies zu einem Trial & Error-Vorgehen und zu unterschiedlichsten Auslegungen oder Interpretationen des Systemverhaltens.

- **Qualitative Zielsetzung**
  Die Betrachtung von qualitativen Zielen unterstützt die Festlegung sinnvoller quantitativer Zielgrößen. Ziele wie »eine für den Anwender zufriedenstellende Reaktionszeit« oder »die Performanz muss besser sein als im vorhergehenden Release« oder »die Antwortzeit an der Schnittstelle X muss den aktuellen Vorgaben laut Y entsprechen oder diese übertreffen« dienen der Identifikation von Erwartungshaltungen. Es ist aber offensichtlich, dass diese für die

Planung und Durchführung des Performanztests noch konkretisiert werden müssen.

- **Quantifizierung der Ziele**
  Zu den qualitativen Zielen sind die konkreten Mess- und Zielgrößen zu definieren. Gegen diese Zielgrößen liefert der Performanztest Ergebnisse und das System muss nötigenfalls dahingehend optimiert werden. Da der Aufwand für Optimierungsmaßnahmen unter Umständen sehr hoch sein kann, sollten die Performanzziele mit Bedacht gesetzt werden. So ist etwa die Zufriedenheit des Anwenders nicht nur bei einer generellen Antwortzeit von 1,5 Sekunden gegeben, sondern auch dann, wenn das Weiterblättern auf die nächste Erfassungsmaske 0,5 Sekunden, die komplexe Suche dafür auch einmal 5 Sekunden dauern kann.
- **Skalierung**
  Die quantifizierten Ziele sind insbesondere auch in Bezug auf die Anzahl der zu erwartenden (gleichzeitigen) Nutzer bzw. Zugriffe zu formulieren. Auch hier gilt es, realistische Größen, aber auch das erwartete Verhalten in Extremsituationen zu definieren.
- **Kapazität**
  Gleiches gilt für die Auslegung des Systems hinsichtlich der zu verarbeitenden Daten und Mengen – abgeleitet auch aus anderen Interaktionen als jener durch Benutzer (wie Applikationsschnittstellen, Datenbanken etc.) sowie sonstiger Rahmenbedingungen bzw. Vorgaben (wie z.B. Netzwerk, Hardware und Softwarekonfigurationen) [URL:PerfTestPlus].

Bei der Formulierung von Performanzvorgaben kann unterschieden werden zwischen:

- **Harte Performanzvorgaben**
  Anforderungen, die z.B. durch Verträge, SLAs oder geschäftskritische Anforderungen fest vorgegeben sind und deren Nichteinhaltung ein Release verschieben würde (z.B. ein täglicher Batch-Job darf nicht länger als 4 Stunden dauern, das Berechnen einer geänderten Flugroute darf nicht länger als 30 Sekunden dauern)
- **Weiche Performanzvorgaben**
  Die Einhaltung dieser Kategorie von Vorgaben ist zwar erwünscht, aber falls das System die Vorgabe nicht erfüllt, führt das nicht automatisch zu einer Verschiebung einer Auslieferung. Ein Beispiel wäre, wenn eine Suchanfrage 2,3 Sekunden statt der gewünschten 2 Sekunden dauert.

Aus obiger Darstellung wird deutlich, dass die Formulierung von Performanzzielen sehr konkret und präzise unter Einbeziehung von klaren Vorgaben und (technischen) Rahmenbedingungen zur erfolgen hat: »Die Anwendung (Funktion/Transaktion/Schnittstelle/...) X soll unter den Randbedingungen (Nutzerzahl/verwendete Hardware- bzw. Softwarekomponenten/verfügbare Bandbreiten/...) Y das Ergebnis (Antwortzeit/Mengenverarbeitung/...) Z in wenigstens N% aller Fälle schaffen.«

Weitere Zielsetzungen für den Performanztest ergeben sich zum Beispiel aus dem Einsatz zur Überprüfung und der laufenden Optimierung von Softwarearchitekturen – auch ohne Vorgabe konkreter Anforderungen – oder zur empirischen Ermittlung eventueller Systemgrenzen.

5.4.6.4 Identifizieren der Transaktionen bzw. Szenarien

Die Testszenarien des Last- und Performanztests sollen die Realität abbilden. Dabei ist es wichtig, dass das System realistisch belastet wird. Die Richtigkeit der Geschäftsfälle wird im funktionalen Test überprüft.

Es werden repräsentative Geschäftsfälle ausgewählt. Zusätzlich sollte darauf geachtet werden, dass diese Geschäftsfälle möglichst viele zu testende Bereiche des Systems abdecken. Hierzu zählen Webserver, Webservice-Schnittstellen, Datenbankserver etc.

Das Testszenario ist notwendig, um die Performanzziele zu überprüfen, und sollte aus businesskritischen Use Cases bestehen.

5.4.6.5 Erstellen der Testdaten

Die Erstellung der Testdaten ist aus zwei Gründen vor der Erstellung der Testszenarios angesiedelt.

Erstens kann damit schon begonnen werden, bevor die Software fertig entwickelt ist (Testszenarios in der Regel nicht). Zweitens ist das Generieren der Daten meist eine sehr komplexe Tätigkeit, die auch organisatorisch sehr viel Zeit in Anspruch nimmt.

Der Last- und Performanztest benötigt in der Regel eine größere Testdatenbasis als der funktionale Test. Alleine die Anzahl der verwendeten virtuellen Benutzer braucht eine gewisse Vorbereitungszeit, da diese erstellt werden müssen. Jeder virtuelle Benutzer wird während des Tests Daten erstellen, ändern oder löschen. Bei dem Last- und Performanztest eines Webshops müssen Produkte vorhanden sein und diese Produkte müssen auch bestellbar sein. Dabei ist zum Beispiel auch zu beachten, dass eine »leere« Datenbank naturgemäß geringere

Zugriffszeiten besitzt als eine Datenbank, die sehr viele Einträge enthält.

Werden die Testdaten während des Tests manipuliert, muss ein Verfahren existieren, mit dem die Testdaten vor dem nächsten Durchlauf wieder zurückgesetzt werden können. Jeder Testlauf benötigt dabei wieder neue eindeutige Testdaten. Der tatsächliche Verbrauch von eindeutigen Testdaten wird dabei oftmals unterschätzt.

Anmerkungen zu Testdaten

Die geeignetsten Daten sind solche, die von einer produktiven Umgebung extrahiert werden. Diese kommen der Realität wohl am nächsten. Falls keine Produktivdaten vorhanden sind, kann auch auf Daten von Betatests oder Daten von Benutzerakzeptanztests zurückgegriffen werden. Bei diesen Verfahren sind jedenfalls auch eventuelle Vorgaben zur Datenanonymisierung zu beachten.

Bei der Verwendung von rein synthetischen Testdaten weicht die Verteilung der Datenkonstellationen meist von den realen Gegebenheiten ab, was wiederum zu verfälschten Testergebnissen führen kann.

5.4.6.6 Erstellung von Testszenarios

Die Erstellung von Testszenarios erfolgt ähnlich wie auch in anderen Bereichen der Testautomatisierung. In der Regel wird ein Szenario aufgezeichnet und dieses in der Folge überarbeitet, indem beispielsweise realistische Think Times[5] eingefügt werden. Oft können funktionale Testskripte als Grundlage für Lasttestskripte herangezogen bzw. wiederverwendet werden.

Beim Überarbeiten werden neben dem Bereinigen der Testschritte drei verschiedene Arten von Parametern angepasst.

- **Dynamische Benutzerparameter**
  Dies sind Werte, die ein Benutzer eingibt. Die Benutzung von dynamischen Daten ergibt ein realistischeres Szenario. Diese Daten können beispielsweise über CSV Files eingelesen werden (Beispiele: Benutzernamen, Sucheingaben).
- **Dynamische technische Parameter**
  Diese werden vom Server generiert und oft vom Client in nachfolgenden Requests verwendet. Diese Werte ändern sich bei jedem Aufruf und müssen für einen korrekten Durchlauf des Szenarios

5. Think Time ist die Zeit, die der durchschnittliche Benutzer zwischen der Anzeige einer Seite und der nächsten Interaktion benötigt, wie z.B. für den Klick auf einen Link. Für ein realistisches Szenario sind »Think Times« unbedingt notwendig.

behandelt werden. Die Werte werden aus einer Server-Response extrahiert und die extrahierten Werte in nachfolgenden Requests an entsprechender Stelle wieder eingefügt (Beispiel: dynamische Session-IDs).

- **Statische Parameter**
  Werte, die für einen Testdurchlauf konstant bleiben, unabhängig davon, welcher Benutzer eingeloggt ist oder wie oft das Szenario abgespielt wird (Beispiel: Serveradressen).

Um zu überprüfen, ob das Testszenario auch tatsächlich fehlerfrei während der Testdurchführung durchläuft, ist es gute Praxis, an strategischen Punkten eine Validierung einzufügen. Ein Beispiel hierfür wäre zu validieren, ob der Text »Abmelden« nach dem Einloggen im Inhalt der Serverantwort gefunden wird.

Um Performanzziele zu überprüfen, werden Zeitmessungen hinzugefügt, die die Dauer bestimmter Transaktionen messen (z.B. die Zeit zwischen dem Absenden einer Suchanfrage und dem Empfang der Ergebnisseite).

In der Regel wird die Anzahl an Szenarien viel kleiner sein (selten über 10, maximal 15) als die der Testfälle in anderen Testautomatisierungsprojekten. Damit ist die Organisation dieser nicht besonders kritisch und wird daher an dieser Stelle auch nicht weiter behandelt.

Ein Testszenario wird zuerst für einen User erstellt und getestet. Dann wird das Testszenario für die Benutzung von mehreren verschiedenen virtuellen Usern (VUs) erweitert und mit diesen getestet. Abschließend wird überprüft, ob das Testszenario auch von verschiedenen lastgenerierenden Rechnern (Load Agents) gleichzeitig ausgeführt werden kann.

5.4.6.7 Durchführung der Tests

Die Durchführung der Last- und Performanztests erfolgt in sogenannten Testruns. Ein Testrun besteht aus ein oder mehreren Testszenarien, die jeweils mit einer bestimmten Anzahl an VUs durchgeführt werden. Zur Verdeutlichung hier ein Beispiel:

Testrun1 besteht aus zwei Testszenarien:

- Testszenario »Normale Wette« wird konstant mit 100 VUs durchgeführt.
- Testszenario »Livewette« beginnt mit 50 VUs und alle 3 Minuten kommen 50 VUs hinzu, bis ein Maximum von 500 VUs erreicht ist.

Ein Testszenario besteht aus ein oder mehreren Transaktionen. Eine Transaktion ist eine abgeschlossene Folge von Tätigkeiten. Beispiele sind: Login auf eine Seite, Produkt suchen, Produkt zum Warenkorb hinzufügen, Produkt kaufen oder Logout.

Transaktionen gliedern sich am Beispiel einer Webseite wieder auf in einzelne Webseiten, die wiederum aus einzelnen Requests bestehen.

Ein Last- und Performanztest umfasst typischerweise zumindest folgende Testruns:

- Referenztest für jedes Testszenario. Dieser wird isoliert durchgeführt, ohne jede andere Last auf den Servern, um die bestmögliche Performanz pro Testszenario für einen einzelnen User zu ermitteln.
- Performanztest für jedes Testszenario. Die Szenarien werden nun mit mehreren gleichzeitig konkurrierenden Usern getestet. Hier werden Probleme durch Gleichzeitigkeit und Menge innerhalb eines Testszenarios erkannt.
- Performanztest von Gruppen von Testszenarien. Hier werden die Probleme mit Infrastruktur, Kapazitäten oder mögliche Konflikte zwischen Transaktionen erkannt wie z.B. Deadlocks beim Datenbankzugriff. Hier sollen auch die zusätzlichen Lasten und Services, die auf den Servern laufen, mit gestartet werden.
- Lasttest der Gruppen an Testszenarien. Die Tests werden über einen längeren Zeitraum durchgeführt und der Ressourcenverbrauch überprüft.
- Stresstest mit Gruppen an Testszenarien. Die Think Time wird z.B. auf 0 reduziert und mehr Transaktionen pro Zeiteinheit durchgeführt. Hier wird die maximale Belastbarkeit des SUT getestet und wie die Applikation bei Überlast reagiert. Es wird auch überprüft, ob und wie die Applikation sich wieder erholt, nachdem die Last anschließend auf ein normales Niveau gebracht wird.
- Zusätzliche Nicht-Performanztests. Hier werden zusätzliche Tests durchgeführt, die nicht direkt Performanztests sind, aber doch unter Last getestet werden sollen wie z.B. Systemverhalten bei Ausfall von Systemkomponenten oder funktionale Tests.

Falls Probleme in irgendeinem der Tests gefunden werden, wird ein Isolationstest zur Identifizierung und weiteren Analyse des Problems durchgeführt.

5.4.6.8 Monitoring

Unter dem Monitoring wird das Überwachen und Sammeln einer Vielzahl von Daten der Software und der Infrastruktur verstanden. Zur Infrastruktur gehört auch die Testinfrastruktur, wie z. B. die Lastgeneratoren, die nicht überlastet werden sollten. Es ist auch darauf zu achten, ob Daten in Echtzeit (Real-Time) zur Verfügung stehen oder erst nach Ende eines Testlaufes gesammelt und ausgewertet werden können. Das Monitoring liefert die Daten für die Analyse der Testergebnisse.

Internes Monitoring

Das sind Daten, die ein Last- und Performanzwerkzeug direkt messen kann, wie zum Beispiel das Antwortzeitverhalten (sek.) in Abhängigkeit von der Last oder Anzahl der VUs, die Anzahl der Fehler, die Anzahl der Hits/s oder der Datendurchsatz (MBytes/s) sowie der Zustand der Lastgeneratoren.

Externes Monitoring

Damit werden Daten gesammelt, die von der Testinfrastruktur stammen, wie zum Beispiel vom Betriebssystem, der Datenbank, dem Applikationsserver oder Netzwerk. Typische Daten sind CPU-Last, Speicherverbrauch, Anzahl an Threads, Anzahl an Sessions, IO-Zugriffe, Cache-Size, Buffer-Size.

5.4.6.9 Typische Komponenten von Last- und Performanzwerkzeugen

Stark vereinfacht formuliert besteht die Hauptaufgabe eines Last- und Performanzwerkzeugs darin, Requests zu erzeugen und die Antwort abzuwarten. Dabei wird die Dauer zwischen Request und Response gemessen. Diese Grundfunktionalität besitzt im Prinzip jedes Werkzeug. Die Werkzeuge können Requests in einer definierten Reihenfolge versenden, dabei besteht auch die Möglichkeit, die Requests zu parametrisieren.

Mithilfe eines Aufzeichnungsmoduls werden Testszenarien aufgezeichnet (Capture- bzw. Recording-Möglichkeit). Diese Szenarien können auch editiert werden. Je nach Werkzeug geschieht dies über eine grafische Oberfläche bzw. über eine Skript- oder Programmiersprache (wie C). Im Aufzeichnungsmodul können die aufgezeichneten bzw. erstellten Requests durch Messpunkte, logische Punkte (If Then und Schleifen) oder durch das Extrahieren von Daten (wie User-Id) erweitert werden.

Ein weiteres Modul dient der Parametrisierung und Konfiguration der Tests. Dabei werden die Anzahl der virtuellen Benutzer, die Wiederholungen und die Verteilung der Tests auf die einzelnen Lastgeneratoren eingestellt. In einigen Werkzeugen können zusätzlich WAN-Emulatoren verwendet werden. Mit diesen werden z.B. Latenz, Durchsatz und Qualität der Leitung festgelegt.

Während der Testdurchführung ermitteln Monitore den Zustand des Systems, teilweise in Echtzeit. Typische Werte, die dabei überwacht werden, sind die Speicherauslastung, CPU-Zeit, Input/Output-Zugriffe bzw. Dauer von Datenbankzugriffen.

Herzstück der Testdurchführung sind die Lastgeneratoren. Diese können lokal installiert sein oder auch auf externen Systemen laufen. Üblicherweise werden die Lastgeneratoren auf mehrere Rechner verteilt. Bei Tests mit vielen virtuellen Benutzern (VUs) oder wenn die VUs auch geografisch verteilt sein müssen, bieten sich hier auch Cloud-Services an.

Nach dem Testende wird der Test im Analysemodul analysiert. Es werden Reports erstellt, in denen Daten korreliert werden (z.B. Anzahl der VUs versus CPU-Last des Applikationsservers). Im Report werden eventuelle Probleme aufgezeigt, wie z.B. die Überschreitung von festgelegten Grenzwerten der Antwortzeiten oder die Speicherauslastung.

Nicht alle Last- und Performanzwerkzeuge beinhalten alle hier aufgelisteten Module. Vor allem die kostenfreien Werkzeuge haben meist kein integriertes externes Monitoring, keine WAN-Emulation und eingeschränkte Analysemodule.

5.4.6.10 Checklisten

Wie bei jedem Testvorhaben ist es auch beim Last- und Performanztest wichtig, alle Artefakte und Informationen rechtzeitig zur Verfügung zu haben. Speziell bei dieser Form der Testautomatisierung gibt es spezielle Voraussetzungen, die erfolgskritisch sind. Einige davon sind in den nun folgenden Checklisten zusammengefasst.

Testumgebung

- Laufen auch andere Programme oder Dienste auf den Servern (E-Mail, Logfile Rotation, Backup-Jobs, automatisch Updates)? Muss auch für diese Dienste Last generiert werden, um eine realistische Aussage machen zu können? Auf jeden Fall lohnt sich ein Blick in die Batch/Cron-Jobs auf den Servern.

- Die Last- und Performanztests sollen sicherstellen, dass das Gesamtsystem letztlich in der Produktionsumgebung zufriedenstellend funktioniert. Gleichzeitig ist es aber oft nicht möglich bzw. sinnvoll machbar, diese systembelastenden Tests auf der Zielplattform durchzuführen. Eine Ausnahme ist vielleicht bei der Bereitstellung eines neuen Gesamtsystems, bestehend aus Hard- und Software sowie Netzwerkkomponenten, gegeben. Daher besteht die Herausforderung darin, entweder eine möglichst produktionsnahe Testumgebung zu schaffen bzw. die Relationen zwischen Ziel- und Testumgebung in die Interpretation der Ergebnisse einzubeziehen. Darüber hinaus bieten professionelle Werkzeuge die Möglichkeit, wesentliche Einflussgrößen, wie z.B. Netzwerkbandbreiten, zu simulieren. Der Einsatz von Service-Virtualisierung, insbesondere zur Simulation von externen Systemkomponenten, ist ebenfalls ein wichtiger Bestandteil des Testumgebungsmanagements.

Testdaten

- Input-Daten:
  - User-Daten: Immer mit den gleichen Usern einloggen, kann das Ergebnis verfälschen. Bereitstellung von genügend User-IDs.
  - Suchkriterien: Iimmer das gleiche Suchergebnis kann das Ergebnis verfälschen (Caching am Server).
  - Dokumente: Immer das gleiche Dokument anfordern, kann das Ergebnis verfälschen (Caching am Server).
- Applikationsdaten:
  - Datenbank: Wenn die Größe der Testdatenbank und der relevanten Tabellen nicht gleich ist wie die der Produktivdatenbank, stimmen die Zugriffszeiten nicht.
- Rollback: Um die Tests vergleichbar zu machen, sollte jeder Test mit den gleichen Daten durchgeführt werden.
- Externe Daten (z.B. Kreditkarten abfragen)
- Datenanonymisierung bei Verwendung von Produktivdaten

Konfiguration bei der Testdurchführung

- Wird HTTP Caching von Webaufrufen realistisch verwendet (nicht nur am Client, sondern auch im Netz – Schlagwort Content Delivery Network)?
- Wird HTTP Compression realistisch verwendet?
- Werden evtl. vorhandenen Load Balancer im Lasttest korrekt verwendet (z.B. verschiedene IP-Ranges)?

5.5 Kontrollfragen zum Kapitel

1. Zwischen welchen Systemarten kann unterschieden werden und welche Aspekte sind in Bezug auf Testautomatisierung zu berücksichtigen?
2. Wie kann Testautomatisierung in den unterschiedlichen Systemarten jeweils eingesetzt werden?
3. In welchen Fällen ist die Automatisierung der grafischen Benutzerschnittstelle bei Client-Server-Systemen sinnvoll?
4. Welchen Vorteil hat eine Automatisierung direkt über die Clientschnittstellen im Vergleich zur Automatisierung über die Benutzerschnittstellen?
5. Welche verschiedenen Szenarien gibt es, um Automatisierung mit mehreren parallelen Usern zu realisieren?
6. Was sind die Vor- und Nachteile bzw. Herausforderungen bei mehreren parallelen Usern?
7. Welche speziellen Herausforderungen gibt es bei der Automatisierung von mobilen Applikationen?
8. Welche Eigenschaften von Webapplikationen und Webservices vereinfachen deren Automatisierbarkeit?
9. Welche Faktoren machen einen manuellen Test von Data-Warehouse-Systemen schwierig?
10. Welche Ansätze zum Test von Input- und Output-Interfaces eines Data-Warehouse-Systems gibt es und welche Vor- und Nachteile haben sie?
11. Welche Rolle spielt die Testautomatisierung im Komponententest üblicherweise?
12. Welche Aufgabe hat der Integrationstest und welche Rolle spielt die Testautomatisierung hier üblicherweise?
13. Welche Faktoren machen den automatisierten Systemtest oft sehr aufwendig?
14. Wo findet man Automatisierung im Systemtest am ehesten?
15. Was versteht man unter Behaviour Driven Development?
16. Wie kann Testautomatisierung zur Prüfung der verschiedenen Softwarequalitätskriterien eingesetzt werden?
17. Wie unterscheiden sich die Automatisierungsansätze in verschiedenen Projektarten?
18. Wieso ist in agilen Projekten die Automatisierung besonders wichtig?

6 Testdurchführungswerkzeuge

Heutzutage stehen dem interessierten Tester eine Vielzahl an Automatisierungswerkzeugen zur Verfügung. Manche sind auf Technologien spezialisiert, andere auf bestimmte Testverfahren. Auch ist angesichts der breiten Palette eine informierte Auswahl einer geeigneten Toollandschaft ein wesentlicher Erfolgsfaktor für Testvorhaben. In diesem Kapitel wollen wir grundsätzliche Unterscheidungs- und Auswahlmöglichkeiten präsentieren sowie einige uns wichtig erscheinende Vertreter vorstellen und ihre Funktionsweise und Einsatzgebiete kurz beschreiben. Wir werden uns hierbei überwiegend auf Testdurchführungswerkzeuge konzentrieren. Viele der aufgeführten Punkte treffen jedoch auch auf Automatisierungs- und Testwerkzeuge im Allgemeinen zu.

6.1 Evaluierung von Automatisierungswerkzeugen

Generell sind bei der Werkzeugauswahl einige Schritte in Betracht zu ziehen, um eine fundierte Entscheidung herbeizuführen [Spillner et al. 14]:

1. Grundsätzliche Entscheidung über den Einsatz eines Werkzeugs
2. Identifikation von Anforderungen
3. Evaluation
4. Auswertung und Auswahl

In diesem Abschnitt werden wir speziell auf die häufigsten Kriterien für Testautomatisierungswerkzeuge eingehen, indem wir die wichtigsten Anforderungsgebiete auflisten und beleuchten. Damit dient dieser Abschnitt als Grundlage für Punkt 2 der obigen Liste: die Identifikation von Anforderungen, nach denen Evaluierungskriterien erarbeitet werden können.

Ein Vorschlag für einen Kriterienkatalog, der als Grundlage und Grundgerüst für eine detaillierte Kriterienanalyse dienen kann, befindet sich in Anhang 2 .

6.1.1 Unterstützte Technologien

Speziell bei der GUI-Automatisierung ist die Erstellung von ausreichend generischen Schnittstellen zum Testobjekt nicht immer einfach. In manchen Fällen ist die Erstellung von testobjektspezifischen Testrahmen von Vorteil – in anderen Fällen ist ein Blackbox-Test gefordert und somit ein spezielles Interface technisch aufwendig. Hier ist der Einsatz eines Werkzeugs, das die verwendete Technologie bereits unterstützt und somit den Zugriff auf die zu testende Applikation ermöglicht, praktisch unumgänglich.

Kriterium »Erweiterbarkeit«

In einigen Fällen, speziell wenn die Anschaffung eines Werkzeugs nicht nur für ein konkretes System, sondern für eine ganze Systemlandschaft erfolgen soll, kann oft kein Werkzeug gefunden werden, das alle Schnittstellen bedient und daneben auch noch alle anderen notwendigen Kriterien erfüllt. In diesen Fällen muss auf eine einfache Erweiterbarkeit, die in ihrem Konzept auch dem Testansatz entspricht, geachtet werden.

Das Erstellen einer eigenen Schnittstelle zu Objekten in einer bestimmten Programmiersprache kann in einer Skriptsprache oder einer »fremden« Programmiersprache weitaus aufwendiger sein, als wenn die Schnittstelle direkt in derselben Sprache erstellt werden kann.

Ein wesentlicher Aspekt ist ebenfalls, ob eine aktuelle oder zukünftige Anforderung die dynamische Objekterkennung ist.

6.1.2 Möglichkeiten der Testfallbeschreibung und Modularisierung

Viele Werkzeuge bieten eine spezielle Unterstützung für bestimmte Testfallkonzepte. Sowohl datengetriebenes Testen als auch schlüsselwortgetriebenes Testen haben in ihrem Kern gewisse Anforderungen an das Testwerkzeug, speziell im Sinne von Datenzugriff (bei datengetriebenem Testen) und Modularisierung der Testfälle (in beiden Fällen).

6.1.3 Zielgruppe

Eine wichtige Frage, die bei der Entscheidung für ein Werkzeug gestellt werden muss, ist, welche Erfahrungen und Fähigkeiten die angedachte Benutzergruppe besitzt. Gibt es beispielsweise ein zentrales Automatisierungsteam, das aus erfahrenen Entwicklern besteht, bringt eine Drag & Drop-Oberfläche zum Erstellen von Testfällen wenig Mehrwert. Dafür ist ein gut durchdachtes Objektmodell umso wichtiger.

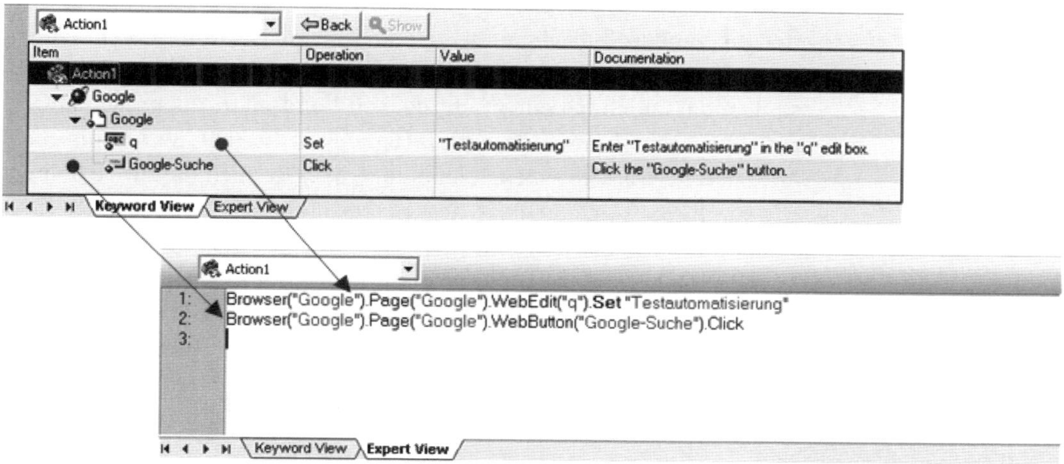

Abb. 6–1
Drag & Drop-Ansicht und Codeansicht von Testschritten

Besteht das Zielpublikum größtenteils aus fachlichen Testern, ist eine komfortable Oberfläche zum Erstellen von Testfällen aus Schlüsselwörtern, die durch Automatisierungsspezialisten zusammengestellt wurden, wahrscheinlich ein Musskriterium. Logik wie Schleifen oder dynamische Abfragen auf dieser Ebene können in vielen Fällen hilfreich sein, aber in einem solchen Szenario auch dazu verleiten, Testfälle unkontrolliert komplex werden zu lassen. Eine gute Daumenregel ist hier, Entwickler entwickeln zu lassen und Tester Testfälle schreiben zu lassen, aber nicht umgekehrt.

6.1.4 Integration in die Werkzeuglandschaft

In vielen Unternehmen gibt es neben der Automatisierung noch andere Werkzeuge, mit denen der Test in Berührung kommt. Beispiele hierfür sind: Testfallmanagement, Defect-Tracking oder auch Requirements Management.

Abb. 6–2 *Beispiel einer integrierten Werkzeuglandschaft für den Softwaretest*

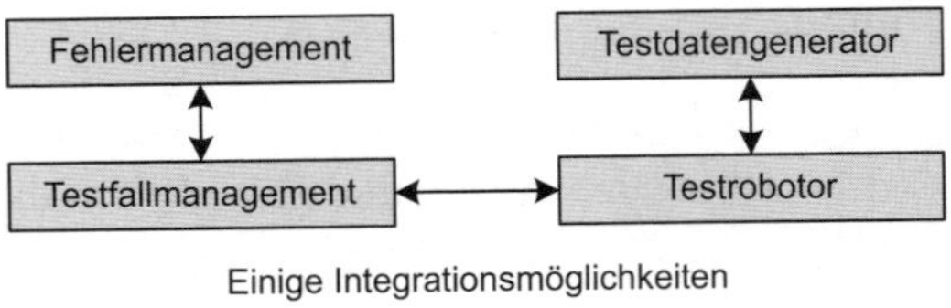

Für die komfortable Integration dieser Werkzeuge kann eine Anschaffung vom selben Hersteller von Vorteil sein. Steht aber eine gemeinsame Anschaffung noch nicht fest bzw. kann aufgrund anderer Kriterien eine andere Entscheidung getroffen werden, ist darauf zu achten, dass offene Integrationsmöglichkeiten, etwa über eine API, vorhanden sind, sodass auch bei einer heterogenen Landschaft oder einem späteren Toolwechsel zumindest die Möglichkeit besteht, weiterhin einen integrierten Workflow beizubehalten. Dabei ist auch darauf zu achten, wie stabil eine solche API ist, also ob beispielsweise bei einem Releasewechsel der Integrationscode nicht komplett neu erstellt werden muss.

Welche Integrationen sind sinnvoll?

Eine weitere wichtige Frage in diesem Zusammenhang ist, für welche dieser Werkzeuge eine Integration überhaupt hilfreich ist: So ist z.B. das automatisierte Erstellen eines Defects im Falle eines fehlgeschlagenen automatisierten Tests zwar auf den ersten Blick verlockend, in vielen Fällen aber letztendlich unerwünscht.

6.1.5 Teststellungen

Die meisten Werkzeughersteller bieten zur Evaluierung eine kostenfreie Evaluierungslizenz. Die Gültigkeit einer solchen Lizenz kann sich je nach Werkzeug unterscheiden; erfahrungsgemäß kann hier mit 14 bis 30 Tagen Gültigkeit gerechnet werden. Zusätzlich sind bei Werkzeugevaluierungen Proof-of-Concept-Workshops sinnvoll. Als Vorbereitung für solche Workshops erarbeitet der potenzielle Kunde ein repräsentatives Testszenario in eingeschränktem Rahmen, das dann in Zusammenarbeit mit dem Anbieter ausgearbeitet und implementiert wird.

Eindruck »am lebenden Objekt«

Diese Teststellungen haben den Vorteil, dass das Werkzeug auf Kompatibilität mit dem Testansatz, der Benutzergruppe und dem konkreten Testobjekt überprüft werden kann – so garantiert z.B. prinzipieller Java-Support seitens des Werkzeugs nicht die Kompatibilität mit sämtlichen Java-Oberflächen. Die meisten Applikationen haben die eine oder andere Eigenheit, die in der Praxis zu Problemen führen kann.

Solche Teststellungen zu Evaluierungszwecken helfen, einen Eindruck des Werkzeugs im realen Umfeld zu gewinnen, ohne sich bis ins kleinste Detail mit jedem Werkzeug befassen zu müssen, und fordern damit die Hersteller, ihr Werkzeug unter Einsatzbedingungen zu demonstrieren.

6.1.6 Schulungen, Support und Dokumentation

Schulungen sind die häufigste und komfortabelste Möglichkeit, ein Werkzeug zu erlernen. In den meisten Fällen bieten Hersteller von kommerziellen Testwerkzeugen Schulungen selbst oder über Partner beim Kunden vor Ort oder in den eigenen Räumlichkeiten an.

Wichtig ist ebenfalls der langfristige Support, sowohl des Werkzeugs selbst als auch der Benutzung und der unterstützten Technologien und Integrationen. Auch der Supportprozess und die damit verbundenen Bearbeitungsmodalitäten und Eskalationsstufen müssen untersucht werden. Dabei ist auch auf möglicherweise durch den Support zusätzlich anfallende Kosten zu achten.

Kriterien für Dokumentation

Auch die Wichtigkeit der Dokumentation darf in diesem Zusammenhang nicht unterschätzt werden. Das Werkzeug sowie dessen Verwendung im Zusammenhang mit den unterstützten Technologien muss vollständig und verständlich dokumentiert sein.

Speziell kundenspezifische Erweiterungen oder Integrationen des Werkzeugs müssen dokumentiert und vollständig dem Kunden übergeben sein, um als Kunde selbst Änderungen oder Wartungen vornehmen zu können und nicht bei jeder kleinen Änderung auf Beratungsleistungen durch den Hersteller angewiesen zu sein.

6.1.7 Lizenzmodell

Kommerzielle Automatisierungswerkzeuge bieten meist zwei unterschiedliche Arten der Lizenzierung an:

- **Node-Locked**
  Die Lizenz ist auf einen spezifischen Rechner gebunden.
- **Floating**
  Die Lizenz wird zur Laufzeit aus einem Pool abgerufen. Bei der Berechnung der benötigten Lizenzen muss darauf geachtet werden, dass gerade bei GUI-Automatisierung während der Durchführung der eingesetzte Rechner in vielen Fällen nicht für andere Zwecke verwendet werden kann und somit z.B. für das parallele Weiterarbeiten an Testfällen oder Schlüsselwörtern eine zusätzliche Lizenz notwendig sein kann.

Daher wird die Testfalldurchführung gerne zentralisiert. Dies ist aber nicht immer vollständig möglich. Es kann beispielsweise das Debugging von Skripten oder Schlüsselwörtern nicht praktikabel sein, wenn es nicht die Möglichkeit gibt, unmittelbar und unabhängig von der sonstigen Verwendung der Testumgebung lokal Testabläufe durchzuführen.

Einige Hersteller bieten für den Zweck der Durchführung von Testfällen eigene, günstigere Lizenzen.

Kostenpflichtige Erweiterungen

Es ist durchaus üblich, dass die Unterstützung von spezifischen Technologien, einzelnen Features oder Erweiterungen der Werkzeuge (z.B. für Testfalldesign oder Anforderungsmanagement) kostenpflichtig sind. Hier ist auch der mittelfristige Bedarf zu beachten.

Wenn man den Markt der Testautomatisierungswerkzeuge betrachtet, so sind einige Tendenzen erkennbar. Kommerzielle Werkzeuge zeichnen sich speziell in den folgenden Gebieten aus:

- Auswertungen und Protokolle sind ansprechender und integriert gestaltet.
- Es wird eine breite Palette an Technologien unterstützt, während Open-Source-Projekte sich eher auf eine Technologie konzentrieren.
- Die Integration mit anderen Testwerkzeugen ist out-of-the-box möglich, zumindest bei Werkzeugen desselben Herstellers.
- Die Durchführung von Testfällen ist komfortabler.
- Grafische Oberflächen zur Gestaltung von Testfällen sind vorhanden – die Hürde für Anwender mit weniger technischem Hintergrund ist niedriger.
- Support durch den Hersteller ist vertraglich gesichert.

Open-Source-Werkzeuge haben dagegen tendenziell Vorteile in folgenden Bereichen:

- Es fallen für das Grundprodukt keine Kosten an.
- Es werden gängige Programmier- oder Skriptsprachen verwendet – der Einstieg für mit Programmierung erfahrene Personen ist unkomplizierter.
- Änderungen und Erweiterungen der Funktionalität sind komfortabler und werden auch von der Community angeboten.
- Die Integration in einen automatisierten Build-Prozess ist einfacher gestaltbar.

- Wenn das Werkzeug eine breite Benutzergruppe hat, ist bei Problemen rasch und unkompliziert Feedback aus der Community möglich.

Sowohl kommerzielle als auch Open-Source-Werkzeuge haben ihre Stärken, die in die Entscheidung für ein Werkzeug oder eine Werkzeugpalette einfließen müssen.

Aus der Praxis:

Drum prüfe, wer sich ewig bindet

Ein Entwicklungsteam wollte für den Systemregressionstest der eigenen Applikation eine Automatisierung über die Benutzerschnittstelle umsetzen. Ein Teammitglied recherchierte eine Liste der kommerziell verfügbaren Werkzeuge und testete einen Vertreter erfolgreich auf der eigenen Applikation. Also wurde dieses Werkzeug angeschafft. Bei der Umsetzung der angedachten Regressionstestfälle traten allerdings Probleme auf: Die im Werkzeug vorgesehene Testfallstruktur erlaubte es nur teilweise, bestehende Testfälle abzubilden. Auch war es für die Vorbereitung der Testdaten und die Validierung der Ergebnisse von Transaktionen notwendig, Systeme anzusteuern und abzufragen, die keine Webapplikationen waren und auch sonst vom Hersteller nicht unterstützt wurden. Die einzige Möglichkeit, die Anforderungen mit dem bestehenden Werkzeug umzusetzen, bestand in Workarounds über Tastendrücke und Mauskoordinaten, gekoppelt mit Scripting über ein Scripting-Interface des Tools.

Andere Werkzeuge hätten die entsprechende Struktur und Technologieunterstützung out-of-the-box angeboten. Durch diese Workarounds litt die Stabilität und Wartbarkeit der Automatisierung deutlich, und es entstand ein nicht unerheblicher Mehraufwand, dessen Vermeidung eine initiale, systematische Evaluierung von Automatisierungswerkzeugen mehr als gerechtfertigt hätte.

6.2 Evaluieren leicht gemacht

Im Zentrum einer Werkzeugevaluierung steht die praktische Erfahrung. Oft scheint aber bereits die erste Frage eine der schwierigsten zu sein: wo beginnen? Im Folgenden stellen die Autoren daher beispielhaft einen ihrer Erfahrung nach praktikablen Ansatz vor, um erste Schritte direkt am zu evaluierenden Werkzeug zu absolvieren.

Die beschriebenen Schritte beziehen sich auf die Evaluierung von gängigen, kommerziellen Werkzeugen für GUI-Automatisierung mit Unterstützung für mehrere Technologien.

Zu beachten ist jedoch, dass dieser Abschnitt keine Tutorials oder Handbücher ersetzen kann und will, sondern als grober Leitfaden zur Orientierung gedacht ist.

6.2.1 Vorbereitung der Szenarien

Im Vorfeld ist es ratsam, zwei bis drei repräsentative zu testende Szenarien festzuhalten, die einerseits fachlich, aber andererseits auch technisch den Schwerpunkt der zu erwartenden Arbeit reflektieren.

So kann ein Szenario beispielsweise im Falle von Automatisierung von Webapplikationen folgende Schritte umfassen:

1. Start eines Browsers
2. Öffnen der Zielapplikation auf der Testumgebung
3. Login mit einem Test-User
4. Anlegen eines Datenobjekts (z.B. Kunde)
5. Überprüfung der erfolgreichen Anlage
6. Löschen des Datenobjekts
7. Überprüfung des erfolgreichen Löschens
8. Logout
9. Schließen des Browsers

Es sollte darauf geachtet werden, dass komplexe UI-Elemente wie z.B. Trees oder Grids oder aber auch dynamische Masken nicht bereits im ersten Szenario massiv gefordert werden. Diese Elemente haben aber in zweiten und dritten Szenarien absolut ihre Berechtigung und sollten dort bei einer Evaluierung auch unbedingt betrachtet werden. Ein Mischung aus »typischen« und »anspruchsvollen« Szenarien ist jedenfalls zu empfehlen, da nahezu jedes Werkzeug problemlos mit einfachen oder statischen UI-Elementen interagieren kann, in komplexeren Szenarien kann es allerdings vorkommen, dass diese Elemente nur noch eingeschränkt oder über Workarounds angesprochen werden können. Für das Ergebnis einer Evaluierung sind eben jene Limitationen ein wichtiges Kriterium.

Ein Katalog von gewichteten Evaluierungskriterien sollte ebenfalls vorbereitet werden (siehe Anhang 2).

Zum Start sollten die Testdaten sowie alle anderen notwendigen Rahmenbedingungen (z.B. Berechtigungen, Testumgebung) bereitstehen.

6.2.2 Vorbereitung des Testrechners

Es ist ratsam, Evaluierungen nicht auf dem eigenen Rechner lokal durchzuführen, da für die meisten generischen Automatisierungswerkzeuge je nach Technologie unterschiedlichste Änderungen an der Systemkonfiguration vorgenommen werden müssen (z.B. Installation einer speziellen JDK-Version, Konfiguration von Umgebungsvariablen). Dieser Rechner sollte auch entsprechende Leistungsmerkmale vorweisen, wie sie vom Werkzeug und der Zielapplikation (zusätzlich) gefordert werden. Er sollte, soweit damit vereinbar, auch der Produktivvariante eines Rechners, von dem aus das zu testende System bedient wird, entsprechen.

Neben diesen Rahmenbedingungen sind oft noch einige weitere Punkte zu beachten, die unbedingt vor der eigentlichen Evaluierung sichergestellt werden sollten:

- Zugänge und Clients für die Zielapplikation(en) sollten konfiguriert werden.
- In der Regel sind weitere Administratorberechtigungen zur Installation des Werkzeugs notwendig.
- Es sollte auch abgeklärt werden, ob für benötigten Technologiesupport zusätzliche Add-ins, Engines, Plug-ins, Module oder Lizenzen vonnöten sind (z.B. Delphi, Powerbuilder, Java, SAP).

6.2.3 Installation des Werkzeugs und Erstellung des Arbeitsbereiches

Liegt eine Lizenz (z.B. Evaluierungslizenz) sowie ein Installationsmedium (z.B. DVD, Download) bereit, kann auf einem Rechner mit der Installation begonnen werden. Diese ist in den meisten Fällen unkompliziert und läuft wie bei Desktop-Applikationen üblich ab. Dennoch empfiehlt sich ein Blick in die Installationsanleitung, da z.B. bei strengen Security-Policies durchaus der eine oder andere Fallstrick vermieden werden kann.

Sollten im vorigen Schritt Erweiterungen bezogen worden sein, sind diese ebenfalls entsprechend ihrer Anleitung zu installieren.

Sobald das Werkzeug installiert ist, kann es gestartet werden. Es empfiehlt sich, nun einen Bereich für die Evaluierung anzulegen. In vielen Fällen erfolgt dies in Form eines Workspace (wie z.B. bei IBM Rational Functional Tester oder Tricentis Tosca) oder aber auch einfach eines Verzeichnisses auf der Festplatte (wie z.B. bei HP Unified Functional Testing). In diesem Bereich wird die Evaluierung nun durchgeführt.

6.2.4 Erstellen des ersten Szenarios

Die ersten Hürden sind genommen: Das Werkzeug ist installiert, gestartet und es ist ein erster Arbeitsbereich vorhanden.

Es kann nun die Zielapplikation gestartet und mit der Erstellung des ersten Szenarios begonnen werden. Wie das gemacht wird, ist von Werkzeug zu Werkzeug unterschiedlich, allerdings bieten die meisten

Vertreter die Möglichkeit, einen Testfall aufzuzeichnen und anschließend wieder abzuspielen (Record & Playback). Diese Funktion ist typischerweise über einen prominenten roten »Record«-Button aufrufbar. Sollte diese Funktion nicht verfügbar sein, gibt es meist Wizards oder andere Methoden, die die Identifikation von UI-Objekten erleichtern.

Der nächste Schritt im zuvor erwähnten Beispielszenario ist nun das Ausfüllen der Login-Maske in der gestarteten Zielapplikation. Danach kann die Aufzeichnung bzw. Erfassung gestoppt werden. Es empfiehlt sich bereits jetzt, die erfassten Elemente anzusehen und unter anderem die folgenden Fragen zu klären:

- Wurden die Aktionen auf Objekten oder Koordinaten erstellt?
- Wurden sprechende und stabile Erkennungsmerkmale gewählt?
- Die meisten Tools bieten die Möglichkeit, erkannte Objekte in der Zielapplikation hervorzuheben. Werden die richtigen Objekte hervorgehoben, wenn der Login-Screen wieder angezeigt ist?

Im Falle einer korrekten Identifikation können jetzt die Schritte für das Login in einen Testfall eingefügt werden. Sollten die Schritte aufgezeichnet worden sein, liegen dieser bereits vor und können direkt abgespielt werden.

War die Umsetzung oder Durchführung des Testfalls nicht zufriedenstellend, kann eine entsprechende Lösung oft im Handbuch bzw. in Online-Communitys gefunden werden. Auftretende Probleme bieten aber auch gleichzeitig die Möglichkeit, den Herstellersupport (Hotline) zu »testen«.

Mögliche Probleme können auf fehlende Technologiemodule oder auch Schwächen in der Aufzeichnung oder unzureichende Automatisierbarkeit der Zielapplikation zurückzuführen sein. Aber erfahrungsgemäß ist bei den allermeisten Fällen schlicht eine manuelle Überarbeitung der automatisch aufgezeichneten Elemente notwendig.

Ist das Login erfolgreich erfasst, kann mit dem Rest des ersten Szenarios gleichermaßen fortgefahren werden. Dabei ist besonders darauf zu achten, dass Elemente, die bereits in anderen Schritten verwendet wurden, nicht doppelt implementiert werden.

6.2.5 Refactoring und Variabilisierung des ersten Szenarios

Bevor mit weiteren Szenarien fortgefahren wird, sollte der bestehende Testfall überarbeitet werden.

Gruppieren Sie die Schritte, die aktuell im Normalfall nur unzusammenhängende Einzelaktionen oder Masken auf dem User-Interface darstellen, zu fachlich sinnvollen Blöcken, wie z.B. »Login« oder »Kunde anlegen«. Dadurch kann ein Gefühl für die Strukturierung in wiederverwendbare Blöcke in dem zu evaluierenden Werkzeug erlangt werden. Dabei sollten besonders die folgenden Fragen beachtet, beantwortet und dokumentiert werden:

- Wie werden Schritte zu einem Block gruppiert?
- Wie kann dieser Block an anderer Stelle wiederverwendet werden?
- Was passiert, wenn Änderungen an den im Block befindlichen Schritten durchgeführt werden? Gelten diese Änderungen auch automatisch an allen Stellen, die diesen Block verwenden?
- Wie werden Testdaten von einem Block an den nächsten übergeben?
- Wie können Testdaten in Überprüfungsschritten gehandhabt werden?

Wenn das Szenario dem zuvor beschriebenen »Kunde anlegen«-Szenario entspricht, ist es sinnvoll, sich an dieser Stelle auch die Variabilisierung in Richtung datengetriebenem Test anzusehen. Dabei ist speziell darauf zu achten, an welchen Stellen sich Testdaten befinden und welche dieser Daten für eine Variabilisierung geeignet sind. Ein guter Weg, um dies genauer unter die Lupe zu nehmen, ist es, unterschiedliche Datenelemente (im Falle unseres Beispiels »Kunden«) zu hinterlegen (etwa einen Kunden ohne Sonderzeichen, einen mit Sonderzeichen und einen mit Ziffern im Namen), deren Datenvariationen jedoch keinen Einfluss auf den Testablauf haben. Ist dies geschehen, kann der Testlauf mit allen Varianten gestartet werden und sollte jeweils das gleiche Ergebnis liefern.

Nach der Behandlung von Datenvarianten können nun Ablaufvarianten betrachtet werden. Dies ist aber in der Regel, sofern nicht einfach manuell zusätzliche Testfälle geschaffen werden, eher ein Bereich für den fortgeschrittenen Automatisierer und daher für eine rasche Evaluierung nur schwer umsetzbar. Ein Beispiel für Ablaufvarianten ist, dass im Falle eines ungültigen Kundendatensatzes der Testfall an entsprechender Stelle eine Überprüfung auf die Fehlermeldung und das Beenden des Testfalls notwendig machen kann, da die weitere Durchführung kein sinnvolles Ergebnis mehr liefern würde. Da diese Situation jedoch in verschiedenen Werkzeugen recht unterschiedlich zu behandeln ist, sei an dieser Stelle auf das jeweilige Handbuch oder Tutorial verwiesen.

6.2.6 Umsetzung weiterer Szenarien

Nun ist das erste Szenario umgesetzt, in fachliche, wiederverwendbare Blöcke aufgeteilt und in mehreren Datenvarianten ausgeprägt. Im nächsten Schritt können weitere Szenarien auf gleiche Weise umgesetzt werden, und zwar unter Verwendung der bisher entstandenen wiederverwertbaren Elemente. Wie in früheren Abschnitten erwähnt, sollten diese Szenarien das Werkzeug im Hinblick auf den Technologiesupport etwas fordern, indem beispielsweise komplexere UI-Elemente, aber auch dynamische Masken enthalten sind.

Häufig funktioniert bei komplexen Elementen (z.B. Trees, Grids) die Aufzeichnung im Vergleich zu einfachen Elementen nicht einwandfrei und muss eventuell manuell angepasst werden. Auch die Ansteuerung aus dem Testfall heraus ist mitunter etwas unterschiedlich. Hier empfiehlt sich die Recherche im jeweiligen Handbuch oder sogar in der Dokumentation des Technologiemoduls.

Bei dynamischen Masken ist die Handhabung in der Regel etwas schwieriger, da sie meistens Einfluss auf den zu automatisierenden Ablauf haben. So können z.B. wiederholbare Blöcke in der Benutzeroberfläche dazu führen, dass mehrere Elemente gleiche Erkennungsmerkmale haben. Hier kann in vielen Werkzeugen eine auf Parent-Child-Beziehungen oder auch geometrische Beziehungen (z.B. »steht links von«) basierende Erkennung unter Einbeziehung eines eindeutig erkennbaren Elements (z.B. Label, Name) eingesetzt werden und somit eine stabile Objektidentifikation erreicht werden.

6.2.7 Integration in den Entwicklungsprozess

Die Testfälle sind nun soweit als möglich erfolgreich automatisiert. Jetzt geht es daran, zu evaluieren, wie sie in den Entwicklungs- und Testprozess eingebettet werden können. Das bedeutet einerseits zu überlegen, wie oft ein Durchlauf praktikabel ist (unter Einbeziehung von z.B. Performanzerfahrungen), und andererseits, mit welchen anderen Werkzeugen eine Integration sinnvoll ist. Häufige Integrationsszenarien betreffen unter anderem:

- **Testmanagement**
  Integration in die allgemeine Testfallverwaltung, Durchführungsreporting, Fehlermanagement, Berichtswesen etc.
- **Continuous Integration**
  Zeitpunkt und Umfang automatisierter Tests

- **Versionierungssysteme**
  Sicherstellung, dass auch die für die zu testenden Release gültigen Testfälle ausgeführt werden
- **Change- und Releasemanagement**
  Wie wird mit fachlichen Änderungen umgegangen? Mehrere Varianten oder Versionen einer Zielapplikation parallel in Entwicklung, Test oder Betrieb stellen ebenfalls eine Herausforderungen dar, die bereits in der Evaluierung betrachtet werden muss.
- **Service-Virtualisierung**
  Wird ein entsprechendes Werkzeug eingesetzt und wie ist dieses mit der Automatisierungslösung integrierbar?

6.2.8 Abschluss

Zu guter Letzt sollten die Ergebnisse sowohl anhand des Kriterienkatalogs als auch in Prosaform erfasst werden, um eine objektive Bewertbarkeit und Nachvollziehbarkeit zu gewährleisten. Da die Zielgruppe des Werkzeugs (nämlich diejenigen, die tagtäglich damit umgehen sollen) für den Erfolg des Werkzeugeinsatzes ein kritischer Faktor ist, sollte abseits der quantitativen Erfassung der Erfahrungen auch die qualitative Einschätzung nicht zu kurz kommen.

6.3 Einige Automatisierungswerkzeuge im Überblick

6.3.1 Kommerzielle Testwerkzeuge

Dieser Abschnitt beschreibt wichtige Vertreter von kommerziellen Testdurchführungswerkzeugen, die aus den in [Schwaber & Gualtieri 08] und [Murphy 11] gelisteten Werkzeugen selektiert wurden.

6.3.1.1 HP Unified Functional Testing

HP Unified Functional Testing (UFT) ist eines der am weitesten verbreiteten Werkzeuge. UFT ist auf GUI-Automatisierung von zahlreichen Systemen und Technologien spezialisiert und unterstützt hierfür eine große Anzahl an GUI-Technologien, von Webapplikationen (über Microsoft Internet Explorer und Mozilla Firefox) und .NET über SAP bis hin zu Windows-Applikationen, SOAP-Schnittstellen und Terminal-Emulation. In den neuesten Versionen kommt Support für Safari hinzu.

Schnittstellenobjekte werden anhand von technologiespezifischen Erkennungskriterien erfasst und mit einem logischen Namen versehen.

Diese Informationen werden in sogenannten »Object Repositories« gesammelt und können unabhängig von Testfällen verwaltet und editiert werden.

Testschritte können über einen Recording-Modus aufgezeichnet werden: Hierbei werden benutzte Objekte in das lokale Object Repository des Testfalls aufgenommen und die einzelnen Schritte protokolliert. Danach kann der Testfall editiert und modularisiert werden.

In der »Testfall-Ansicht« ist zu jeder aufgezeichneten Aktivität ein Screenshot verfügbar, der von UFT mit Funktionalität ausgestattet wird (von UFT als »Active Screen« bezeichnet): So können dem aktuellen Testfall per Mausklick auch im Nachhinein Validierungen und andere Aktionen hinzugefügt werden.

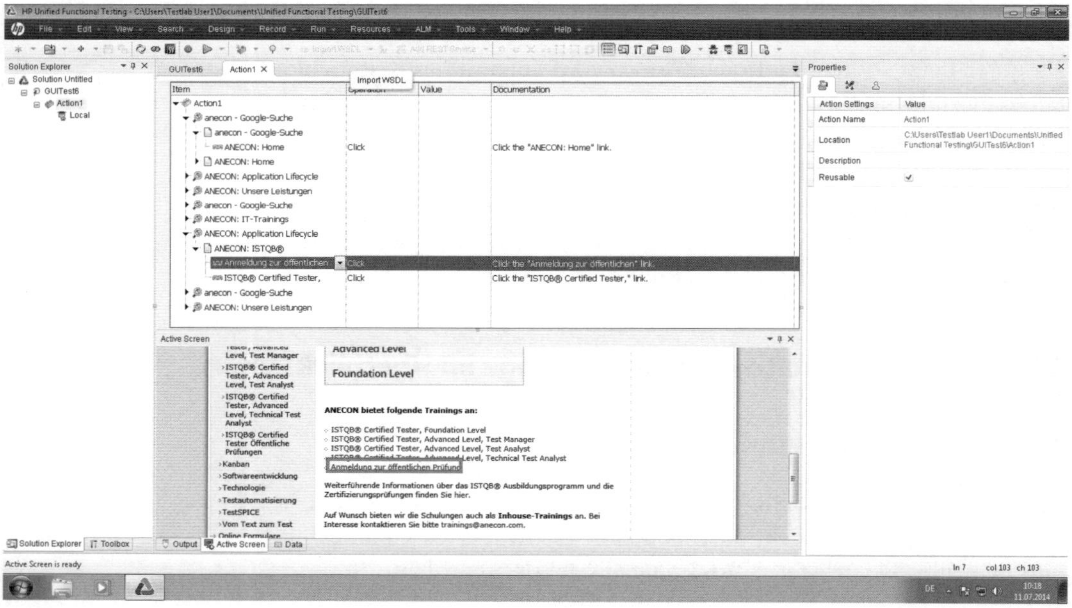

Abb. 6–3
Die grafische Testfalldarstellung von HP Unified Functional Testing

Testfälle können modularisiert aufgebaut werden: Ablaufbausteine (Actions) können definiert und zu Testprozeduren hinzugefügt werden. Hierfür können zwischen Bausteinen Daten ausgetauscht werden: Jede Action kann mehrere Input- und Output-Parameter besitzen.

Die Testabläufe lassen sich in einer grafischen Oberfläche editieren oder über eine sogenannte »Experten-Ansicht« in VBScript programmieren. VBScript wird hierfür von UFT mit der Erweiterung um ein Modulkonzept zur übersichtlicheren Verwaltung der Skripte und Module versehen. Es ist jederzeit möglich, zwischen grafischer Darstellung und dieser Experten-Ansicht zu wechseln.

Des Weiteren kann UFT Testdaten in Excel-Tabellen, die direkt in UFT editiert werden können, verwalten. Jede Action und jeder Testfall kann Datentabellen besitzen, deren Inhalt den Testabläufen zur Verfügung steht. Beim Start von Testfällen und auch bei Aufrufen von Testschritten kann definiert werden, mit welchen Daten der Test durchgeführt wird.

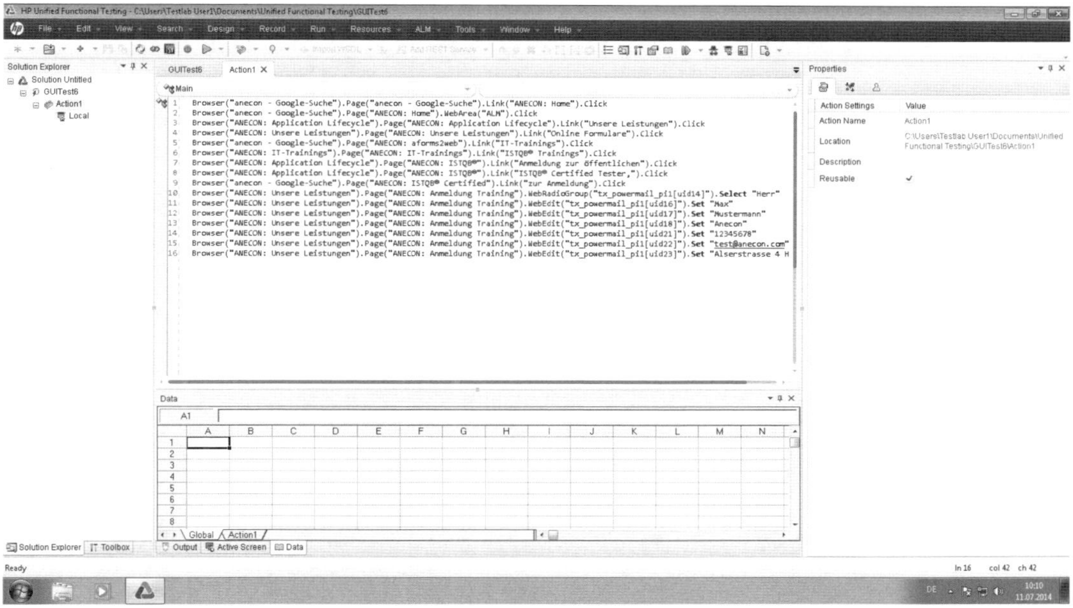

Abb. 6–4
Die Skript-Ansicht eines Testfalls in HP Unified Functional Testing

Nach dem Durchlauf von Testfällen sind strukturierte Berichte verfügbar, in denen von einer groben Übersicht über den Testfallablauf bis in die Ergebnisse der einzelnen Schritte alle Informationen strukturiert abgelegt sind. Fehler und Warnungen werden speziell gekennzeichnet und, falls konfiguriert, mit Screenshots versehen. Die Durchführung kann auch in Form von Videos aufgezeichnet werden. Um die Datenmenge dieser Videos möglichst gering zu halten, kann für die Videoaufzeichnung ein spezielles, für diesen Zweck optimiertes Format verwendet werden. Diese Videos können danach als eigenständig ausführbare Programme exportiert oder mit entsprechenden Videocodierungswerkzeugen in andere Videoformate umgewandelt werden.

Ein weiteres Feature von UFT ist die Integration mit der HP-eigenen Testfallverwaltung HP Application Lifecycle Management (HP ALM): Testfälle werden in HP ALM ähnlich der Ansicht in UFT selbst dargestellt. Testläufe können aus HP ALM heraus auf dem lokalen Rechner oder auch auf entsprechend konfigurierten anderen Rechnern gestartet werden, wobei Parameter an den Testfall übergeben werden und danach das Resultat samt Protokollierung in HP ALM verfügbar ist.

6.3.1.2 MicroFocus SilkTest

MicroFocus SilkTest ist ein Tool für funktionale und Regressionstests von GUIs. Unterstützt werden verschiedenste GUI-Technologien, angefangen bei Adobe AIR über Webapplikationen bis hin zu Java, .NET, SAP und Win32-GUIs.

Des Weiteren bietet SilkTest mit Silk4J und Silk4Net Plug-ins für Eclipse und Visual Studio, also Integrationen für die aktuell gängigsten Entwicklungsplattformen im .NET- und Java-Bereich.

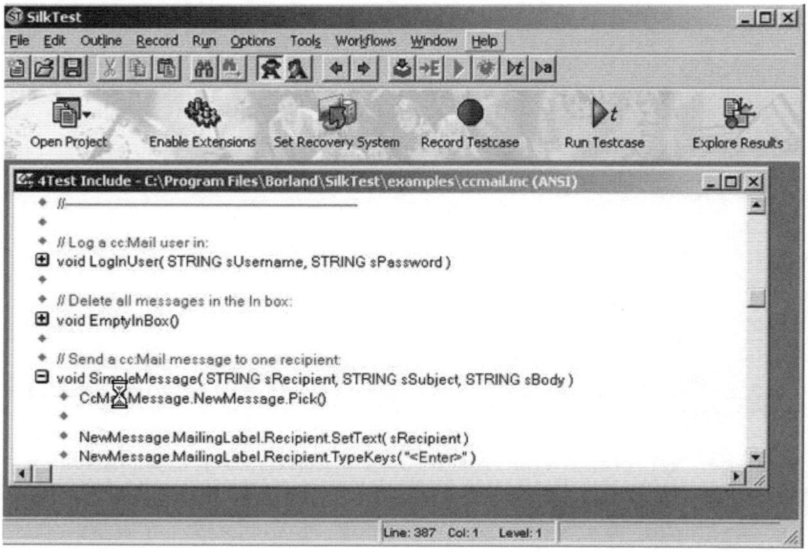

Abb. 6–5
Testfallübersicht in MicroFocus SilkTest [URL: Interface]

SilkTest stellt ein Record & Play-Feature zur Verfügung, bei dem während der Aufzeichnung alle Fenster und Elemente der zu testenden Applikation als Objekte identifiziert und die dazugehörenden Eigenschaften und Attribute gespeichert werden. Für Benutzer mit Programmiererfahrung bietet SilkTest die eigens entwickelte Sprache »4Test«, die das eigenhändige Schreiben von Testskripten erlaubt. 4Test ist objektorientiert und beherrscht den Umgang mit Klassen und Objekten sowie Vererbung.

SilkTest selbst ist in den »SilkTest Host« und den »SilkTest Agent« aufgeteilt. Während der Host sämtliche Skriptdateien enthält, übersetzt der Agent die Anweisungen aus den Skripten in GUI-Aktionen. Diese Aktionen können sowohl auf dem lokalen als auch auf einem entfernten Rechner durchgeführt werden.

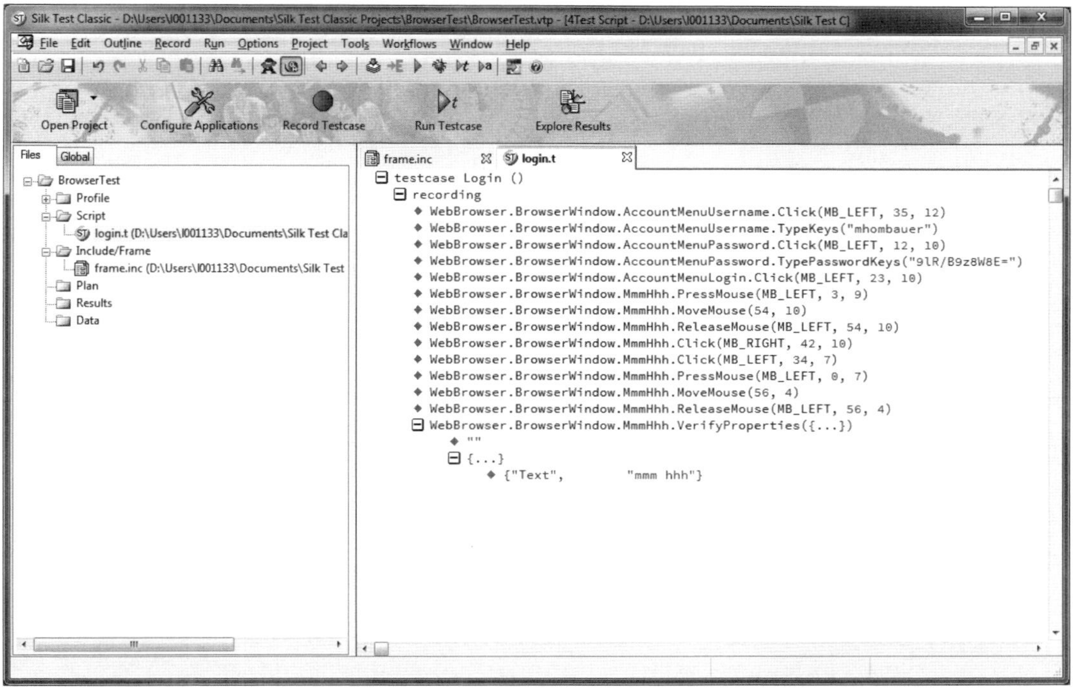

Abb. 6–6
Detailansicht in MicroFocus SilkTest [URL: BTG]

6.3.1.3 IBM Rational Functional Tester

IBM Rational Functional Tester (RFT) bietet eine Eclipse-basierte Umgebung zur Erstellung und Durchführung von automatisierten Tests auf Basis von Java oder .NET. Seit der Version 8.1 stellt RFT zusätzlich eine Oberfläche für »Simplified Scripting« bereit, die es möglich macht, Testabläufe in einfachen englischen Anweisungen aufzuzeichnen und zu editieren. Außerdem werden zu dem Skript Screenshots der Anwendung erstellt, womit einzelne Aktionen genau lokalisiert werden können.

RFT unterstützt Webapplikationen (über Microsoft Internet Explorer und Mozilla Firefox), .NET- und Windows-Applikationen sowie Terminal-Emulation und eine Reihe von weiteren Technologien. Zusätzliche Technologien können auch von Drittanbietern zugekauft bzw. über eine Schnittstelle für Erweiterungen (Proxies) in .NET oder Java selbst erstellt werden – die hierfür erforderliche Dokumentation wird mitgeliefert.

RFT stellt eine Verwaltung von GUI-Elementen zur Verfügung – die Object Maps. Diese können beim Aufzeichnen von Testaktivitäten oder auch manuell im Vorfeld erstellt werden. Skripte haben entweder eine eigene Object Map oder bedienen sich einer global verfügbaren

Object Map und können selektieren, welche Objekte daraus zur Verfügung gestellt werden sollen.

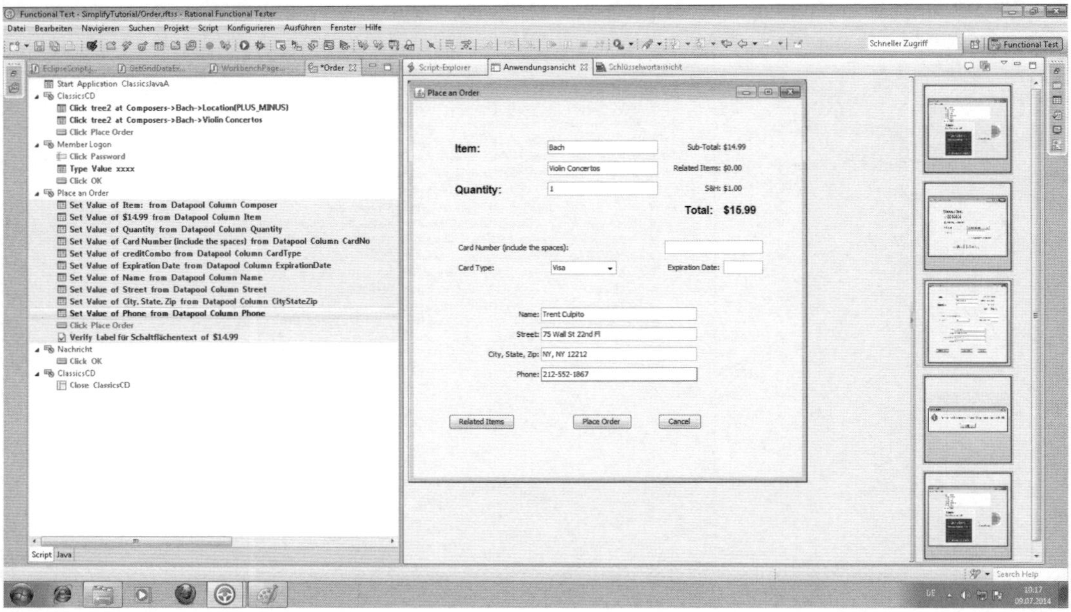

Abb. 6–7
Simplified Scripting in IBM Rational Functional Tester

Validierungen werden über Verification Points hinzugefügt – diese können mittels Erfassung des Istzustandes eines GUI-Objekts erstellt und danach, falls notwendig, modifiziert werden.

Des Weiteren bietet RFT die Möglichkeit von Datenpools zur Erfassung von Testdatenkonstellationen für datengetriebenes Testen. Diese werden dann den Testfällen als Eingabewerte und erwartete Ergebniswerte zur Verfügung gestellt.

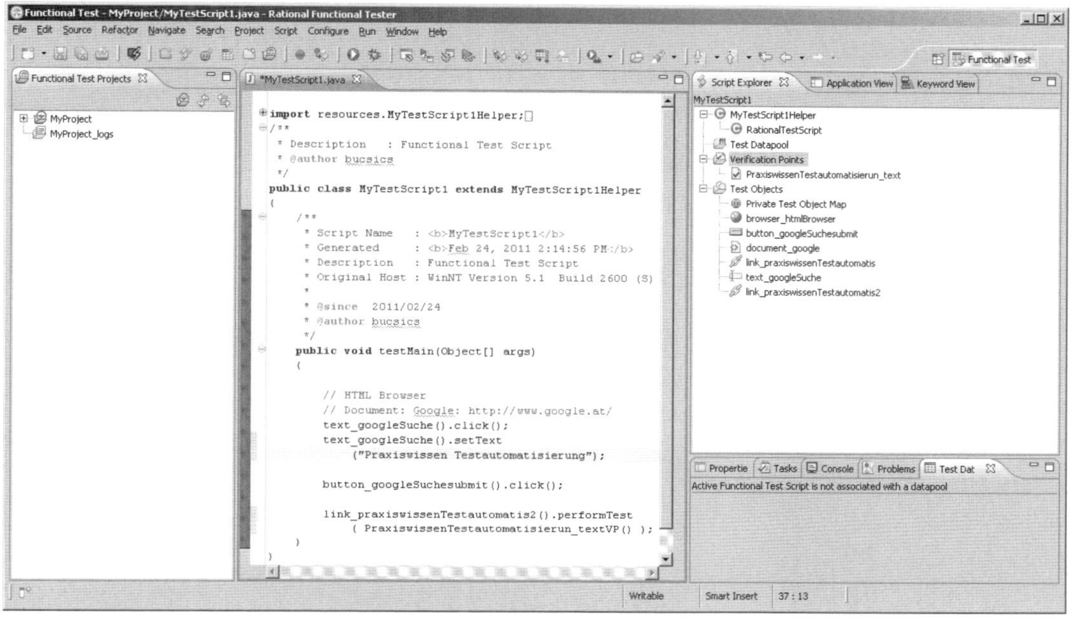

Abb. 6–8
Testfall in IBM Rational Functional Tester

RFT bietet über den Eclipse-Client Jazz die Integration mit anderen IBM-Werkzeugen (wie IBM Rational Team Concert als Kollaborationswerkzeug oder IBM Rational Quality Manager) an.

Für die Testdurchführung ermöglicht es RFT, Tests in Windows- und Linux-Umgebungen durchzuführen, sofern die im getesteten System verwendeten Technologien unterstützt werden.

Mit Java und Eclipse bzw. .NET (C# oder VB.NET) und Visual Studio stellt RFT vollwertige Programmiersprachen sowie zwei der gängigsten und erweiterbarsten Entwicklungsumgebungen zur Verfügung und ermöglicht damit Automatisierungssystemen, die vielen Frameworks und Libraries der entsprechenden Communitys zu nutzen.

Abb. 6–9
Testprotokoll von IBM Rational Functional Tester

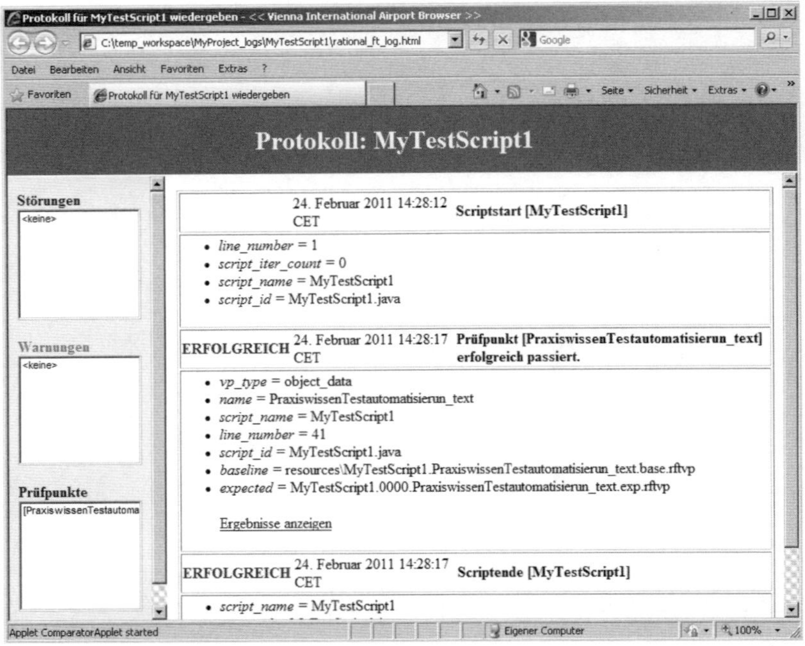

6.3.1.4 Tricentis Tosca Testsuite™

Tricentis Tosca Testsuite™ (im Folgenden als Tosca bezeichnet) verfolgt einen etwas anderen Ansatz als die meisten Automatisierungstools. Ein wesentlicher Fokus dieses Tools ist, Testautomatisierung für Fachbereichsmitarbeiter zugänglich zu machen und Testaktivitäten von der Verwaltung von Requirements über methodisches Testdesign bis zur Automatisierung, Durchführung (manuell und automatisiert) und Auswertung von Testfällen und -durchläufen zu unterstützen.

Automatisierte Testfälle selbst bestehen aus sogenannten »Modulen«: Eine Gruppierung von Testschritten in Form von Parametern (Modulattributen), denen eine bestimmte Funktionalität zugeordnet ist.

Im einfachsten Fall entspricht ein Modul einer Bildschirmmaske, wobei die Parameter die einzugebenden Werte oder durchzuführenden Aktionen auf den jeweiligen Maskenelementen darstellen. In diesem Fall entspricht also ein Testschritt einem auf der Maske verfügbaren GUI-Element, da pro Element zum Ausfüllen oder Überprüfen ein Testschritt notwendig ist.

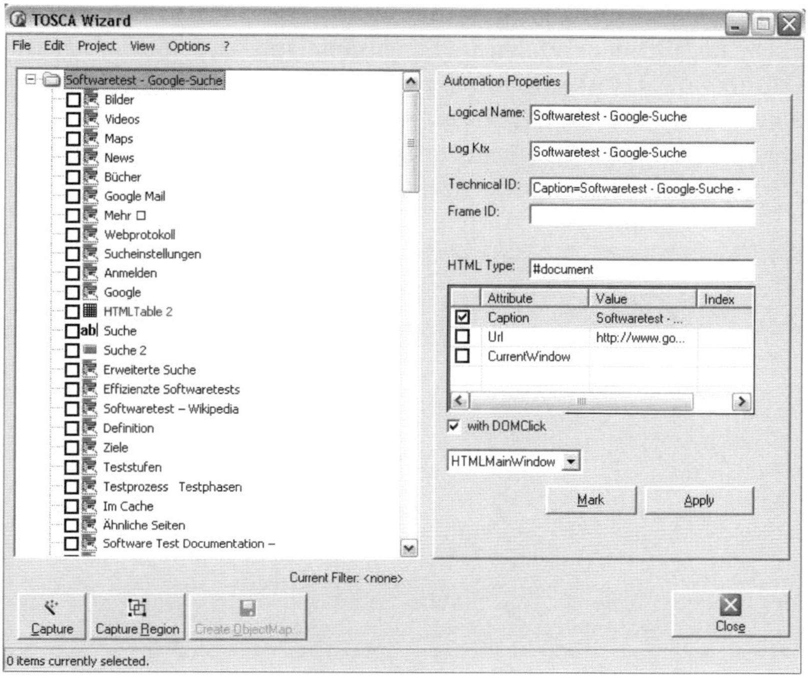

Abb. 6–10
Der Tosca Wizard zur Erfassung von Modulen

Üblicherweise werden zunächst mittels eines Wizards die Oberflächen einer Applikation in Modulen erfasst. Der Wizard erkennt alle aktuell dargestellten GUI-Elemente der Zielapplikation und listet sie auf. Nun können relevante Objekte ausgewählt und dem Repository hinzugefügt werden.

Module sind Bausteine für Testfälle: Module können aneinandergereiht und mit entsprechenden Eingabewerten und erwarteten Ausgabewerten versehen werden. Bei der konkreten Verwendung eines Moduls in einem Testschritt wird per Drag & Drop eine Instanz des gewählten Moduls angelegt. Somit können in einem Testfall mehrere Instanzen desselben Moduls verwendet werden.

Des Weiteren können dabei Daten zur Verwendung in späteren Testschritten ausgelesen werden. Es wird also eine Reihenfolge festgelegt und damit ein Testablauf automatisiert. Testfälle enthalten in der derzeitigen Version von Tosca keinerlei dynamische Ablauflogik: Zu Beginn der Durchführung eines Testfalls steht fest, wie der erwartete Ablauf eines Testfalls aussieht. In Tosca können prototypische Testfälle (Templates) mit Datenquellen verknüpft werden, die dann Werte in Testfallabläufen befüllen. Eine gängige Datenquelle hierfür sind Excel-Tabellen. Primär erfolgt jedoch die Modellierung von Testdaten und deren Strukturen im dafür vorgesehenen Bereich, dem Test Case Designer. Dieser implementiert ebenfalls systematische Regeln für die

Erstellung von Testfällen aus Äquivalenzklassen, wie z.B. kombinatorische Regeln oder auch lineare Expansion. Die Daten können strukturiert und für das Aktivieren oder Deaktivieren von Testfallschritten in einem Testablauf herangezogen werden. Nach dieser Verknüpfung wird aus Template und Datenquelle eine Reihe von Testfällen generiert, die dann die entsprechenden Datenkonstellationen enthalten.

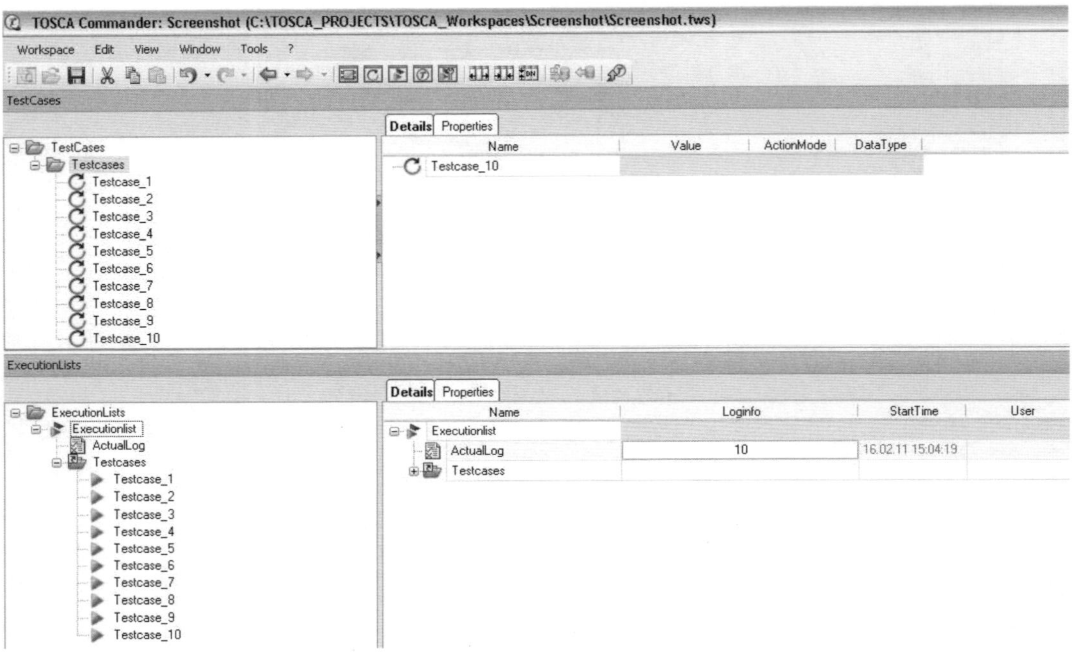

Abb. 6–11 Testfälle und Ausführungslisten in Tosca

Die Testfalldurchführung wird über Ausführungslisten strukturiert, also Listen von Testfällen, die gemeinsam durchgeführt werden. In der Ansicht dieser Ausführungslisten werden direkt auch grundlegende Statistiken über den Durchführungsstatus der Testfälle dargestellt

Tricentis bietet für Tosca ebenfalls eine Erweiterung zur Abbildung und Verwaltung von Requirements an. Hier können Requirements erfasst, gewichtet und mit Testfällen verknüpft werden. Tosca ermöglicht dadurch einen Überblick über die Abdeckung und Erfüllung von Requirements durch den Test.

Tosca unterstützt eine Reihe von GUI-Technologien, von Webapplikationen (über Microsoft Internet Explorer und Mozilla Firefox) und Windows-Applikationen über Powerbuilder und SAP bis Java und .NET. Aber auch eine Reihe von Non-GUI-Schnittstellen wie XML, SOAP, PDF und weitere, spezifischere Schnittstellen werden von Tosca unterstützt. Mit der TBox und Tosca Mobile+ ermöglicht

Tosca auch das Testen von mobilen Applikationen auf iOS- und Android-Geräten.

Weitere Features von Tosca sind der Export von Testergebnissen in Reports (z.B. Word), Multiuser-Fähigkeit, Kommandozeilen-Client, Erstellung von eigenen Modultypen und Testobjekt-Recovery im Fehlerfall.

6.3.1.5 Ranorex Studio

Ranorex Studio ist ein Werkzeug zur Entwicklung von Testautomatisierungsframeworks für die Automatisierung von Desktop-, Web- oder mobilen Applikationen und unterstützt eine sehr große Bandbreite an UI-Technologien.

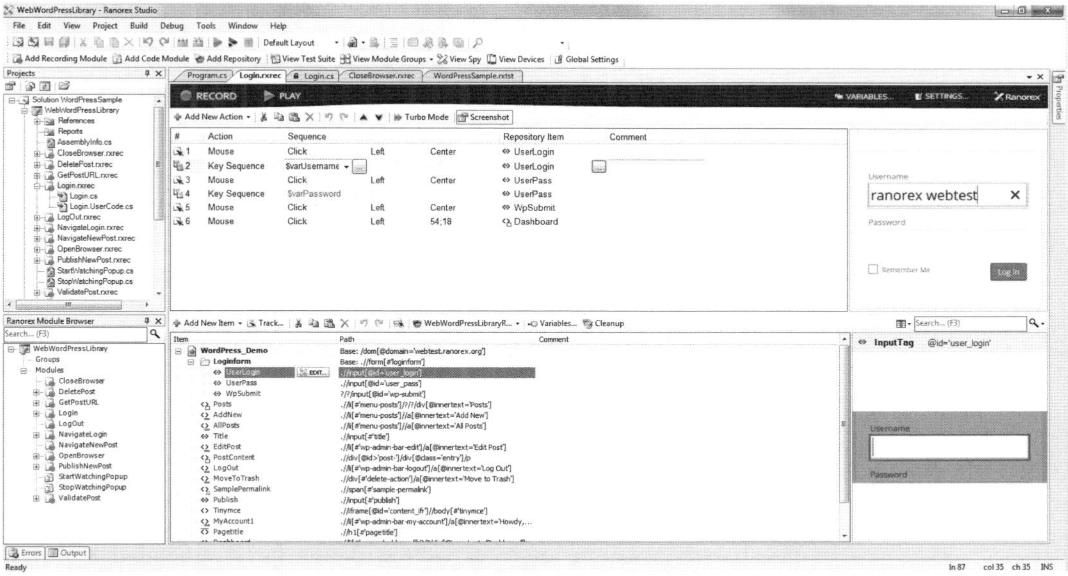

Abb. 6–12
Ranorex Studio mit geöffnetem Recording Module »Login.rxrec«, auch abgebildet: einzelne Actions des Moduls und deren Repository Items inkl. RanorexPath

Im Gegensatz zu vielen anderen kommerziellen Automatisierungslösungen legt Ranorex viel Wert auf Integrationsmöglichkeiten mit anderen Technologien und Werkzeugen. Dadurch ist es zum Beispiel einfach möglich, automatisierte Testfälle in den Entwicklungsprozess (z.B. als Teil einer Continuous Integration Pipeline) zu integrieren, ohne direkt auf Adaptern oder Erweiterungen vom Hersteller angewiesen zu sein. Der Grund dafür ist, dass Ranorex Studio nur eine Möglichkeit darstellt, wie Testfälle mit Ranorex automatisiert werden können. Gerade in Projekten mit technisch versierten Automatisierungsexperten wird oft die Arbeit mit bereits bekannten Entwicklungswerkzeugen wie Visual Studio bevorzugt. Hierbei muss zwar – vor allem beim ersten Arbeiten mit Ranorex – auf hilfreiche Werkzeuge wie Ranorex Spy oder dem Ranorex Test Recorder verzichtet werden. Allerdings sind sämtliche damit erstellte Artefakte via C# oder VB.NET API verfügbar. Das heißt, dass es ohne Weiteres möglich ist, Testfälle zuerst mittels Ranorex Test Recorder aufzuzeichnen und mit Ranorex Studio zu editieren, um erste Schritte mit dieser Automatisierungslösung zu machen, und bei Fortschreiten des Projekts die im Zuge dessen erstellten Artefakte weiterzuverwenden.

Unabhängig von der Art der Verwendung werden GUI-Elemente in Ranorex in einem Object Repository technologieunabhängig und anhand von anwendungslogischen Begriffen organisiert und können sowohl in manuell implementiertem Testcode als auch in Recordings referenziert und verwendet werden. Um diese Elemente zu referenzieren, wird eine Variante von XPath eingesetzt (RanorexXPath).

Abb. 6–13
Objektidentifikation mit Ranorex Spy

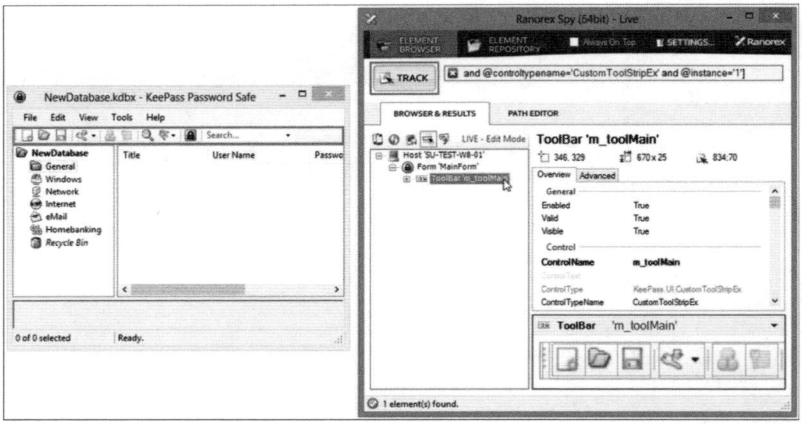

Integration mit Continuous-Integration- und Delivery-Systemen

Wie bereits erwähnt muss für viele Arbeiten nicht zwingend Ranorex Studio eingesetzt werden. Das ist besonders bei der Durchführung von Testsuiten interessant. Diese können zwar auch über ein Benutzerinterface in Ranorex Studio gestartet und analysiert werden, aber für die Einbindung in Continuous-Integration-Systeme werden andere Schnittstellen benötigt. Daher ist es auch möglich, die Ausführung von Testfällen über die Kommandozeile zu steuern, und somit als Teil einer Build-Pipeline in nahezu jedem CI/CD-System zu integrieren (z.B. Jenkins oder Microsoft Team Foundation Server).

Schlüsselwortgetrieben und datengetrieben

Bei der Organisation von Testfällen in Ranorex Studio gibt es generell keine Vorgaben oder Konventionen, die befolgt werden müssen. Allerdings bietet es sich auch hier an, Testfälle aus fachlichen Schlüsselwörtern zu konstruieren und Testdaten möglichst nicht direkt im Testfall zu verwalten. In Ranorex Studio kann dies relativ einfach durch die Verwendung von Recordings, Code Modules, Repositories und externen Datenquellen (z.B. Excel oder SQL) erreicht werden.

Die Automatisierungskomponente von Ranorex kann auch unabhängig von Ranorex Studio in ein bereits bestehendes Automatisierungsframework integriert werden, um zum Beispiel als Ausführungsschicht für spezielle Technologien zu dienen.

6.3.1.6 Microsoft Visual Studio und Team Foundation Server

Mit Visual Studio und Team Foundation Server bietet Microsoft mehr als eine reine Entwicklungsumgebung und Sourcecode-Verwaltung an. Vielmehr sind sie zu einer vollwertigen ALM-Werkzeugsuite zusammengewachsen die den gesamten Projektlebenszyklus einer Software verwalten und umsetzen kann. Dabei bildet der Team Foundation Server selbst die Basis, die alle Daten zentral verwaltet und bei Bedarf per Webfrontends oder unterschiedlichen Clients zur Verfügung stellt.

Die mitgelieferte Toollandschaft deckt alle benötigten Bereiche wie folgt ab:

- Kollaboration und Kommunikation durch Integration einer SharePoint-Instanz
- Softwareentwicklung und Entwicklung automatisierter Tests erfolgt in Visual Studio
- Manuelles Testen und Testmanagement unterstützt durch das Testing Center von Microsoft Test Manager
- Erstellung und Verwaltung von Stages und Testumgebungen im Lab Center von Microsoft Test Manager
- Steuerung und Freigabe von Softwarepaketen und deren Verteilung im Releasemanagement
- Planung und Steuerung von Anforderungen seitens der Projektleitung z.B. über das Webfrontend des Team Foundation Server

Testautomatisierung mit Visual Studio und Coded UI

Microsoft bietet mit dem Coded UI Test Builder ein in die Entwicklungsumgebung Visual Studio integriertes Capture & Replay-Tool. Damit können Benutzeraktionen aufgenommen und als sogenannte UIMaps in einem eigenen Coded-UI-Testprojekt abgelegt werden. Dabei wird bei der Anlage aus den aufgezeichneten Aktionen Code generiert, der für die weitere Verwendung angepasst werden kann. Der Coded UI Test Builder unterstützt alle gängigen Microsoft-UI-Technologien wie zum Beispiel WPF[1], WinForms und natürlich auch Webtechnologien.

Darüber hinaus können auch Last- und Performanztests sowie Komponententests in jeweils einem eigenen Projekttyp angelegt und verwaltet werden. Dadurch ist es möglich, unterschiedlichste Teststufen und -arten über eine einheitliche Oberfläche zu verwalten.

Abb. 6–14 *Einfacher Testfall und Teiler der generierten UIMap mit Coded UI Test Builder aufgezeichnet*

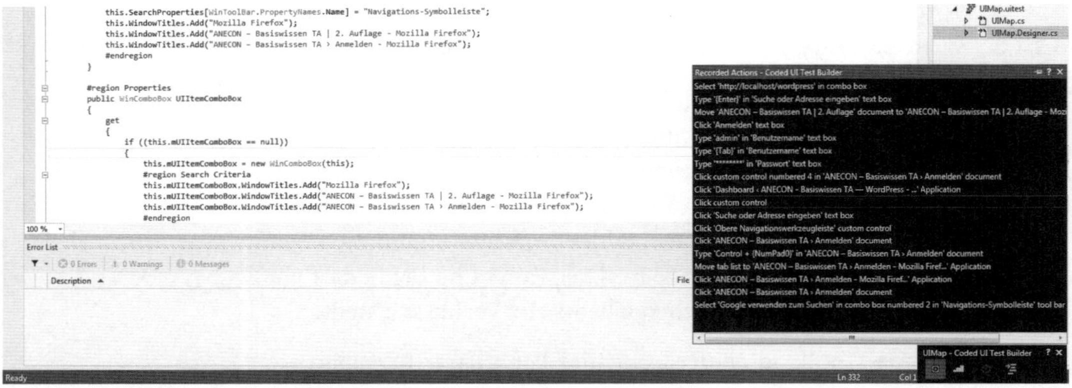

Testfallverwaltung mit Microsoft Test Manager – Testing Center

Das Testing Center bietet die Möglichkeit, manuelle wie auch automatisierte Testfälle zu verwalten und auszuführen. Dabei erfolgt deren Gliederung in sogenannten Plänen und Testsuiten. Zusätzlich kann jeder Testfall diversen Testkonfigurationen zugeordnet werden, die die Umgebungen beschreiben, unter denen ein Testfall ausgeführt werden soll (z.B. Betriebssystemversion oder Browservariante).

Das Erstellen von Fehlertickets erfolgt direkt aus der Testdurchführung heraus, wodurch automatisch eine direkte Verlinkung zum gerade ausgeführten Testfall erstellt wird. Je nach Konfiguration können diesen Tickets auch automatisch Videoaufzeichnungen, Bildschirmfotos oder sogenannte »Action Recordings« beigefügt werden. Diese Informationen können wiederum dafür verwendet werden, um daraus Coded-UI-Testfälle zu erstellen, die in Zukunft als Teil eines automatisierten Regressionstests durchgeführt werden können.

---

1. WPF: Windows Presentation Foundation

Testumgebungsverwaltung mit Microsoft Test Manager – Lab Center

Im Lab Center können Testumgebungen erstellt und auch virtuellen oder physischen Maschinen zugeordnet werden. Diese werden über eine eigene Gruppe im System Center Virtual Machine Manager der Project Collection hinzugefügt. Somit können alle benötigten Testumgebungen mittels automatisierten Deployments angesteuert, provisioniert und nach Verwendung wieder beendet werden.

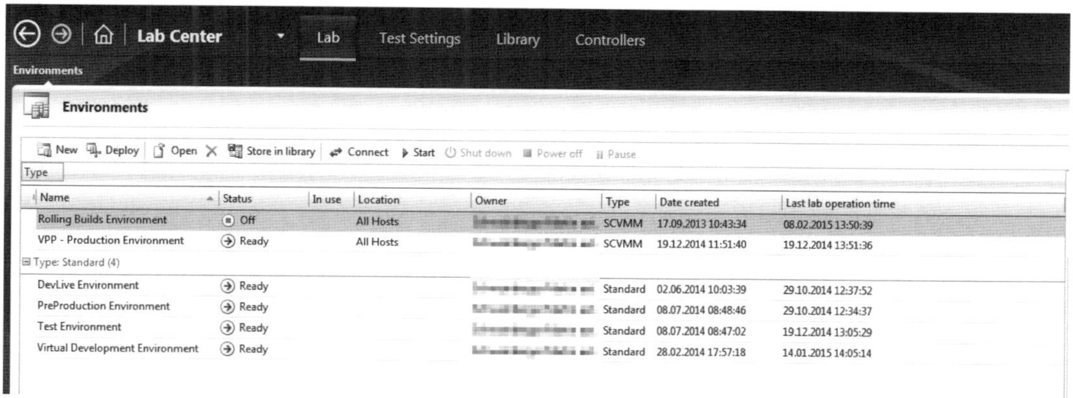

Abb. 6–15
Microsoft Test Manager – Lab Center

6.3.2 Open-Source-Werkzeuge

Wie im Fall von kommerziellen Testdurchführungswerkzeugen finden sich zahlreiche Open-Source-Projekte, die sich mit der Automatisierung von Testdurchführung befassen. Dieser Abschnitt listet eine Auswahl an Vertretern dieser Kategorie auf, mit denen wir vertraut sind.

6.3.2.1 Selenium

Selenium ist eines der gängigsten Open-Source-Automatisierungswerkzeuge für Webapplikationen. In den letzten Jahren hat es sich in diesem Bereich zu einem der wichtigsten und einflussreichsten Werkzeuge entwickelt, sodass das von Selenium verwendete Kommunikationsprotokoll derzeit sogar vom W3C zu einem internationalen Standard für Browser-Automation weiterentwickelt wird.

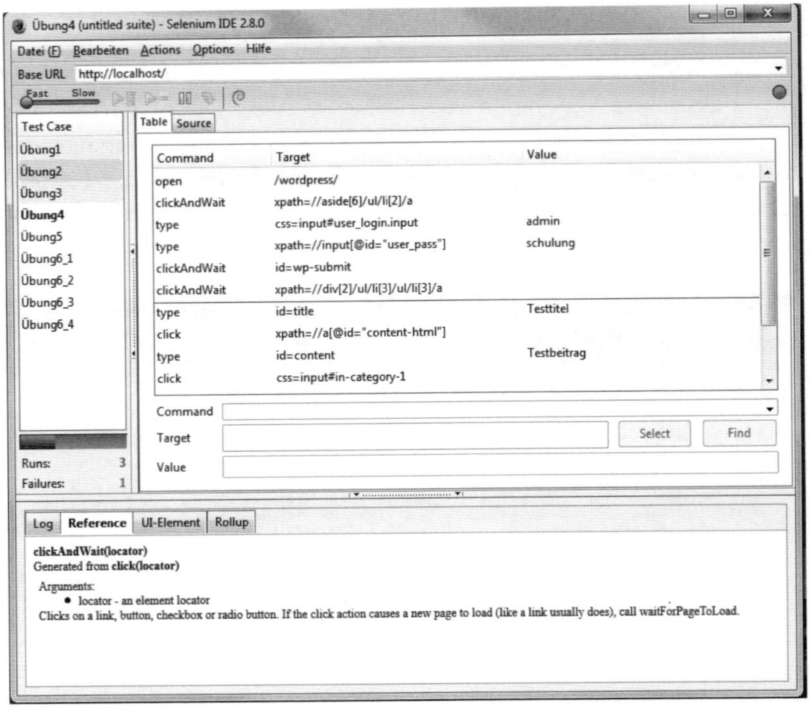

Abb. 6–16
Screenshot der Selenium IDE

Selenium ist genau genommen kein einzelnes Werkzeug, sondern eine Reihe von unterschiedlichen Komponenten mit verschiedenen Einsatzgebieten:

- Selenium IDE (Integrated Development Environment), eine Firefox-Extension für die Aufzeichnung von Testfällen
- Selenium Core für das Abspielen von aufgezeichneten Testfällen (wird mittlerweile nicht mehr weiterentwickelt)
- Selenium RC (RemoteControl) ist nur noch historisch interessant und bot ähnliche Funktionalität wie aktuell Selenium WebDriver (wird mittlerweile nicht mehr weiterentwickelt).
- Selenum WebDriver für die Verwendung von Selenium aus Skript- und Programmiersprachen sowie für die Durchführung von Testskripten auf unterschiedlichen Clientrechnern

Selenium bietet dem Benutzer unterschiedliche Möglichkeiten, um Objekte auf einer Seite zu identifizieren:

- XPath
- CSS-Selektoren
- XHTML-Attribut (»name« oder »id«)

Generell wird man in Testautomatisierungsprojekten meist mehrere dieser Methoden kombinieren müssen, um sämtliche Objekte einwandfrei identifizieren zu können. Dabei sollte aber stets darauf geachtet werden, dass die erstellten Selektoren möglichst stabil und wartungsarm sind. Das heißt, dass möglichst wenig Wissen über den Kontext eines Elements für dessen Identifizierung notwendig sein sollte. Am einfachsten lässt sich das dadurch erreichen, dass sämtliche testrelevante Elemente einer Seite ein eindeutiges ID-Attribut zugewiesen bekommen und die Testautomatisierung nur auf dieses Attribut zugreift, da diese Attribute seitenweit eindeutig vergeben werden müssen. Entsprechend dem XHTML-Standard sollten IDs eindeutig vergeben werden, jedoch gibt es keinen Compiler oder Ähnliches, der die Einhaltung dieser Regel garantiert. Es kann daher immer passieren, dass ein ID-Attribut auch mehrfach vorkommt. Selenium WebDriver besteht im Kern aus drei Komponenten: Automation Atoms, WebDrivern und Language Bindings.

Automation Atoms stellen in JavaScript implementierte, grundlegende Funktionalität für die Web-Automation dar, die für die interne Verwendung in WebDrivern gedacht ist. Sie können dabei von jedem WebDriver genutzt werden, unabhängig davon, in welcher Sprache dieser implementiert wurde. Damit erleichtern sie die Anbindung und die Wartung von weiteren WebDriver-Implementierungen erheblich.

Die WebDriver stellen wiederum die Schnittstellen zu den zu steuernden Browsern dar und müssen daher für die jeweilige Browservariante nativ implementiert werden (der Firefox WebDriver ist beispielsweise als Firefox-Erweiterung implementiert). Wie die Steuerung des Browsers dabei genau abläuft, ist für das aufrufende Skript ein Implementierungsdetail und damit größtenteils irrelevant. Bestimmte Unterschiede können derzeit noch nicht ganz gekapselt werden. So nutzt beispielsweise der WebDriver des Internet Explorers native OS-Events und es kann daher zu Problemen kommen, wenn mehrere Instanzen parallel aktiv sind bzw. das Browserfenster nicht im Fokus steht.

Abschließend werden die WebDriver über die Language Bindings den unterschiedlichsten Skript- und Programmiersprachen verfügbar gemacht, die es somit einem Entwickler ermöglichen, eine Browserinstanz zu steuern. Damit ein Language Binding für eine Sprache umgesetzt werden kann, muss die entsprechende Sprache lediglich Möglichkeiten zur Kommunikation mit HTTP und JSON bieten. Dies ist ausreichend, um damit die gesamte Kommunikation mit einem WebDriver abzuwickeln. Offiziell werden derzeit die folgenden Language Bindings von Selenium zur Verfügung gestellt: Java, C#, Ruby, Python und JavaScript.

Selenium Grid ermöglicht die Verteilung und Parallelisierung der Testdurchführung auf mehrere Rechner und des Weiteren auf mehrere Browser pro Rechner. Hierfür können beliebig viele Nodes bei einem Hub registriert werden, wobei dieser lediglich für die Verteilung der Anfragen zuständig ist. Abhängig von den vom Benutzer angeforderten Parametern (Betriebssystem, Browserversion, ...) wird ein passender Node ausgewählt und die Anfragen an diesen weitergeleitet. Diese Konfiguration von Selenium ist vor allem dann interessant, wenn eine Vielzahl von Betriebssystemen, Browsern und Browserversionen in unterschiedlichen Kombinationen getestet werden sollen.

Aufgrund der Architektur von Selenium bieten sich zahlreiche Möglichkeiten, andere Frameworks zu integrieren oder zu kombinieren. Durch die unabhängige Implementierung von Language Bindings können beispielsweise relativ einfach neue Programmiersprachen unterstützt werden, die dann einer größeren Entwicklergemeinschaft zur Verfügung stehen. Ähnlich flexibel können Selenium-Skripte auch mit Continuous-Integration-Werkezeugen integriert werden.

6.3.2.2 Canoo Webtest

Canoo Webtest ist ein Open-Source-Automatisierungswerkzeug für den Test von Webapplikationen. Im Gegensatz zu den anderen hier gelisteten Testwerkzeugen verwendet Webtest jedoch keinen grafischen Browser für die Testdurchführung, sondern HTMLUnit, also einen Testrahmen für webbasierte Applikationen, der kein Rendering von Webseiten erfordert, aber sich dennoch weitgehend wie ein konventioneller Webbrowser verhält und z.B. JavaScript-Unterstützung bietet.

Für Objekterkennung können XPath und/oder Objektattribute herangezogen werden und für die Aufzeichnung von Webtest-Skripten steht, ähnlich wie im Fall von Selenium, ein Firefox-Plug-in zur Verfügung.

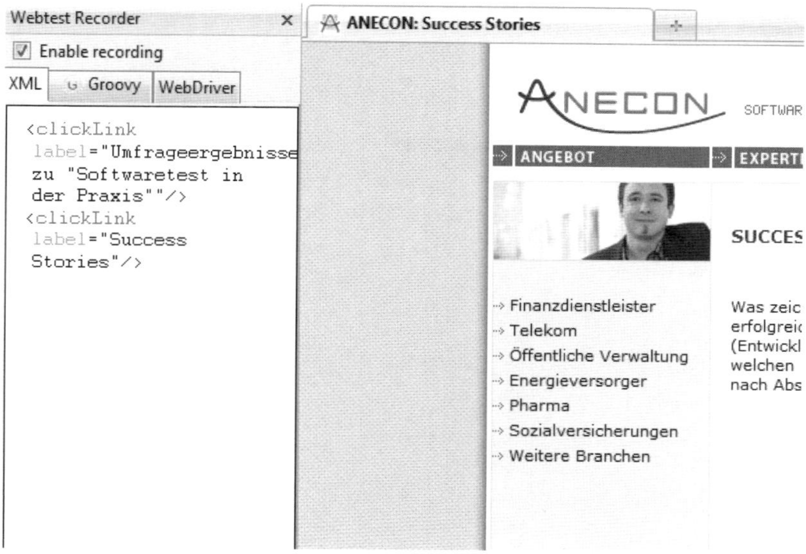

Abb. 6–17
Das Aufzeichnungswerkzeug von Canoo Webtest

Testfälle können in Ant-Skripten oder Groovy (einer Java-ähnlichen Skriptsprache, die ebenfalls in der Java Virtual Machine ausgeführt werden kann) erstellt und abgearbeitet werden. Anschließend werden die Ergebnisse zurückgegeben.

Für Ant bietet Webtest eine Reihe von Schritten zur Ansteuerung des Testobjekts, aber auch zusätzliche Funktionalitäten, wie zum Beispiel die Verwendung von Testdaten aus einer Excel-Tabelle, werden mitgeliefert.

Als Protokoll wird ein HTML-Dokument zur Verfügung gestellt, das eine Übersicht über die durchgeführten Tests und deren Status enthält. Im Protokoll verlinkt sind auch die Durchführungsprotokolle der einzelnen Testfälle. Zur Fehleranalyse kann ein Abbild der vom Testobjekt zurückgegebenen Seite in Form von HTML herangezogen werden, die direkt aus dem Durchführungsprotokoll im jeweiligen Testschritt verlinkt ist.

Die Verwendung von Ant zur Testdurchführung erlaubt eine einfache Integration in Build-Umgebungen mit Ant-Unterstützung. Die Durchführung der Tests auf Systemen ohne grafische Oberfläche kann einerseits stark performanzsteigernd wirken und andererseits bei kleineren Automatisierungsvorhaben den Bedarf eines dedizierten Automatisierungsrechners umgehen, indem Testfälle direkt am Build-Server durchgeführt werden können.

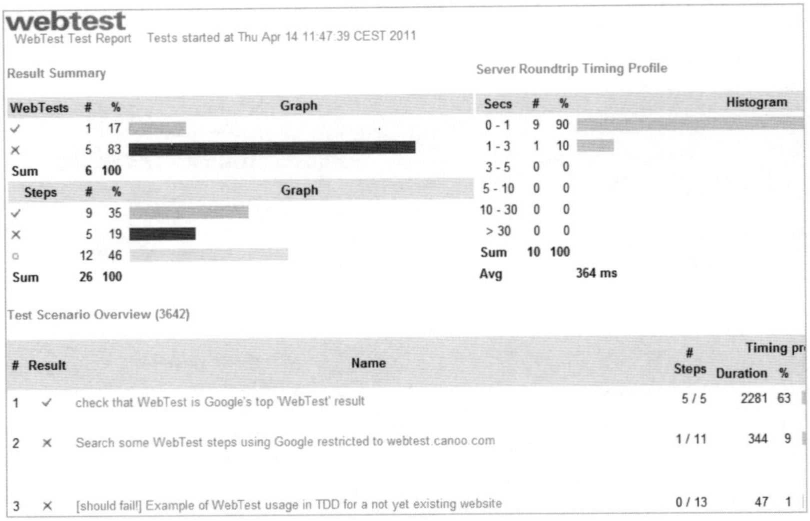

Abb. 6–18
Protokoll einer Testdurchführung mit Webtest

6.3.2.3 xUnit

Es gibt für beinahe jede gängige Programmier- oder Skriptsprache unterstützende Unit-Test-Frameworks, die alle in etwa nach dem gleichen Konzept funktionieren.

Wir werden als Vertreter für diese Frameworks JUnit in Version 4 vorstellen. JUnit gilt als das am weitesten verbreitete Unit-Test-Framework für die Programmiersprache Java. Beim Versionssprung von 3 auf 4 hat sich für den Anwender eine starke Erleichterung ergeben, da in dieser Version das Framework durch Annotations erweitert wurde. Trotzdem sind auch die vorhergehenden Versionen noch vielfach im Einsatz, weshalb sie am Ende dieses Abschnitts noch kurz beschrieben werden sollen.

Grundsätzlich ist das Framework dazu da, den Entwickler beim Implementieren des oben beschriebenen Konzepts zu unterstützen. Testklassen werden üblicherweise in einer eigenen Ordnerstruktur abgelegt und mit einem selbsterklärenden Namen benannt. Zur Kennzeichnung eines Testfalls ist nur noch eine @Test-Annotation vor der entsprechenden Methode zu setzen.

SetUp-Methoden der Testklasse sind für die Initialisierung notwendiger Bedingungen für entsprechende Testdaten vorgesehen. TearDown-Methoden räumen anschließend wieder auf. Diese Initialisierungen können einmal pro Testklasse und auch vor jedem in der Klasse existierenden Testfall auftreten. @Before-, @After-, @BeforeClass- und @AfterClass-Annotations kennzeichnen entsprechende Methoden als SetUp- bzw. TearDown-Methoden.

JUnit bietet eine Reihe von Methoden, die in den Tests aufgerufen werden können, um sogenannte Zusicherungen (Assertions) zum Verhalten eines Programms zu machen. Hier stehen die folgenden Methoden zur Verfügung:

Tab. 6–1
Verifikationsmethoden von JUnit

Methode	Beschreibung
assertEquals(), assertNotEquals()	Prüft, ob zwei Objekte oder elementare Typen den gleichen Wert haben, diese Methode hat den Vorteil einer genaueren Fehlerbeschreibung
assertSame(), asserNotSame()	Prüft, ob zwei Objekte dasselbe Objekt sind
assertTrue(), assertFalse()	Prüft einen booleschen Ausdruck
assertNull(), asserNotNull()	Prüft auf ein Null-Objekt

JUnit erkennt die Testfälle in der Testklasse automatisch und führt diese aus. Ein grüner Balken visualisiert, dass alle Tests ohne Fehler durchgelaufen sind. Bei einem roten Balken ist etwas schiefgegangen und bevor die Komponente an die Tester weitergegeben wird, sollte der Fehler behoben werden.

Mit der Version 4 von JUnit ist die Integration von Unit Tests noch vereinfacht worden. Annotations spiegeln dabei den grundlegenden Unterschied wider. So musste man vorher viel mehr auf Naming Conventions achten. Nachfolgend ist in Stichpunkten zusammengefasst, wie die Anwendung vor Version 4 erfolgte:

- Testklassen mussten die Klasse TestCase erben.
- Testmethoden mussten vorneweg mit test benannt werden, z.B. public void testadd(){…}.
- Methoden zur Vor- oder Nachbereitung mussten »setUp()« und »tearDown()« heißen.
- Tests, die ignoriert werden sollen, mussten auskommentiert werden.
- Um erwartete Exceptions zu verifizieren, musste manuell ein try-catch – assert success construct implementiert werden.

6.3.2.4 Fit, Slim und FitNesse

Fit ist ein weiteres Open-Source-Testwerkzeug und bietet im Kern die Möglichkeit, in Testautomatisierungsskripten oder Programmcode Tabellen zu verarbeiten und damit Tests durchzuführen. Es werden bestimmte Tabellenformate definiert, die abgearbeitet und auf Testabläufe angewandt werden können. Es unterstützt die meisten gängigen Skript- und Programmiersprachen. Ursprünglich von Ward Cunningham entwickelt, erfuhr es im Lauf der Zeit diverse Erweiterungen, zusätzliche Anbindungen an Programmiersprachen und Integrationen mit diversen Werkzeugen. Aktuell wird Fit hauptsächlich gemeinsam mit FitNesse eingesetzt.

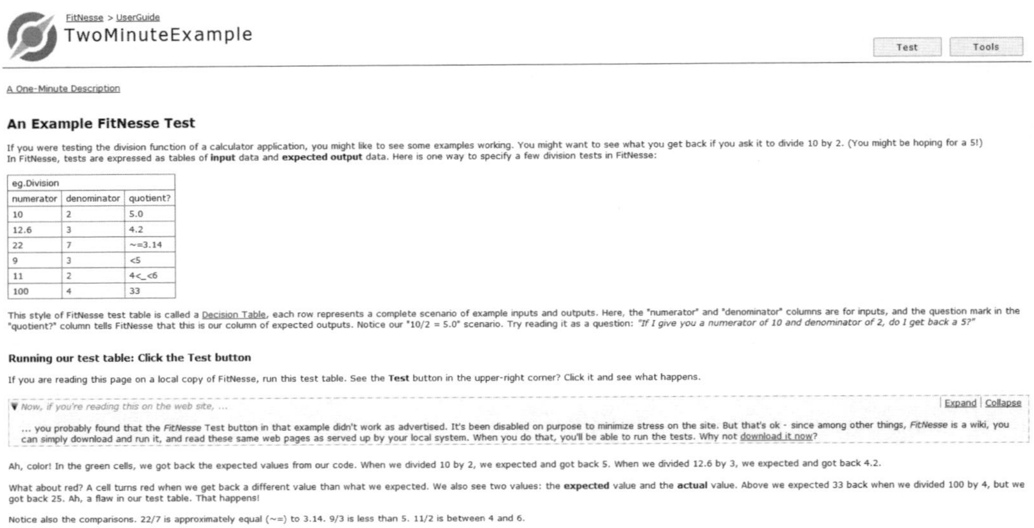

FitNesse > UserGuide

TwoMinuteExample

Test Tools

A One-Minute Description

An Example FitNesse Test

If you were testing the division function of a calculator application, you might like to see some examples working. You might want to see what you get back if you ask it to divide 10 by 2. (You might be hoping for a 5!)
In FitNesse, tests are expressed as tables of **input** data and **expected output** data. Here is one way to specify a few division tests in FitNesse:

eg.Division		
numerator	denominator	quotient?
10	2	5.0
12.6	3	4.2
22	7	~=3.14
9	3	<5
11	2	4<_<6
100	4	33

This style of FitNesse test table is called a Decision Table, each row represents a complete scenario of example inputs and outputs. Here, the "numerator" and "denominator" columns are for inputs, and the question mark in the "quotient?" column tells FitNesse that this is our column of expected outputs. Notice our "10/2 = 5.0" scenario. Try reading it as a question: *"If I give you a numerator of 10 and denominator of 2, do I get back a 5?"*

Running our test table: Click the Test button

If you are reading this page on a local copy of FitNesse, run this test table. See the **Test** button in the upper-right corner? Click it and see what happens.

Now, if you're reading this on the web site, ... Expand | Collapse

... you probably found that the *FitNesse* Test button in that example didn't work as advertised. It's been disabled on purpose to minimize stress on the site. But that's ok - since among other things, *FitNesse* is a wiki, you can simply download and run it, and read these same web pages as served up by your local system. When you do that, you'll be able to run the tests. Why not download it now?

Ah, color! In the green cells, we got back the expected values from our code. When we divided 10 by 2, we expected and got back 5. When we divided 12.6 by 3, we expected and got back 4.2.

What about red? A cell turns red when we get back a different value than what we expected. We also see two values: the **expected** value and the **actual** value. Above we expected 33 back when we divided 100 by 4, but we got back 25. Ah, a flaw in our test table. That happens!

Notice also the comparisons. 22/7 is approximately equal (~=) to 3.14. 9/3 is less than 5. 11/2 is between 4 and 6.

Abb. 6–19
Die Default-Einstiegsseite von FitNesse

In einer der Tabellenformen zum Beispiel sind Testfälle zeilenweise abgebildet: Jede Zeile entspricht einer Testfallvariation und jede Spalte einem Eingabewert oder einem erwarteten Ausgabewert. So können Testfälle durch Tester oder automatisierte Generierungswerkzeuge erstellt und verwendet werden.

Eine andere Tabellenform betrachtet eine Tabelle als einen Testfall. Jede Zeile repräsentiert ein Schlüsselwort und jede Spalte einen Parameter dazu. Schlüsselwörter können Aktionen auf dem Testobjekt durchführen, Werte überprüfen oder Werte auslesen.

Auf der technischen Seite benötigt Fit eine Schnittstelle zum Testobjekt (Fixture), die die einzelnen Testfälle abarbeiten kann. Derlei Schnittstellen werden nicht mitgeliefert, da das Konzept vorsieht, diese Schnittstelle so zu halten, dass Testfälle in fachlicher, leicht verständlicher Sprache formuliert werden können. Hierfür müssen Fixtures mit der entsprechenden Funktionalität implementiert werden, die dann in den Testfällen verwendet werden kann.

Sollen mit Fit GUI-Tests automatisiert werden, so wird zusätzlich eine Ausführungsschicht benötigt, die die eigentliche Interaktion mit dem Testobjekt übernimmt. In der Praxis wird dafür oft Selenium eingesetzt, aber theoretisch lassen sich nahezu alle gängigen Automatisierungswerkzeuge für diese Aufgabe verwenden, solange sie eine geeignete technische Schnittstelle dafür zur Verfügung stellen.

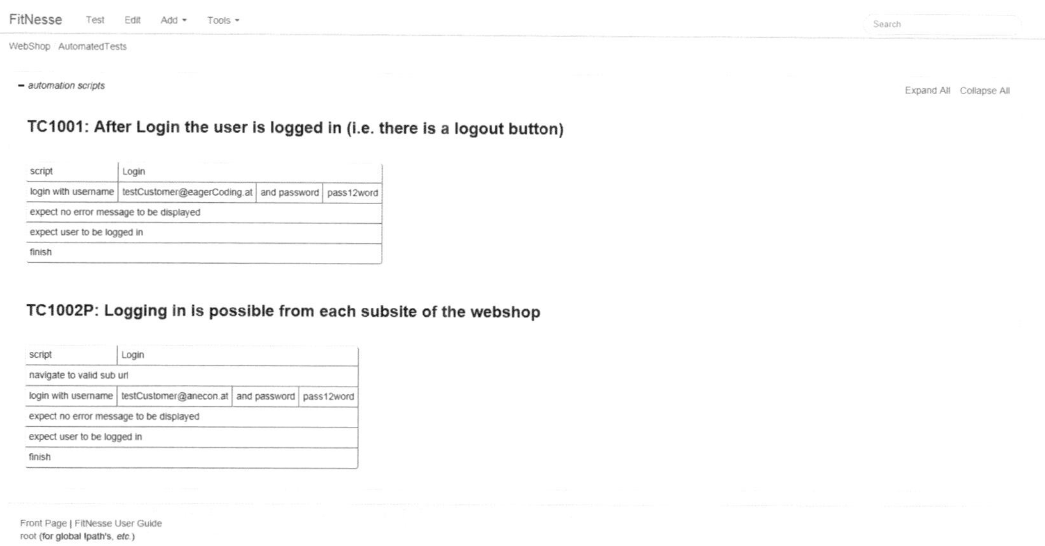

Abb. 6–20
Eine FitNesse Page mit zwei Testfällen in Form von Slim Script Tables

Als Alternative zu Fit gibt es ein weiteres Framework zur Verarbeitung von tabellarischen Testfällen: das servicebasierte Slim. Es unterscheidet sich in der Verwendung im Groben kaum von Fit, stellt aber mit seiner Servicearchitektur eine etwas zeitgemäßere Verwendungsmöglichkeit sowie weitere Tabellentypen zur Verfügung, mit denen Testfälle erstellt werden.

Auf Fit bzw. Slim aufbauend wurde von Robert C. Martin und weiteren Unterstützern FitNesse implementiert. Damit steht eine Art Testfallmanagementwerkzeug und Entwicklungsumgebung für Fit- oder Slim-Tests zur Verfügung. In einem Wiki können Testfalltabellen verwaltet, dokumentiert und durchgeführt werden. Eine von den Machern nahegelegte Verwendungsweise besteht darin, Abnahmekriterien textuell in FitNesse zu erfassen und dazu unmittelbar Testfälle in Fit- bzw. Slim-Notation zu hinterlegen. Vor bzw. bei der Implementierung des Testobjekts werden dann die Fixtures erstellt, um jederzeit automatisiert einen Abnahmetest auf dem Testobjekt durchführen zu können. Als Beispiel für dieses Vorgehen kann FitNesse selbst angesehen werden. Sämtliche Abnahmetests für FitNesse sind in FitNesse automatisiert und werden unter anderem vor jedem Deployment durchgeführt.

Ein wichtiger Aspekt von FitNesse ist, dass dadurch die Kommunikation im Projekt erleichtert und gefördert wird. Werden Anforderungen ausschließlich in natürlichsprachlicher Form dokumentiert, besteht die Gefahr, dass diese falsch verstanden, anders interpretiert und damit schlussendlich falsch implementiert werden. In Verbindung mit automatisierten Abnahmetests wird dieses Risiko aufgrund mehrerer Aspekte reduziert:

- Automatisierte Tests können rasch erstellt werden und liefern daher bereits frühzeitig Feedback über den Erfüllungsgrad der Anforderungen.
- Automatisierte Tests können regelmäßig in kurzer Zeit durchgeführt werden und liefern daher kontinuierliches Feedback über den Erfüllungsgrad der Anforderungen.
- In dieser Form spezifizierte automatisierte Abnahmetests sind präzise, deterministisch und aufgrund der Nähe zu den Anforderungen oft auch sehr vollständig.
- Wenn geeignete Fixtures implementiert sind, können die Abnahmetests in einer fachlich verständlichen Sprache geschrieben und somit von allen Projektbeteiligten verstanden werden.
- Abhängig von der Qualität der Fixtures und des Aufbaus der Projektorganisation können Abnahmetests auch direkt von Personen aus dem Fachbereich geschrieben werden, auch wenn diese kein tiefer greifendes IT- oder Testautomatisierungs-Know-how besitzen.

6.3.2.5 SoapUI

SoapUI ist ein Werkzeug mit Fokus auf den automatisierten funktionalen Test von Webservices. Es bietet die Möglichkeit, über eine grafische Benutzerschnittstelle Webservice-Beschreibungen zu importieren und daraus Schnittstellenobjekte zu erhalten, die dann für die Erstellung von Testfällen genutzt werden können. Diese Testfälle können dann einzeln, in einer Suite oder mehrfach parallelisiert (für einfache Last- und Performanztests) durchgeführt werden.

Testfälle bestehen in SoapUI aus einem oder mehreren Schritten. Für die Gestaltung von Testfällen steht eine Reihe von Schritt-Typen zur Verfügung:

- Einen Request absetzen und den Rückgabewert überprüfen
- Werte auslesen und in den Zwischenspeicher legen
- Werte im Zwischenspeicher manipulieren
- Über eine Anzahl von Schritten anhand einer Datenquelle iterieren
- Wartezeit
- Logische Bedingung
- Einen anderen Testfall aufrufen

SoapUI unterstützt zahlreiche Technologien, darunter SOAP, REST, JDBC, HTTP, JMS und AMF (Adobe ActionScript Messaging Format). Des Weiteren bietet SoapUI die Möglichkeit, Mocks für Services aus den Servicebeschreibungen zu erzeugen und, im Fall von SOAP, Transaktionen aufzuzeichnen und zu manipulieren. Zusätzlich können in Testfällen Groovy-Skripte verwendet werden, die mit unterschiedlichen, von SoapUI zur Verfügung gestellten Objekten hantieren können.

SoapUI bietet eine Plug-in-Schnittstelle, durch die zusätzliche Funktionalität in das Werkzeug eingebracht werden kann – hierfür werden von einigen Anbietern Erweiterungen zu unterschiedlichen Zwecken angeboten, wie zum Beispiel für die Integration mit Testfallmanagementwerkzeugen sowie Java-Entwicklungsumgebungen wie Eclipse, Netbeans und IntelliU.

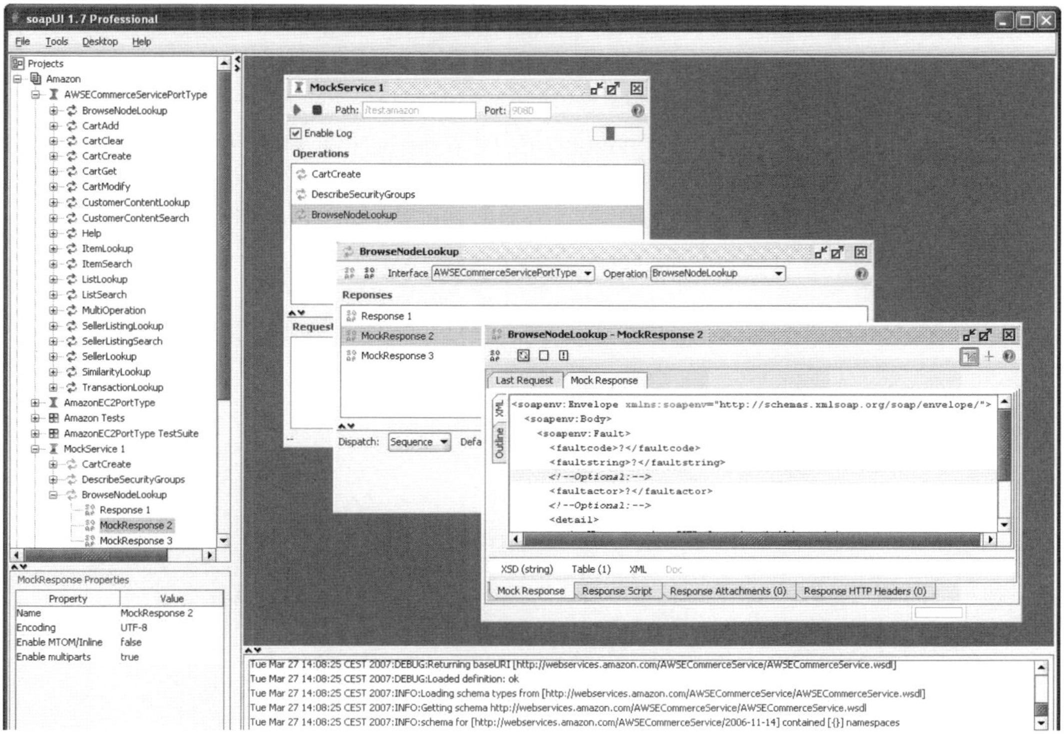

Abb. 6–21
Screenshot von SoapUI [URL: Softpedia]

SoapUI steht in einer frei verfügbaren Variante und in einer kostenpflichtigen »Pro«-Variante zur Verfügung. Die »Pro«-Variante bietet vor allem Erleichterungen im Bereich von Features zur Erhöhung der Effizienz in der Erstellung von Testfällen und im Bereich Reporting. Beispiele sind das tabellarische Editieren von Request-Parametern für den manuellen Test – in der freien Variante muss hierfür manuell der XML-Request editiert werden – oder auch die Verwendung von Datenquellen für den datengetriebenen Test und eines zentralen Repositories für Groovy-Skripte.

6.4 Kontrollfragen zum Kapitel

1. Welche Schritte müssen bei der Werkzeugauswahl in Betracht gezogen werden?
2. Warum muss bei der Anschaffung eines Werkzeugs auf die Erweiterbarkeit geachtet werden?
3. Eine gute Daumenregel besagt, dass Entwickler entwickeln sollten und Tester Testfälle schreiben sollten, aber nicht umgekehrt. Warum ist das so?
4. Was sind Proof-of-Concept-Workshops?
5. Welche zwei Lizenzmodelle gibt es üblicherweise? Wie unterscheiden sich diese?
6. Was sind häufige Vorteile von kommerziellen Automatisierungswerkzeugen?
7. Worin liegen die Vorteile von Open-Source-Werkzeugen?

7 Integration in die Organisation

Dieses Kapitel beschreibt Herausforderungen, Probleme und Lösungsansätze, die bei der Einführung von Testautomatisierung in die Organisation oder das Unternehmen auftreten können. Um die Automatisierung erfolgreich einführen zu können, müssen dafür auf Unternehmens- und Projektebene wichtige Voraussetzungen geschaffen werden.

7.1 Ab heute wird automatisiert!

In den letzten Kapiteln wurden Ansätze, Vorgehen und Methoden in verschiedenen Dimensionen dargestellt, die allesamt bei der Testautomatisierung beachtet werden sollen. Doch wo jetzt anfangen? Diese Frage lässt sich nicht pauschal oder mit einem Rezept beantworten. Dafür sind sowohl die Unternehmen, die Rahmenbedingungen als auch die Projekte selbst viel zu unterschiedlich. Es gibt aber einige Punkte, deren Betrachtung vor und bei der Einführung von Testautomatisierung äußerst lohnend ist. So lässt sich vermeiden, in die falsche Richtung loszustarten und viel Aufwand ohne Nutzen zu investieren. Die folgenden Anregungen dienen dazu, den richtigen Einstiegspunkt in die Testautomatisierung zu finden.

Abb. 7–1
Anregungen und Ideen, um einen Einstiegspunkt zu finden

Von der grünen Wiese weg ...

Neue Projekte

In neuen Projekten besteht die Möglichkeit, Testautomatisierung von Beginn an mit aufzubauen und mitwachsen zu lassen. So kann auch bei den Anforderungen und der Architektur des Testobjekts bereits Rücksicht auf die Testbarkeit genommen werden, was die Umsetzung der Testautomatisierung erleichtert und auch langfristig zur Wartbarkeit der Automatisierung beitragen kann. Neue Projekte bergen aber auch verstärkt die Gefahr, die Automatisierung auf zu breiter Front zu beginnen und somit viele Baustellen aufzumachen, die später nicht mehr bewältigt werden können. Daher ist es in diesen Situationen besonders wichtig, eine solide Vorstellung und Konzeption der Testautomatisierung zu haben.

... oder in bestehende Projekte

Herausfordernder stellt sich die Situation in bestehenden Projekten dar. Neben der Entscheidung, wo am Testobjekt mit Automatisierung begonnen werden kann (mehr dazu später), gibt es in diesen Projektstrukturen noch andere Punkte zu beachten.

Auswahl Teststufen

Eine wichtige Frage ist, auf welchen Teststufen mit der Automatisierung begonnen werden soll. Hier ist auch die betroffene Mitarbeitergruppe zu beachten: So werden automatisierte Komponententests durch die Entwickler erstellt, automatisierte Systemtests durch die Tester, was der zeitlichen Planung dieser Aktivitäten entgegenkommt.

Ein anderer wichtiger Aspekt ist, dass durch die Einführung der Automatisierung und die damit verbundenen Aufgaben kurzzeitig die messbare Qualität des Systems sinken kann, da Tester und/oder Entwickler in das bestehende, funktionierende System eingreifen. Dies ist bei der Planung der Einführung zu berücksichtigen.

Mindset und Teamführung

Zudem ist ein gewisser Paradigmenwechsel bei den Mitarbeitern notwendig. Ein eingespieltes Projektteam, das in der Vergangenheit ausschließlich manuell getestet hat und nun automatisierte Tests einführen will, muss bestehende Muster zum Teil durchbrechen. Hier liegt ganz klar auch eine Aufgabe bei der Teamführung, diesen Übergang zu ermöglichen und alle betroffenen Mitarbeiter auch mitzunehmen.

Testautomatisierung als Gefährdung für Arbeitsplätze

Ein Führungsthema kann die Angst der Tester sein, durch Testautomatisierung ersetzt zu werden. Dass diese Angst meist unbegründet ist, sieht man schon an der Entwicklung des Berufsbilds des Testers. Aus den ursprünglichen Anfängen – wo Programme ein wenig ausprobiert wurden – sind professionelle Softwaretester geworden, die Methoden und Vorgehen kennen, um kreativ, aber dennoch systematisch und strukturiert Testentwürfe zu erstellen und daraus Testfälle abzuleiten. Die reine Durchführung ist nur mehr ein kleiner Teil des Aufgabenbereichs moderner Tester. Und gerade die Testautomatisierung benötigt diesen kreativen Anteil. Der Tester wird jetzt sogar noch mehr gefordert, da seine Testfallentwürfe und -spezifikationen in der Automatisierung umsetzbar sein müssen. Außerdem gibt sie dem Tester die Chance, nun noch kreativer zu sein, da wiederkehrende Tätigkeiten wie datengetriebene Testfälle mit unzähligen Konstellationen und umfassende und häufige Regressionstests nun weniger Zeit in Anspruch nehmen können. Obsolet wird er also nicht, im Gegenteil – der Anspruch an den Tester wird steigen.

Zudem entwickelt sich aus der Rolle des Softwaretesters die Rolle des Testautomatisierers, der immer häufiger auch als eigene Profession angesehen wird.

Kein Testprozess

Testautomatisierung ist kein Mittel, um einen schlecht funktionierenden Testprozess zu verbessern. Wenn kein Know-how in Testtechniken, keine Testressourcen zur Verfügung stehen oder Testen eher als »Probieren« verstanden wird, bringt der Einsatz der Testautomatisierung herzlich wenig. Stattdessen werden nur Kosten durch die Anschaffung der Werkzeuge erzeugt und im Projekt entstehen zusätzliche Reibungsverluste durch den Zwang, sich mit dem Werkzeug auseinanderzusetzen.

Dabei ist es nicht nötig, einen bis ins Letzte ausgefeilten Testprozess zu haben. Ein schlanker Prozess, wie in Abschnitt 2.1 vorgestellt, in dem überlegt und vor allem strukturiert Testfälle erstellt und durchgeführt werden, reicht aus, um Testautomatisierung in ersten Schritten umzusetzen.

Im Kleinen beginnen – im Projekt und im Unternehmen

Testautomatisierung im Projekt

Gerade bei größeren Softwaresystemen, die über viele Jahre gewachsen sind und für die nun Tests automatisiert werden sollen, ist es wichtig, im Kleinen zu beginnen. Ein riesiges Testautomatisierungsframework als Big Bang aufzusetzen und alle Tests nun automatisiert zu starten, bringt sehr viele Probleme mit sich und wird in den meisten Fällen nicht gutgehen.

Gerade wenn Testautomatisierung für die vorhandenen Tester im Projekt ein neues Thema ist, muss mit der Automatisierung in einem Teilbereich begonnen werden, um erste Erfahrungen zu machen. So ein ausgewähltes Modul sollte fachlich nicht zu einfach und nicht zu komplex sein. Als Basis, um diese Module zu identifizieren, kann die Risikoanalyse des Test- oder Projektmanagers dienen.

Wenn die Testautomatisierung für dieses oder diese Module eine gewisse Reife erlangt hat, können die nächsten Bereiche in Angriff genommen werden. Diese können natürlich auch neue Anforderungen an die Testautomatisierung stellen, die zuvor nicht bedacht wurden (z. B. Änderungen am Automatisierungsframework oder -werkzeug). Wenn jetzt Auswirkungen auf die bereits automatisierten Testfälle festgestellt wurden, ist ein Refactoring nötig.

Testautomatisierung im Unternehmen

Dieser Zugang ist zu empfehlen, wenn Testautomatisierung im gesamten Unternehmen ausgerollt werden soll. Begonnen wird in einem mittleren, repräsentativen Projekt und bei Erfolg werden die nächsten Projekte mit Testautomatisierung ausgestattet. Hier kann auch viel stärker auf verschiedenen Stufen begonnen werden, z. B. werden zuerst automatisierte Komponententests aufgebaut und ausgerollt und in einem nächsten Schritt automatisierte Systemtests.

Einen Spezialfall stellen in diesem Zusammenhang sogenannte Wartungsprojekte bzw. sich in Wartung befindliche Applikationen dar. Während für Entwicklungsprojekte Testaktivitäten und Testressourcen entsprechend eingeplant werden, fallen diese in der Wartung eher zufällig an und werden gerne an kurzfristig organisierte Tester aus den Fachbereichen delegiert, die genau dann keine Zeit haben, wenn sie benötigt werden. Die Testautomatisierung kann hier entlang den oftmals kleinen bis mittleren Systemänderungen ausgebaut werden und schafft zusätzlich eine Entlastung für die Fachbereiche.

Heterogene Systemlandschaften

Bei unternehmensweiter Einführung steckt der Teufel jedoch oft im Detail, vor allem in heterogenen Systemlandschaften (unterschiedliche Schnittstellen, Technologien, Projektvorgehen). Die Automatisierung mit einem einzigen, einheitlichen Werkzeug anzufangen stößt hier schnell an die Grenzen des Machbaren. Mehr Flexibilität bietet hier ein eigenes Automatisierungsframework, um auf komplexe Systemlandschaften einzugehen.

Best Practice aus einem Projekt

In einer großen Behörde wurde systematisch, aber manuell getestet. Mit der Zeit wurden zwei Probleme immer deutlicher: Zum einen sank durch viele Testzyklen die Testqualität. Zum anderen gab es bedingt durch das Tagesgeschäft oftmals Ressourcenprobleme im Test. Diesen Problemen sollte mit Testautomatisierung entgegengewirkt werden, da mit ihr viele Regressionstests mit gleichbleibender Qualität möglich sind und de facto ein 24h-Arbeitstag zur Verfügung steht. Eine Unsicherheit bestand jedoch in der Machbarkeit der Umsetzung, somit wurde folgendes Vorgehen geplant und realisiert:

1. Es wurde ein kompakter Pilotversuch gestartet. Es wurde eine Liste der Top-10-Testfälle erstellt und diese automatisiert.
2. Auf Basis der Ergebnisse aus dem Pilotversuch wurde die Entscheidung getroffen, dass Testautomatisierung in diesem Umfeld funktioniert und Nutzen stiftet.
3. Die Testautomatisierung wurde auf weitere Testfälle ausgeweitet.

Neben dem Ergebnis der Machbarkeit hatte dieses Vorgehen noch zwei weitere entscheidende Vorteile: Durch die Begrenzung auf die Top-10-Testfälle wurden schnell Resultate sichtbar und verwertbar bereitgestellt, und das Testteam konnte sich mit der Testautomatisierung vertraut machen.

Zeit und Aufwand einplanen

Testautomatisierung benötigt Aufwand und Zeit. Nicht nur bei der Einführung oder bei der Installation des Werkzeugs, sondern auch bei der Konzeption, der Implementierung, der Auswertung und der Wartung der automatisierten Tests. Aufwand und Durchlaufzeiten müssen daher eingeplant sein. Dies ist in manchen Situationen schwierig, vor allem dann, wenn die Automatisierung als beiläufige Tätigkeit oder als »Hobby« eines Testers bzw. Entwicklers begonnen hat. Dann muss umso mehr mit dem Nutzen auch explizit aufgezeigt werden, dass für diese Aktivitäten Ressourcen bereitzustellen sind.

Konzeption vor der Umsetzung

Testautomatisierung kann schnell zu einem Selbstläufer werden. Da dahinter meist Entwicklungstätigkeit steckt, ist es umso wichtiger, sich im Vorhinein Gedanken um die Rahmenbedingungen, die zeitlichen

Abläufe und die Architektur zu machen. Bei einem normalen Entwicklungsprojekt wird auch nicht einfach darauf los programmiert. Eine Konzeptions- und Planungsphase gibt es immer, sei es im klassischen Entwicklungsvorgehen als relativ lange Phase oder im agilen Entwicklungsvorgehen als kurze, prägnante Aktivitäten oder Meetings.

Auch hier gilt, dass nicht die Menge an Dokumenten und Seiten eine gute Konzeption und Architektur ausmachen, sondern eine solide Überlegung, was mit der Automatisierung erreicht werden soll und in welcher Form sie zur Effizienzsteigerung im Test eingesetzt werden kann. Denn zum Selbstzweck sollte die Testautomatisierung nicht geraten.

Kosten und Nutzen

Bei der Konzeption der Testautomatisierung spielen Kosten und Nutzen eine essenzielle Rolle – sind aber schwer zu bewerten. Denn in vielen Unternehmen fehlt die grundlegende Zahlenbasis, auf der Kosten und Nutzen gegenübergestellt werden. So bleibt im Vorhinein meist eine Annäherung mit Bauchgefühl. Umso wichtiger ist es dann, im Zuge der Fortschrittsüberwachung und der Statuserhebung laufend ein kritisches Auge auf die Testautomatisierung zu haben und zu messen, ob die Automatisierung gegenüber den manuellen Tests Nutzen bringt – sei es bei den Kosten, beim Testumfang oder bei der Qualität.

Die Kosten der Testautomatisierung belaufen sich nicht nur auf die Initialkosten eventuell eingekaufter Werkzeuge: Hinzu kommen oft auch laufende Wartungs- bzw. Supportverträge, Schulungen der Mitarbeiter, Infrastruktur für die Testumgebung und auch laufende personelle Kosten durch Testautomatisierer. Im Gegensatz dazu stellt sich der Nutzen erst ab den ersten oder weiteren Wiederholungen der Tests ein. Je öfter ein Testlauf wiederholt werden muss, desto höher die Wahrscheinlichkeit, dass die Testautomatisierung mehr Nutzen stiftet, als sie Kosten verursacht.

Bestehendes weiterverwenden

Gerade in größeren Organisationen gibt es oftmals in der Test-Historie erfolgreiche und gescheiterte Automatisierungsprojekte. Leider wird dieses Know-how, die entstandenen Konzepte, Frameworks etc., häufig nicht weiterverwendet, sondern das Rad immer wieder neu erfunden. Dabei liegt in der Wiederverwendung – wo es möglich ist – ein großer Vorteil der Automatisierung. Und auch gescheiterte Ansätze können eine wichtige Entscheidungsgrundlage sein, um nicht dieselben Fehler zu wiederholen.

Bei Recherchen im eigenen Unternehmen ist man oft überrascht, welche Schätze in Form von Know-how vorhanden sind. Da lohnt es sich durchaus nachzufassen und einen »Erfahrungsaustausch Testautomatisierung« zu initiieren.

Erfahrungsaustausch

Werkzeuge bringen beim Thema Wiederverwendung natürlich noch die Kostenfrage mit, denn Neuanschaffungen können sehr kostenintensiv sein, obwohl im Unternehmen vielleicht vergleichbare Werkzeuge bereits im Einsatz sind.

Werkzeugauswahl

Muss dennoch ein neues Werkzeug beschafft werden, ist auch hier eine gewisse Vorlaufzeit einzuplanen. Zuallererst – bevor Prospekte gelesen oder das Internet befragt wird – müssen die Anforderungen an das Werkzeug klar sein:

- Was soll im Projekt oder im Unternehmen damit erreicht werden?
- Welche Schnittstellen und Oberflächen müssen getestet werden?
- Welche Anwendergruppe soll unterstützt werden?

Danach werden mit diesen Anforderungen geeignete Werkzeuge evaluiert.

Proof of Concept

Da die Probleme beim Einsatz eines Werkzeugs oftmals erst bei der technischen Implementierung auftreten, empfiehlt es sich, mit einigen infrage kommenden Werkzeugen einen Proof of Concept durchzuführen, um zu sehen, ob die Tools auch mit der eigenen technischen Landschaft kompatibel sind. Die meisten Hersteller bieten hierzu Testversionen ihrer Werkzeuge an oder kommen auf Wunsch auch direkt ins Unternehmen und unterstützen bei diesen Tests. Auf diese Phase muss viel Wert gelegt werden, denn eine Investition in ein Automatisierungswerkzeug kann nicht so einfach rückgängig gemacht werden und die Tester, Entwickler und Testautomatisierer müssen damit auch langfristig erfolgreich arbeiten können, um Mehrwert zu stiften.

Dokumentation

Wenn Testautomatisierung eingeführt wird, dann wird mit dem Werkzeug oder Framework experimentiert, technische Varianten ausprobiert und vielleicht auch einfach nur mit dem Testobjekt »gespielt«. Dabei darf nicht vergessen werden, dass ein Mindestmaß an Dokumentation erstellt wird, um Einstellungen und Konfigurationsänderungen an den Werkzeugen sowie erste Best Practices festzuschreiben. Darüber muss man sich rechtzeitig im Klaren sein, denn wenn die Rahmenbedingungen für den Test durch Regulatorien bestimmt sind, müssen gewisse Dokumente erstellt werden, um z.B. eine Zertifizierung zu bestehen. Diese Punkte nachzudokumentieren ist sehr aufwendig und im Trubel des Projekts auch nicht leicht unterzubringen.

Auch die Archivierung der Testskripte und Konfigurationen spielt hier eine Rolle und muss in einem Versionsverwaltungssystem vorgesehen werden.

Kommunikation

Ein Schlüsselelement für eine funktionierende Testautomatisierung ist die Kommunikation zwischen den Entwicklern und den Testautomatisierern. Die Änderung von Schnittstellen, Protokollen, Abläufen oder GUI-Elementen hat Auswirkung auf die Testautomatisierung, wenn sie in diesem Bereich eingesetzt wurde. Das bedeutet, dass den Entwicklern auch bekannt sein muss, welche Bereiche wie automatisiert wurden und welche Abhängigkeiten bestehen. Mit diesem Wissen können Änderungen unter Rücksichtnahme auf die Testautomatisierung erfolgen, schneller kommuniziert werden und Nacharbeiten in der Testautomatisierung minimiert werden.

Veränderung und Innovation

Testautomatisierung hat in letzter Zeit einen starken Innovationsschub erhalten. Neue Werkzeuge sind am Markt, die die Implementierung und Wartbarkeit noch einfacher gestalten. Dazu ändern sich auch die Vorgehen und Technologien dahinter.

Ebenso wie bei der Entwicklung ist es daher wichtig, Raum für Veränderung und Innovation zu lassen sowie Spielwiesen für die Testautomatisierung zu schaffen. Ein Werkzeugumfeld oder Framework muss sich auch weiterentwickeln können und refaktoriert werden. Nur so kann auch eine Zukunftssicherheit der Investition gewährleistet werden.

Test the Test

Ein Vorteil der Testautomatisierung ist, dass die Wiederholung von Testdurchläufen stets in gleicher Qualität erfolgt, während bei einem manuellen Tester nach der mehrmaligen Durchführung eines Testfalls die Aufmerksamkeit schwindet.

Daraus ergibt sich jedoch auch ein Problem: Ein automatisierter Testfall verschwindet sehr oft im Testset der durchzuführenden Testfälle und wird nicht mehr betrachtet. Er fällt somit komplett aus dem Fokus des Testers, der bei manueller Durchführung immer auch noch ein Auge auf die Qualität des Testfalls hat.

Das bedeutet, dass automatisierte Testfälle und -szenarien auch regelmäßig geprüft werden müssen. Dabei ist zu klären, ob der Testfall noch relevant ist und ob er potenziell noch einen Fehler im Testobjekt aufdecken würde.

Fault Seeding (Bebugging)

Dies kann mit regelmäßigen Reviews erreicht werden oder auch mit dem sogenannten Fault Seeding oder Bebugging, das seit den 1970ern verwendet wird. Dabei werden künstlich Fehler in das Testobjekt eingebaut und geprüft, ob Testfälle – automatisiert oder manuell – den Fehler entdecken. Die manipulierten Testobjekte dürfen natürlich nicht ihren Weg in eine Produktivumgebung finden.

7.2 Die Rolle des Testautomatisierers

In jedem Test(teil)projekt werden gewisse Rollen besetzt. In den letzten Jahren haben sich die dahinter liegenden Rollenbeschreibungen stark geschärft, sodass sie sich auch in gängigen Berufsbildern wiederfinden. Jede Rolle hat ihre Aufgaben und Pflichten [Spillner & Linz 12]:

- **Testmanager/Testleiter**
  Plant und konzipiert den Test, erstellt das Testkonzept, steuert das Testprojekt und erstellt den Testbericht.
- **Testanalyst/Testdesigner**
  Erstellt den Testentwurf und die Testfallspezifikation anhand der systematischen Testfallentwurfsverfahren.
- **Tester**
  Führt die Tests durch, protokolliert sie und dokumentiert Abweichungen.
- **Testadministrator/Testsupport**
  Installiert und betreibt die Testumgebung.

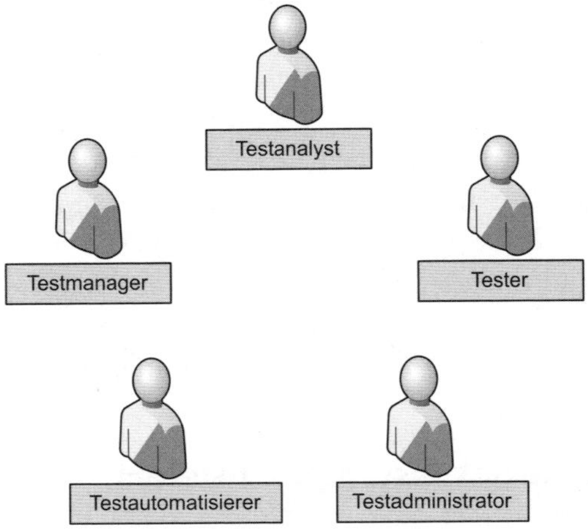

Abb. 7–2
Typische Rollen in einem Testteam

Bei Testanalysten und Testern sind Kenntnisse von Programmier- und Skriptsprachen nicht zwingend nötig und gerade die Unabhängigkeit von Entwicklung und technischer Implementierung wird als Vorteil bei diesen Rollen gesehen. Beim Testautomatisierer stellt sich dies etwas anders dar, denn er muss sowohl Skills und Fähigkeiten eines Testers als auch eines Entwicklers mitbringen. So finden sich in heutigen Testprojekten sowohl Testautomatisierer aus dem Bereich der Tester/Testanalysten als auch welche aus dem Bereich der Entwickler.

Rolle des Testautomatisierers

Wichtig ist, dass der Testautomatisierer seine Rolle vollumfänglich wahrnimmt und diese nicht als »beiläufig« betrachtet.

Dazu müssen die Aufgaben und Skills für einen Testautomatisierer klar sein:

- Experte für die Anwendung der Testautomatisierungswerkzeuge. Hier bieten die Schulungen der Hersteller eine gute Basis. Diese Fähigkeit bedeutet nicht zwangsläufig, auch für die Installation und Wartung des Werkzeugs bzw. des Automatisierungsarbeitsplatzes zuständig zu sein – dies kann einem Testadministrator oder dem allgemeinen Betriebsteam überlassen sein.
- Sehr gute Kenntnisse der Programmier- bzw. Skriptsprachen oder anderer für den Entwurf von Abläufen zuständiger Elemente, die die Werkzeuge verwenden. Testautomatisierung ist in den meisten Fällen Entwicklungstätigkeit, so muss sich der Testautomatisierer auch im Sourcecode zu Hause fühlen. Dazu zählen auch andere

Entwicklungsaspekte wie die Definition und Einhaltung von Programmierrichtlinien, Kommentierung, Strukturierung, Modularisierung, Wiederverwendung und Dokumentation des Codes.

- Fähigkeit, eine Architektur und ein Design zu entwerfen. Nur eine Programmiersprache zu beherrschen ist nicht ausreichend. Gerade wenn es sich um größere Automatisierungsprojekte handelt, müssen Architektur und Design dahinter wohlüberlegt sein.
- Konzeptionelles und planerisches Denken. Vor der Implementierung der Testfälle wird die Testautomatisierung konzipiert und es wird überlegt, was man damit erreichen möchte. Hier benötigt der Testmanager Unterstützung durch den Testautomatisierer, denn dieser kennt die technischen Gegebenheiten der Automatisierungsumgebung am besten.
- Tester-Skills. Für die Umsetzung der Testfälle in der Testautomatisierung ist es hilfreich, wenn der Testautomatisierer Ahnung von den Testfallentwurfsmethoden und dem Vorgehen der Testanalysten und Tester hat. So versteht er mehr von der Idee hinter den Testfällen und reviewt diese durch seine Umsetzung, was die Qualität der Testfälle noch verbessern kann. Gerade Testverfahren wie Äquivalenzklassenbildung, Grenzwertanalyse oder die Anwendung sinnvoller kombinatorischer Testtechniken werden oft erst mit der Automatisierung praktisch machbar.

ISTQB® Certified Tester Expert Level – Test Automation

Dieses Spektrum an Aufgaben und Fähigkeiten kann sowohl für bestehende Entwickler als auch für Softwaretester Anreiz sein, sich in Richtung Testautomatisierung weiterzuentwickeln.

Der Testautomatisierer als eigenständige Rolle im Testteam wird künftig noch mehr geschärft, denn im Certified-Tester-Schema des ISTQB® findet sich im Expert Level ein eigenes Modul für »Test Automation«, dessen Lehrplan zurzeit ausgearbeitet wird [URL: EXPERT-LVL].

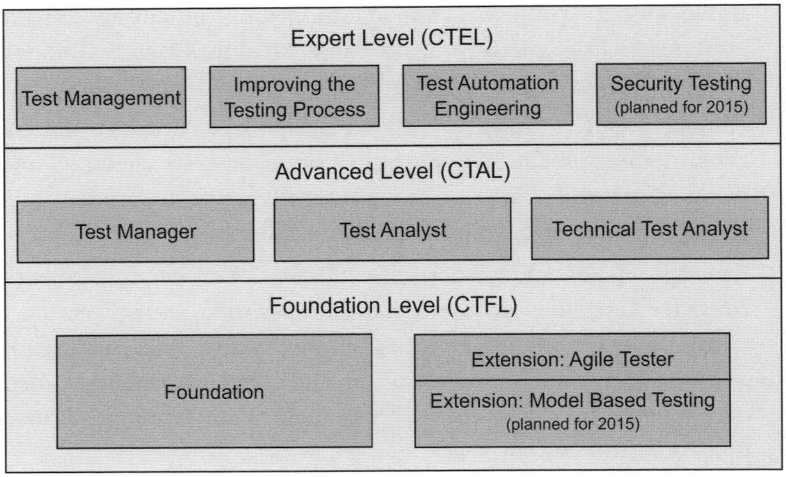

Abb. 7–3
ISTQB®-Lehrpläne (Stand 2015) (siehe auch www.istqb.org)

Zusammenarbeit im Testteam

Wie die Zusammenarbeit zwischen Tester, Testanalyst und Testautomatisierer aussehen kann, soll folgendes Beispiel aus der Praxis zeigen. Es handelt sich dabei um ein großes Migrationsprojekt, das nach einem agilen Entwicklungsvorgehen aufgesetzt ist. Testmethoden und -vorgehen sind etabliert, als Laufzeit für das Projekt sind ungefähr drei Jahre angesetzt. Im Team befinden sich neben dem Testautomatisierer noch vier Tester. Diese nehmen sowohl die Rolle des Testanalysten als auch des Testers wahr und werden nachfolgend der Einfachheit halber nur »Tester« genannt. Auf Basis des Testkonzepts wurde ein Testautomatisierungskonzept erstellt, in dem auch der folgende Ablauf definiert wurde:

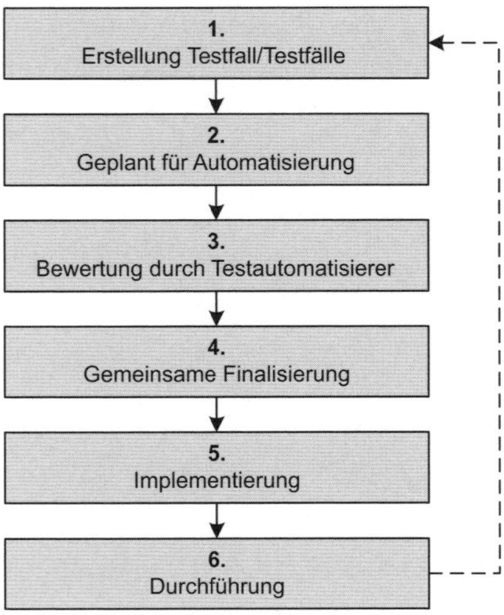

Abb. 7–4
Zusammenspiel Tester und Automatisierer

1. Der Tester entwirft und spezifiziert Testfälle nach den gängigen Testfallentwurfsverfahren (Äquivalenzklassenmethode, Grenzwertanalyse und Zustandsübergangsdiagramme) und dokumentiert diese.
2. Der Tester setzt jene Testfälle, die automatisiert werden sollen, auf den Status »Testautomatisierung geplant«. Dies geschieht im selben Schritt, in dem der Tester auch die Testfälle für den Smoke-Test bzw. die Priorität vergibt.
3. Der Testautomatisierer sieht die Liste der für die Automatisierung geplanten Testfälle und klärt folgende Punkte:
   - Bewertung der Umsetzbarkeit der Testfälle
   - Bedarf an neuen Schlüsselwörtern, Automatisierungsschritten oder Testskripten
4. Tester und Testautomatisierer finalisieren die umzusetzenden Testszenarien.
5. Der Testautomatisierer implementiert die umzusetzenden Testfälle/Testszenarien und setzt den Status dann auf »Testautomatisierung umgesetzt«. Der automatisierte Testfall kann nun durchgeführt werden.
6. Der Tester führt die manuellen und automatisierten Testfälle durch. Wenn sich herausstellt, dass ein automatisierter Testfall veraltet ist und deswegen fehlschlägt, wird der Status auf »Testautomatisierung out-of-date« gesetzt. Der Testfall muss nun vom Tester und in weiterer Folge vom Testautomatisierer überarbeitet werden.

Dieser Ablauf wird für einen Testfall oder ein Set von Testfällen durchgeführt. Es ist daher nicht nötig, darauf zu warten, dass alle Testfälle spezifiziert sind. Mit der Testautomatisierung kann somit eher begonnen werden.

Kommunikation ist ein Schlüsselelement.

Dies ist ein Beispiel, wie Testautomatisierung in das Projekt integriert werden kann. Wichtigstes Element hierbei ist die Kommunikation zwischen Tester und Testautomatisierer, die durch räumliche Nähe noch zusätzlich gefördert werden kann.

7.3 Kontrollfragen zum Kapitel

1. Worauf ist zu achten, wenn Automatisierung von Beginn an in einem neuen Projekt mitaufgebaut wird?
2. Worauf ist zu achten, wenn Testautomatisierung in ein laufendes Projekt eingeführt wird?
3. Was ist bei der Planung der Einführung von Automatisierung bezüglich messbarer Qualität zu beachten?
4. Warum kann Automatisierung Wartungsprojekte entlasten?
5. Wie wird Automatisierung in einem kleinen Projekt eingeführt?
6. Was ist bei einer unternehmensweiten Einführung und besonders in heterogenen Systemlandschaften zu beachten?
7. Warum ist ein Proof of Concept bei der Werkzeugauswahl sehr wichtig?
8. Welche bestehenden Erfahrungen können bei der Testautomatisierung helfen?
9. Warum ist Kommunikation zwischen Entwickler und Testautomatisierer sehr wichtig?
10. Warum müssen automatisierte Testfälle und -szenarien regelmäßig überprüft werden?
11. Was sind die Aufgaben eines Testautomatisierers?
12. Wie kann die Zusammenarbeit zwischen einem manuellen Tester und dem Testautomatisierer aussehen?

8 Ausblick

Testautomatisierung in all ihren Facetten ist eines der zentralen, aktuellen und zukünftigen Themen im Bereich der Softwareentwicklung.

Testautomatisierung hat in den letzten Jahren massiv an Bedeutung gewonnen. Laut einer Studie der SwissQ Consulting AG lag der Anteil jener befragten Unternehmen, die weniger als 10% der Regressionstests automatisiert hatten, im Jahr 2011, dem Erscheinungsjahr der ersten Auflage des vorliegenden Buches, noch bei mehr als 60 %. Im Jahr 2014 ist dieser bereits auf 38 % gesunken [SWISSQ 14]. Ebenfalls bezeichnend für diese Entwicklung ist die Vielzahl von immer mächtigeren Werkzeugen auf dem Markt, die unterschiedlichste Verfahren und Technologien unterstützen.

Doch nicht nur Werkzeuge sind ausschlaggebend für den Erfolg von Testautomatisierung: Ein gesteigertes Qualitätsbewusstsein, interdisziplinäre Vorgehensmodelle und die zunehmende Verbreitung von Paradigmen wie Behaviour oder Test Driven Development und agile Softwareentwicklung unterstreichen die Wichtigkeit eines umfassenden und regelmäßig durchgeführten Regressionstests.

Dieses Kapitel betrachtet die aktuellen Themen in der Softwareentwicklung und mögliche kurz- und mittelfristige Weiterentwicklungen der Disziplin »Testautomatisierung«.

8.1 Herausforderungen in der Testautomatisierung

8.1.1 Technische Schnittstellen

Die zunehmende Verbreitung von standardisierten Webservices für technische Schnittstellen und von Webinterfaces für Benutzerschnittstellen sind zwei wesentliche Faktoren dafür, dass Automatisierung in der jüngeren Vergangenheit einen Aufschwung erlebt. Die Vereinheitlichung der Schnittstellen eines großen Segments der zu testenden Systeme erleichtert die Einführung von automatisierten System- und Integrationstests für viele Projekte.

Insbesondere bei der Automatisierung der Tests mobiler Anwendungen ist aufgrund der Vielzahl der unterschiedlichen Endgeräte eine wohl überlegte Automatisierungsarchitektur unabdingbar. Die automatisierte Ansteuerung der Systemschnittstellen tritt beim Test der funktionalen Anforderungen in den Vordergrund gegenüber dem Test über die Benutzerschnittstellen.

Der verstärkte Einsatz von Service-Virtualisierung in komplexen Testumgebungen trägt in Zukunft zu einer besseren Fokussierung auf die im Kern zu testenden Anwendungen und zur Stabilität und Kosteneffizienz von automatisierten Abläufen bei.

Die Vielzahl der technischen Schnittstellen erhöht die Komplexität der Testautomatisierung.

Doch die meisten zu testenden Systeme können nicht ausschließlich auf (teil-)standardisierte Schnittstellen zurückgreifen: Desktop-Applikationen mit unterschiedlichsten GUI-Technologien und Altsysteme wie Host-Applikationen sind auch in der aktuellen Landschaft häufig anzutreffen und erhöhen die Komplexität der Automatisierung beträchtlich. Selbst die mächtigsten kommerziellen Werkzeuge können in vielen Fällen nicht ohne zusätzlichen Erweiterungsaufwand alle Schnittstellen unterstützen, die für eine ausreichende Testabdeckung notwendig sind.

Ein weiteres Problem im Bereich der Schnittstellen ist deren einheitliche Ansteuerung: Für Webservice-Automatisierung etwa werden spezialisierte Werkzeuge angeboten – viele Testszenarien in System- und Systemintegrationstests müssen aber sowohl auf GUI- als auch auf Webservice-Ebene zugreifen. Auch für die Vorbereitung von Testdaten für die Testdurchführung sind oft Non-GUI-Schnittstellen schneller und effizienter zu automatisieren als die Erstellung der Daten über das GUI. Damit ist eine Lösung erstrebenswert, die für die Testdatenbereitstellung Non-GUI-Schnittstellen und für die eigentliche Testdurchführung GUI-Schnittstellen stabil ansteuern kann.

8.1.2 Organisatorische Schnittstellen

Grundlage für einen erfolgreichen automatisierten Test ist eine umfassende Analyse und Beschreibung der notwendigen Teststrecken und -szenarien. Eine mögliche Sichtweise hierfür ist, den Test als Auftraggeber der Testautomatisierung zu betrachten. Die Definition von Testfällen ist Aufgabe eines Testanalysten – die technische Erschließung der zu testenden Applikation die des Automatisierungsspezialisten.

Ansätze wie Behaviour Driven Development oder mit der Automatisierung stark integrierte Werkzeuge für das Design von schlüsselwortbasierten Testfällen versuchen, die Schnittstelle zwischen Tester und Automatisierung in generische Konzepte zu fassen und gleichzeitig einen möglichst natürlichen Workflow für die Erstellung und Wartung einer automatisierten Testsuite zu bieten. Dennoch ist die Vision von automatisiert abarbeitbaren Testfallspezifikationen in natürlicher Sprache noch nicht Realität.

8.1.3 Testautomatisierung als komplexe Aufgabenstellung

Während die Erstellung und Wartung von automatisierten Testfällen im Idealfall durch Tester ohne umfassendes Spezialwissen erfolgen kann, ist die Erstellung und Wartung eines Automatisierungssystems eine spezialisierte und komplexe Aufgabe, die Wissen um die bestehende Infrastruktur und den technischen Aufbau des zu testenden Systems erfordert. Auch die Anforderungen der Tester und der Blick auf die Weiterentwicklung des zu testenden Systems sind notwendig, um die richtigen Schritte im Automatisierungssystem setzen zu können. Um dieser Problemstellung gerecht zu werden, ist eine dauernde und fokussierte Arbeit für die optimale Unterstützung des Testteams durch die Automatisierung unumgänglich. Die Personalbesetzung reflektiert diese Notwendigkeit aber in den wenigsten Testprojekten.

Erfahrungsgemäß wird Automatisierung in vielen Projekten erst dann ein Thema, wenn der Test an die Grenzen seiner Ressourcen stößt. Schnellere, effizientere, tiefere und häufigere Tests sind daher die üblichen Anforderungen. Der erste Lösungsansatz ist in vielen Fällen die Anschaffung eines Werkzeugs. In einigen Fällen wird als nächster Schritt der Hersteller oder eine andere Firma mit der Integration des Werkzeugs in die Systemlandschaft sowie mit der Schulung einiger Mitglieder des Testteams beauftragt.

Testautomatisierung erfordert spezifische Fähigkeiten.

Für die Umsetzung der Automatisierung selbst sind oft keine dedizierten Ressourcen verfügbar – sie wird als Nebenprodukt von Teammitgliedern erstellt, die zwar technisch interessiert sind, aber oft keine oder nur eine sehr oberflächliche Automatisierungserfahrung haben.

Da ein Werkzeug ohne Erweiterungen und fachliche Anpassungen, wie z.B. den Aufbau von fachlichen Schlüsselwörtern, nur selten alle Anforderungen zur Erstellung von stabilen, modularisierten Testfällen erfüllt, ist fast immer ein beträchtlicher Initialaufwand notwendig, um eine Basis für die Umsetzung einer Automatisierungslösung zu schaffen. Viele Werkzeuge stellen eine vollwertige Programmierumgebung zur Verfügung – ob grafisch gekapselt oder textuell: Schleifen, logische

Bedingungen, Modularisierung, Variablen, Ausdrücke, Logging und oft Objektorientierung. Häufig sind die Nutzer aber nicht erfahrene Softwareentwickler, sondern Tester mit umfangreichem Test- und Fach-Know-how, aber wenig bis keiner Programmiererfahrung. Dies hat zur Konsequenz, dass die Basis für die Automatisierung oft instabil und vor allem schwer wartbar ist.

Grund hierfür ist die Betrachtung von Testautomatisierung als reine Werkzeuganwendung, ähnlich wie bei der Nutzung eines Textverarbeitungs- oder Testfallmanagementwerkzeugs. Die Umsetzung von technischen Abläufen mit fachlichem Inhalt ist aber meist als Programmierung zu verstehen. Dieser Zusammenhang ist in vielen Werkzeugen durch die grafische Aufbereitung von Ablaufstrukturen mehr oder weniger gut adressiert.

Einige Werkzeughersteller haben diese Problematik erkannt und steuern mit Konzepten zur expliziten Trennung von technischen und fachlichen Inhalten entgegen.

8.2 Trends und mögliche Entwicklungen

Testautomatisierung als Antwort auf den steigenden Kosten- und Zeitdruck

Die wesentlichsten Treiber für die rasanten Entwicklungen in der Testautomatisierung sind zum einen ein immer größer werdender Kostendruck, zum anderen methodische und technologische Innovationen.

Seit einigen Jahren ist die Antwort vieler Manager auf die Frage nach Einsparungen im Softwaretest das Outsourcing der Testaufgaben dorthin, wo manuelle Tätigkeiten, also die menschliche Arbeitskraft, noch billig zu haben ist. Offshore – Nearshore – die Entscheidung liegt beim Preis. Für Outsourcing sind vorab Investitionen in die Erarbeitung der Vorergebnisse bzw. Vorprodukte zu tätigen. Wenn nur die Testdurchführung ausgelagert wird, müssen die Testfälle umfassend und präzise vorab formuliert und bereitgestellt werden. Wenn die Testfallerstellung und -durchführung ausgelagert werden, sind die Spezifikationen derart präzise zu formulieren, dass aus diesen durch »fernes« und eventuell nicht mit der Domäne im Detail vertrautes Personal qualitativ hochwertige oder zumindest ausreichende Testfälle abgeleitet und beschrieben werden können. Für den deutschsprachigen Raum bedeutet dies auch fast immer die Kommunikation in einer unternehmensfremden Sprache.

Automatisierung in neuen Outsourcing-Szenarien

Diese Ansätze, also viel Investment vorab und dann der Einsatz vieler billiger Arbeitskräfte, die umfangreiche manuelle Testarbeit im System- und Regressionstest verrichten, sind jedoch bereits als überholt anzusehen. Die Kosten-Nutzen-Modelle in diesen Szenarien sind gesamtbetrachtet eng kalkuliert und die heute scheinbar billigen

Arbeitskräfte sind in wenigen Jahren bereits wieder zu teuer. Daher wird in allen manuellen Testtätigkeiten die Testautomatisierung verstärkt Einzug halten: zuerst in der Testdurchführung und in Zukunft auch im Testentwurf und der Testfallspezifikation. Wo und durch wen die Automatisierung betrieben wird, also aus fachlichen Testfällen automatisierte Abläufe erstellt und ausgeführt werden, ist in den jeweiligen Test- oder auch Outsourcing-Strategien zu definieren. Diese Strategien werden wiederum beeinflusst von den Innovationen und den damit verbundenen Möglichkeiten und Machbarkeiten in der Testautomatisierung.

Derzeit ist die Automatisierung in den meisten Fällen eine Aufgabe für Spezialisten, die je nach Technologie in der Erstellung und Wartung der automatisierten Testsets einen nicht unbeträchtlichen Aufwand darstellt. So verteilen sich die Aufgaben des Tests oft auf vier Rollen:

- den Tester, der den fachlichen Testfallentwurf gestaltet,
- den Testautomatisierungsarchitekten, der die grundlegenden Strukturen eines nachhaltigen Automatisierungsframeworks definiert und die Einhaltung der Richtlinien überwacht,
- den technisch versierten Testautomatisierer, der die automatisierten Testfälle – nicht selten in skriptartigen Programmiersprachen – erstellt, und
- den Testdurchführer, der die Ausführung der automatisierten Tests überwacht und protokolliert.

Die Aufteilung dieser Tätigkeiten ist dann wieder Bestandteil der organisatorischen Szenarien, um den manuellen Anteil der Testautomatisierung, nämlich die Erstellung des Testsets, möglichst kostengünstig zu bewerkstelligen. Aber genau dieser Aspekt ist auch Gegenstand von Innovationen und Automatisierungen der nächsten Abstraktionsebene.

Die Automatisierung der Automatisierung

In diesem Zusammenhang stehen derzeit folgende Entwicklungen im Vordergrund: zunächst die Loslösung von Programmierung und Scripting bei der Automatisierung. Diese manuellen Tätigkeiten in Entwicklung und Wartung sind einerseits ressourcenintensiv und tragen andererseits eine hohe Abhängigkeit von Herstellern und Technologien in sich. Standardisierungen auf einer logisch-fachlichen Ebene, eine Trennung der fachlichen und technischen Schicht und programmierungsunabhängige Generierung der automatisierten Testsets sind das zukünftige Szenario der Testautomatisierung.

Agile Softwareentwicklung ohne Testautomatisierung ist nicht denkbar.

Eine weitere Entwicklung ist im Zusammenhang mit agilen Softwareentwicklungsmethoden zu sehen. Für ein erfolgreiches agiles Projekt, z. B. in Scrum, ist der effiziente Einsatz von Testautomatisierung eine zwingende Voraussetzung. Denn ohne diese ist eine Sicherstellung der Funktionstüchtigkeit und Zuverlässigkeit eines jeden Release am Ende eines Sprints nicht möglich. Mit jedem Sprintzyklus wird der Anteil der Regressionstests umfangreicher und muss auch laufend angepasst werden. Und für die Testdurchführungen sehen die Zyklen oft wenig Durchlaufzeit vor [Baumgartner et al. 13].

Testautomatisierung und die zugehörigen Werkzeuge sind Bestandteile eines integrierten Application Lifecycle Management.

Die agilen Methoden setzen aber auch noch eine weitere, neue Rahmenbedingung für den Test und somit auch für die Testautomatisierung: das hohe Maß an Integration und Interoperabilität. Der Tester entwickelt gleichzeitig und gemeinsam mit Product Owner und Entwicklern die Testfälle, am besten bereits mit den fachlichen Testfällen auch die automatisierten. Diese Testfälle sind gleichsam Bestandteil der fachlichen Beschreibungen und Spezifikationen. Das Zusammenspiel der Entwicklungsprozesse und der eingesetzten Werkzeuge ist jedoch nicht nur in agilen Projekten die Zukunft, sondern generell ein zentrales Thema des Application Lifecycle Management. Daraus ergibt sich für die Test- und Testautomatisierungswerkzeuge die Notwendigkeit der Integration in eine umfassende, konsistente Werkzeuglandschaft. In dieser sind die funktionalen Anforderungen mit dem Code der Umsetzung und den zugehörigen Testfällen verknüpft. Die Testfälle – so wie die Sourcen – unterliegen einem Konfigurations- und Releasemanagement und aus Änderungen am Code können sofort die zu ändernden oder durchzuführenden automatisierten Testfälle identifiziert werden.

Das bedeutet auch, dass der Arbeitsplatz eines Testers ein integrierter Arbeitsplatz ist und der Softwaretester ein Testengineer ist, der sowohl Testentwurf wie auch Testautomatisierung und Durchführung beherrscht. Dieses Szenario steht für die Zusammenarbeit hocheffizienter Teams und im Gegensatz zum oben genannten Outsourcing spezifischer Tätigkeiten.

Ausbildung und Standardisierung

Um dem Softwaretester oder dem Entwickler auch die nötigen Fähigkeiten als Testautomatisierer beizubringen, ist eine fundierte Ausbildung nötig, in der die Konzepte und Vorgehen vermittelt werden. Viele der aktuell angebotenen Ausbildungen zur Testautomatisierung werden von Werkzeugherstellern durchgeführt, die sich dann meist auch auf die Konzepte und Bedienung der eigenen Werkzeuge beschränken. Zudem bieten Dienstleister vereinzelt Schulungen zur Testautomatisierung an, die sich mehr mit den Konzepten auseinandersetzen, aber den Fokus und die Tiefe oft unterschiedlich sehen.

Somit sind diese Ausbildungen nur schwer untereinander vergleichbar. Einen Weg in Richtung der Standardisierung des Sprachgebrauchs und der Ausbildung zum Testautomatisierer geht das ISTQB® mit dem Certified Tester Expert Level – Test Automation. Aufbauend auf den etablierten Certified-Tester-Schemata zum Foundation und zum Advanced Level wird hier an einem neutralen, einheitlichen Lehrplan gearbeitet, der die Konzepte der Testautomatisierung vermittelt und ein einheitliches Glossar dafür schafft. In weiterer Folge ist zu wünschen, dass die Werkzeughersteller diese Begrifflichkeiten auch in ihre Werkzeuge einfließen lassen, was die Einarbeitung erleichtern und das Verständnis erhöhen kann [URL: EXPERTLVL].

Innovation und Weiterentwicklung

Bis zur industriellen Fertigung von Software und insbesondere bis zur industriellen Testautomatisierung ist es noch ein weiter Weg. Die Werkzeughersteller werden sich auf entsprechende Standards einigen müssen, und generell sind noch viele Erfahrungen im Feld der Automatisierung zu tätigen. Auch die sich rasant entwickelnden Technologien und Anwendungsoberflächen stellen immer wieder aufs Neue eine große Herausforderung für die Automatisierung dar. Aber man muss auch manchmal die Grenzen der Automatisierung anerkennen und sehen, dass der manuelle Test weiterhin seine Berechtigung haben wird.

8.3 Kontrollfragen zum Kapitel

1. Warum hat die Testautomatisierung in den letzten Jahren an enormer Bedeutung gewonnen?
2. Was sind die zwei wesentlichen Faktoren für den Aufschwung der Testautomatisierung?
3. Warum ist es trotzdem oft aufwendig und komplex, Systeme automatisiert zu testen?
4. Wie sollen Testdaten am besten bereitgestellt werden?
5. Wie sollte ein erfolgreicher automatisierter Test organisatorisch aufgebaut sein?
6. Was sind die zwei wesentlichen Treiber, die für die rasante Entwicklung in der Testautomatisierung sorgen?
7. Auf welche drei Rollen verteilen sich die Aufgaben des Tests in der Automatisierung?
8. Warum ist in agilen Softwareentwicklungsmethoden, wie z. B. Scrum, der effiziente Einsatz von Testautomatisierung zwingend erforderlich?

Anhang

A Anhang 1

Dieser Anhang beinhaltet Beispiele zur Erstellung von datengetriebenen und schlüsselwortgetriebenen Testfällen sowie die Kombination der beiden Konzepte. Die Beschreibung dazu findet sich in Abschnitt 4.2.1.

Skript (Nachbearbeitetes Capture & Replay + Kommentare)

```
// Start customer registration
btnRegister.click()

// Enter name
textFirstName.setText(„Max")
textLastName.setText(„Mustermann")
btnNext.click()

// Enter address
textStreet.setText(„Musterstrasse")
textStreetNr.setText(„3")
textCity.setText(„Wien")
btnSubmitRegistration.click()

// Start order
btnAddOrder.click()

// Enter order
listCustomer.select(„Max Mustermann")
listProduct.select(„Skischuhe XXL")
btnSubmitOrder.click()

// Check order confirmation
verify(labelCustomer.getText(), „Max Mustermann")
verifyContains(listProducts, „Skischuhe XXL")
```

Datengetriebener Testfall

```
// Start customer registration
btnRegister.click()

// Enter name
textFirstName.setText(getFirstName())
textLastName.setText(getLastName())
btnNext.click()

// Enter address
textStreet.setText(getStreet())
textStreetNr.setText(getStreetNr())
textCity.setText(getCity())
btnSubmitRegistration.click()

// Start order
btnAddOrder.click()

// Enter order
listCustomer.select(getFirstName() + „ " + getLastName())
listProduct.select(getProduct())
btnSubmitOrder.click()

// Check order confirmation
verify(labelCustomer.getText(), getFirstName() + „ " + getLastName())
Verifycontains(listProducts, getProduct())
```

+

FirstName	LastName	Street	StreetNr	City	Product
Max	Mustermann	Musterstrasse	3	Wien	Skischuhe XXL
Mina	Musterfrau	Beispielweg	5	Berlin	Wollschal blau
Thomas	Tester	Testweg	1234	Brunn	Skiwachs

Vom Skript zum datengetriebenen Testfall

Skript
(Nachbearbeitetes
Capture & Replay + Kommentare)

```
// Start customer registration
btnRegister.click()

// Enter name
textFirstName.setText(„Max")
textLastName.setText(„Mustermann")
btnNext.click()

// Enter address
textStreet.setText(„Musterstrasse")
textStreetNr.setText(„3")
textCity.setText(„Wien")
btnSubmitRegistration.click()

// Start order
btnAddOrder.click()

// Enter order
listCustomer.select(„Max Mustermann")
listProduct.select(„Skischuhe XXL")
btnSubmitOrder.click()

// Check order confirmation
verify(labelCustomer.getText(), „Max Mustermann")
verifyContains(listProducts, „Skischuhe XXL")
```

```
registerCustomer(„Max", „Mustermann", „Musterstrasse", „3", „Wien")
```

```
registerCustomer(„Max", „Mustermann", „Musterstrasse", „3", „Wien")
addOrder(„Max Mustermann", „Skischuhe XXL")
verifyOrderCustomer(„Max Mustermann")
verifyOrderProduct(„SkiSchuhe XXL")
```

```
registerCustomer(„Max", „Mustermann", „Musterstrasse", „3", „Wien")
addOrder(„Max Mustermann", „Skischuhe XXL")
addOrder(„Max Mustermann", „Rodel Holz")
verifyOrderCustomer(„Max Mustermann")
verifyOrderProduct(„SkiSchuhe XXL")
verifyOrderProduct(„Rodel Holz")
```

+

```
public void registerCustomer(String firstName, String lastName,
            String street, String streetNr, String city)
{
            // Start customer registration
            btnRegister.click()

            // Enter name
            textFirstName.setText(firstName)
            textLastName.setText(lastName)
            btnNext.click()

            // Enter address
            textStreet.setText(street)
            textStreetNr.setText(streetNr())
            textCity.setText(city)
            btnSubmitRegistration.click()
}

public void addOrder(String customer, String product)
{
            // Start order
            btnAddOrder.click()

            // Enter order
            listCustomer.select(getFirstName() + „ " + getLastName())
            listProduct.select(getProduct())
            btnSubmitOrder.click()
}

public void verifyOrderCustomer(String customer)
{
            // Check order customer
            verify(labelCustomer.getText(), getFirstName() + „ "
                  + getLastName())
}

Public void verifyOrderProduct(String product)
{
            // Check order product is displayed
            verifyContains(tableProducts, product)
}
```

Vom Skript zum schlüsselwortgetriebenen Testfall

Datengetriebene Testfälle

```
// Start customer registration
btnRegister.click()

// Enter name
textFirstName.setText(getFirstName())
textLastName.setText(getLastName())
btnNext.click()

// Enter address
textStreet.setText(getStreet())
textStreetNr.setText(getStreetNr())
textCity.setText(getCity())
btnSubmitRegistration.click()

// Start order
btnAddOrder.click()

// Enter order
listCustomer.select(getFirstName() + „ " + getLastName())
listProduct.select(getProduct())
btnSubmitOrder.click()

// Check order confirmation
verify(labelCustomer.getText(), getFirstName() + „ " + getLastName())
verifyContains(listProducts, getProduct())
```

+

FirstName	LastName	Street	StreetNr	City	Product
Max	Mustermann	Musterstrasse	3	Wien	Skischuhe XXL
Mina	Musterfrau	Beispielweg	5	Berlin	Wollschal blau
Thomas	Tester	Testweg	1234	Brunn	Skiwachs

Schlüsselwortgetriebene Testfälle

```
registerCustomer(getFirstName(), getLastName(), getStreet(),
                 getStreetNr(), getCity())
addOrder(getFirstName() + „ " + getLastName(), getProduct())
verifyOrderCustomer(getFirstName() + „ " + getLastName())
verifyOrderProduct(getProduct())
```

+

FirstName	LastName	Street	StreetNr	City	Product
Max	Mustermann	Musterstrasse	3	Wien	Skischuhe XXL
Mina	Musterfrau	Beispielweg	5	Berlin	Wollschal blau
Thomas	Tester	Testweg	1234	Brunn	Skiwachs

+

```
public void registerCustomer(String firstName, String lastName,
            String street, String streetNr, String city)
{
            // Start customer registration
            btnRegister.click()

            // Enter name
            textFirstName.setText(firstName)
            textLastName.setText(lastName)
            btnNext.click()

            // Enter address
            textStreet.setText(street)
            textStreetNr.setText(streetNr())
            textCity.setText(city)
            btnSubmitRegistration.click()
}

public void addOrder(String customer, String product)
{
            // Start order
            btnAddOrder.click()

            // Enter order
            listCustomer.select(getFirstName() + „ " + getLastName())
            listProduct.select(getProduct())
            btnSubmitOrder.click()
}

public void verifyOrderCustomer(String customer)
{
            // Check order customer
            verify(labelCustomer.getText(), getFirstName() + „ "
                  + getLastName())
}

Public void verifyOrderProduct(String product)
{
            // Check order product is displayed
            verifyContains(tableProducts, product)
}
```

Kombination von daten- und schlüsselwortgetriebenen Testfällen

B Anhang 2

Dieser Anhang beinhaltet ein Beispiel für einen Kriterienkatalog zur Auswahl eines Testwerkzeugs. Er kann als Basis für den eigenen Kriterienkatalog genutzt werden.

Kriterium	Frage	Erläuterung
Allgemeine Kriterien		
Tooltyp		
Testprozesse	Entspricht das Tool der Struktur der Testprozesse im Einsatzumfeld? Unterstützt das Tool eine Phase des Testprozesses, in der es Mängel gibt?	Reine Testfallspezifikationstools können keine Testfallauswertung unterstützen.
Testmethodik	Unterstützt das Tool Testmethodiken, die schon im Einsatz sind?	Unterstützt das Tool z.B. die Äquivalenzklassenmethode?
Testressourcen	Kann das Tool vom derzeitigen Personal ohne größere Probleme eingesetzt werden oder sind massive Schulungen notwendig?	Für ein Tool wären Programmierkenntnisse notwendig, diese sind aber im derzeitigen Testteam nicht vorhanden.
Overhead	Wie hoch ist der Zusatzaufwand durch den Einsatz des Tools? Wie sieht der Business Case aus?	Eine komplexe Testfallverwaltung für einen Testfallkatalog aus zehn Testfällen zu verwenden, erzeugt wohl mehr Aufwand, als damit eingespart wird. (Bisher: 5 Tage Test, jetzt: nur mehr 4 Tage Test, dafür 7 Tage Verwaltungsaufwand)
Integration in vorhandene Systemlandschaft	Wie kann sich die neue Komponente ins bestehende System integrieren? Datenaustausch?	Proprietäre Formate machen z.B. standardisierte Auswertungen schwer.
Evaluierungshilfen		
Demo- bzw. Evaluierungsversionen	Gibt es Evaluierungs- bzw. Demoversionen des Tools?	Die meisten Toolhersteller bieten kostenfreien Zugang zu zeitlich begrenzten Evaluierungsversionen ihrer Tools.

Kriterium	Frage	Erläuterung
Allgemeine Kriterien		
Evaluierungshilfen		
Tooldemonstration	Gibt es eine Toolpräsentation seitens des Herstellers?	Eventuell Live- oder Onlinepräsentation
Dokumentation während der Evaluierung	Wie viel der Online- und Gesamtdokumentation ist während der Evaluierung verfügbar?	Üblicherweise sind alle Dokumentationen und Supportdienstleistungen verfügbar.
Evaluierung im Einsatzumfeld	Kann die Evaluierung vor Ort und am zu testenden Objekt stattfinden?	
Infrastruktur		
Systemlandschaft	Was für Clients und Server mit welcher Umgebung sind zum Einsatz des Tools vonnöten?	Die meisten kommerziellen Tools setzen auf Windows auf – wichtig, falls Plattformunabhängigkeit gewünscht ist. Zumindest Server sollten im Allgemeinen plattformunabhängig sein.
Anschaffungen	Sind Arbeitsplätze vorhanden oder müssen Anschaffungen getätigt werden? Wenn ja, wie viele für eine Evaluierungsphase bzw. für den Echteinsatz?	
Usability		
Benutzeroberfläche	GUI? Command-Line? Drag & Drop?	Oftmals soll der Fachbereich eingebunden werden; dafür kann eine intuitive Benutzeroberfläche von Vorteil sein.
Wizards und Workflows	Sind die gängigsten Prozesse oder Aktionsserien in bequemen Schritt-für-Schritt-Aktivitäten vorbereitet?	Data Driving von aufgezeichneten Testskripten; finden von relevanten Plug-ins zur Testunterstützung gewisser Applikationen.
Reporting	Können die von dem Tool generierten Dokumente direkt verwertet werden? Können Reports auch über definierte Teilaspekte generiert werden?	Testlogs von Automatisierungstools sind oft schwer lesbar bzw. mit nicht direkt relevanter Information überladen. Der Umfang und Detailgrad der Protokolle soll dem Bedarf entsprechen.
Customizing	Kann das Tool den Ansprüchen gemäß konfiguriert werden? Expertenmodus?	Schriftgröße, Farbcodes usw.
Antwortzeitverhalten	Hat das Tool Antwortzeiten, die im guten oder erträglichen Bereich liegen?	Fehler- und Taskverwaltungssysteme mit vielen Usern haben oft hohe, von Benutzern als störend empfundene Reaktionszeiten.

Kriterium	Frage	Erläuterung
Allgemeine Kriterien		
Usability		
Multiuser	Können die Daten zentral gespeichert und von mehreren Usern bearbeitet werden?	In größeren Projekten ist es oft notwendig, dass mehrere User gleichzeitig auf einen Datenstamm zugreifen und ihn bearbeiten.
Sprache des Tools	Ist das Tool in einer der Nutzergruppe angemessenen Sprache verfügbar?	Deutsch, Englisch, weitere Sprachen
Skalierbarkeit/Stabilität		
Verlässlichkeit	Wie hoch ist das Risiko eines Ausfalls im realen Einsatz?	Ein System, das nicht verwendet werden kann, ist nicht brauchbar.
Belastbarkeit	Wie viele User können technisch am System arbeiten?	Multiuser-Tools haben oft eine praktisch begrenzte Anzahl an gleichzeitigen Usern.
Skalierbarkeit	Sollte das System erweitert werden (neue Komponenten, mehr User), wie viel Mehraufwand ist vonnöten, um diese Erweiterung durchzuführen?	Etwa Migration auf einen stärkeren Server.
Dokumentation		
Aktualität	Ist die Dokumentation auf die neueste Version des Tools bezogen?	Zwischen Version 7.0 und 8.0 eines Tools kann sich viel verändert haben.
Vollständigkeit	Deckt die Dokumentation alle Aspekte des Tools ab?	Schwer zu findende Funktionen umfassen oft einen großen Teil der Funktionalität eines Tools.
Tutorials	Sind die Abläufe und Vorgehensweisen im Tool durch illustrative Tutorials und Beispiele dargestellt?	Praktische Beispiele erleichtern oft den Umgang mit Tools ungemein.
Sprache der Dokumentation	Ist die Dokumentation in einer der Nutzergruppe angemessenen Sprache verfügbar?	Deutsch, Englisch, weitere Sprachen
Schulung		
Qualität der Schulung	Sind die angebotenen Schulungen vom Inhalt her so gestaltet, dass man danach mit dem Tool sinnvoll arbeiten kann? Sind die Trainer entsprechend qualifiziert?	

Kriterium	Frage	Erläuterung
Allgemeine Kriterien		
Schulung		
Flexibilität des Schulungs-unternehmens	Wie flexibel ist das Unternehmen, Schulungen in einer praxisnahen Umgebung abzuhalten?	Kann man davon ausgehen das nach einer Woche Schulung das Team auch wirklich fähig ist, die täglich gestellten Aufgaben selbstständig zu meistern. Oder ist nach der Schulung noch weiterer Support notwendig.
Qualität der Schulungs-unterlagen	Sind die Schulungsunterlagen derart gestaltet, dass sie auch zu einem späteren Zeitpunkt als Referenz genutzt werden können?	Schulungsunterlagen bieten für viele User den direktesten Zugang zur Produktdokumentation.
Sprache der Schulung	Ist die Schulung in einer der Nutzergruppe angemessenen Sprache verfügbar?	Deutsch, Englisch, weitere Sprachen
Support/Wartung		
Qualität der Supportplattform	Gibt es Onlineformulare, Foren, Knowledge Bases? Wie lange ist die Reaktionszeit bei schweren/leichten Problemen?	Knowledge Bases und Userforen bieten oft rasche Lösungen bei einfacheren Problemen. Bei schwereren ist dann guter Support gefragt.
Updatefrequenz und Aufwand	Wie oft kommen Updates heraus? Wie aufwendig ist es, auf eine neue Version umzusteigen?	Zu häufige Updates erzeugen Overhead oder werden ignoriert, zu seltene Updates bedeuten oft persistente Probleme.
Consultingteam/Support/Community	Wie viele Mitarbeiter unterstützen den Kunden? Vor Ort?	Viele größere Hersteller haben keine regionalen Niederlassungen, während lokale Hersteller ihr gesamtes Team in greifbarer Nähe haben.
Support alter Versionen	Werden alte Versionen weiterhin unterstützt?	Üblicherweise gibt es einige Jahre an Support älterer Versionen.
Sprache des Supports	Ist Support in einer der Nutzergruppe angemessenen Sprache verfügbar?	Deutsch, Englisch, weitere Sprachen
Strategische Kriterien		
Standardsoftware	Ist das Tool ein Standardtool im Unternehmen?	Eventuell gibt es Unternehmensstandards, die an bestimmte Anbieter binden.
Open-Source-Tool	Ist das Tool offen und frei?	In geschlossenen Systemen ist die Einarbeitung neuer Features dem Hersteller vorbehalten und damit von ihm abhängig.

Kriterium	Frage	Erläuterung
Allgemeine Kriterien		
Strategische Kriterien		
Hersteller	Wie lange gibt es das Tool schon am Markt? Wie erfolgreich ist der Hersteller? Ist das Anwendungsgebiet ein Schwerpunkt des Anbieters?	Beispielsweise ist zu prüfen, ob gewährleistet ist, dass der Toolhersteller den Support auch über die Anwendungsdauer durchführen kann.
Partnerschaften	Gibt es Partnerschaften mit relevanten Komponentenherstellern?	Partnerschaften deuten oft auf guten Support gewisser Fremdherstellerkomponenten hin.
Referenzen		
Erfahrung im Umfeld	Wie viele vergleichbare Projekte wurden bisher durchgeführt?	Erfahrung im Umfeld hilft bei der Effizienz der Umsetzung und im Support.
Erfolg vergleichbarer Projekte/ externe Erfahrungsberichte	Wie sehen die Erfahrungsberichte oder Erfolgsquantifizierungen in vergangenen Projekten aus?	Wie gut sind vergleichbare Projekte bisher abgelaufen? Stolpersteine?
Kriterien Testautomatisierungswerkzeuge		
Kompatibilität mit Testobjekt		
Grundlegende Architektur	Wird das zugrunde liegende System, auf dem die getestete Applikation läuft, unterstützt? Geschieht dies integriert oder über ein Add-in?	.NET, HTML, Java, VB, SAP usw.
Verwendete Libraries und GUI-Elemente (Standard)	Werden die grundlegenden GUI-Elemente und Interaktionsmedien unterstützt? Geschieht dies integriert oder über ein Add-in?	Listen, Buttons, Terminal-Windows
Verwendete Libraries und GUI-Elemente (komplex/Third Party)	Werden die erweiterten/selbstgestrickten/komplexeren GUI-Elemente unterstützt? Geschieht dies integriert oder über ein Add-in?	Grids, Logikbausteine, Drag & Drop Interfaces
Verwendete Kombinationen von Libraries und GUI-Elementen	Können die notwendigen Unterstützungsmodule gleichzeitig aktiv sein?	Oftmals schließen sich Add-ins bzw. Komponentenunterstützungsmodule gegenseitig aus.
Zeichensätze und Sprachen	Werden Applikationen mit allen notwendigen Zeichensätzen und Sprachen unterstützt?	Griechisch, Kyrillisch, Chinesisch usw.
Data Interfaces		
Datenverwaltung	Können Testdaten direkt im Automatisierungstool gehalten und verwaltet werden?	

Kriterium	Frage	Erläuterung
Kriterien Testautomatisierungswerkzeuge		
Data Interfaces		
Datenbefüllung der Tests	Können Standard-Datenbankverbindungen genutzt werden?	Eventuell wird die automatische Befüllung der Testfallparameter über eine Standarddatenbank durchgeführt.
Test der Datenbank der Applikation	Wird die Datenbankschnittstelle der Applikation unterstützt?	Automatischer Test legt einen Kunden an – ist dieser auch tatsächlich danach in der Datenbank?
Zugriffsart auf die Daten	Gibt es die Möglichkeit, SQL-Statements, Cursors usw. zu verwenden?	SQL & Co. machen den effizienten und einfachen Zugriff auf Daten möglich.
Programmierung		
Sprachstil	An welche gängige Sprache ist die Programmierung angelehnt?	Normalerweise dient eine Programmiersprache als Grundlage für das Automatisierungssystem.
Lesbarkeit	Wie lesbar und editierbar sind die Skripte für Nichtprogrammierer?	Einige Tools bieten anschauliche Struktursichten, die auch ohne weitere Programmierkenntnisse Bearbeitungen ermöglichen.
Mächtigkeit der Sprache	Wie mächtig ist die Programmiersprache tatsächlich?	Klassen, Identifiers, Exception Handling usw.
Features der Entwicklungsumgebung	Was für Features bietet die IDE?	»Go to Definition«, Autocomplete usw.
Struktur der Entwicklungsumgebung und/oder Sprache	Werden Libraries/wiederverwertbare Module usw. grafisch aufbereitet?	Gibt es die Möglichkeit, strukturiert zu arbeiten (abseits von Tabulatoreinschüben)?
Objektidentifikation		
Dynamische Objekterkennung	Können Objekte zur Laufzeit generiert und erkannt werden?	Oft entstehen Objekte, die erkannt werden sollen, erst aus der Datensteuerung des Skripts (z.B. neu angelegte Kunden, die eigene Buttons oder Links in Webapplikationen erhalten). Dies bezeichnet die Fähigkeit, im Code zur Laufzeit Objekte zur Erkennung zu definieren.

Kriterium	Frage	Erläuterung
Kriterien Testautomatisierungswerkzeuge		
Objektidentifikation		
Statische Objekterkennung	Gibt es ein Repository, in dem statischen Objekten logische IDs vergeben werden können?	Logische Namen statt langer ID-Strings erleichtern die Übersicht. Dies bezeichnet die Möglichkeit, Objekte statisch bzw. mit Wildcards in Objektlisten zur Verwendung im Code zu definieren. Dies ist bei unveränderlichen GUI-Komponenten hilfreich, wie zum Beispiel bei Standardmenüeinträgen (Speichern, Speichern unter, Schließen usw.).
Erkennungsdimensionen und -logik	Wie funktioniert die Definition der Erkennungskriterien?	Vordefinitionen für gewisse Erkennungskriterien für Komponententypen, wie z.B., dass eine Liste an ihrem Label und ihrer Anzahl an Einträgen erkannt werden kann.
Erkennung von logischen Objekten beim Recording	Werden bereits in der statischen Map angelegte logische Objekte beim Recording als solche erkannt?	Das nachträgliche Ersetzen der dynamischen Objekte durch ihre statischen Gegenstücke ist oft mühsam.
Verwaltung/Integration		
Testfallverwaltung	Ist eine (brauchbare) Testfallverwaltung integriert?	Es kann oft hilfreich sein, Testfallverwaltung und Testautomatisierung in einem Tool zu haben, speziell für das Mapping von fachlichen Testfällen zu Skripten und Daten sowie zur Verwaltung von Abhängigkeiten.
Integration mit vorhandenen externen Testfallverwaltungen	Wie gut läuft hier das Mapping der Testfälle zu Skripten ab? Wie werden die Ergebnisse integriert?	Das Starten von bestimmten Testfällen zu spezifischen Komponenten und die Integration der Ergebnisse.
Stabilität		
Exception Handling	Existiert Exception Handling?	Kann überhaupt nach einem Fehler bzw. in einer unerwarteten Situation während des Testdurchlaufs darauf reagiert bzw. weitergemacht werden?
Automatisches Exception Handling	Existiert ein automatisches Exception Handling?	Einige Tools stellen z.B. für Webapplikationen gewisse automatische Mechanismen zur Wiederherstellung der Testumgebung zur Verfügung.
Umsetzung eines Zustandsmodells	Kann ein funktionierendes Zustandsmodell umgesetzt werden?	Einige Tools haben bereits ein Zustandsmodell integriert, in anderen kann dies leicht umgesetzt werden.

Kriterium	Frage	Erläuterung
Kriterien Testautomatisierungswerkzeuge		
Stabilität		
Reaktionen auf Probleme des Tools selbst	Gibt es einen externen Testtreiber, der auch das Tool neu anstarten kann?	Sollte einmal das Automatisierungstool selbst Probleme bereiten, kann in manchen Testautomatisierungssuites auch dieses neu angestartet werden.
Libraries/Out-of-the-Box-Lösungen		
Zugriff auf externe Libraries und Schnittstellen	Können externe Standard-Libraries verwendet werden?	Zugriff auf externe Libraries und Schnittstellen erleichtert das Leben oft ungemein, z.B. beim Beenden eines Prozesses.
Zugriff durch externe Programme	Können externe Prozesse das Tool ansteuern? Welche? Wie geschieht dies?	Integration in Build-Prozess, Scheduler, Debugger, Frontends usw.
Interne Libraries	Werden für die wichtigsten Aktionen und Operationen im Test entsprechend komfortabel nutzbare Funktionalitäten mitgeliefert?	Tools unterstützen oft die einfachsten Operationen, wie Substring-Replacement, nicht out-of-the-box. Wichtige Features im Test sind Stringoperationen, Zeit- und Datumsoperationen, Berechnungen, Rundungen usw.
Benutzerdefinierte Libraries	Wie effizient kann selbst geschriebener Code ausgeführt werden?	Beispielsweise werden gewisse benutzererstellte Funktionen zur effizienteren Ausführung kompiliert.
Community Libraries	Wie sieht die Unterstützung durch die Community im Library-Bereich aus?	Einige Tools haben eine rege Community, in der auch viele selbst gestrickte Libraries freigegeben werden. Auch kostenpflichtige Libraries sind erhältlich.
Dokumentation		
Kommentare und Tags	Können bequem Kommentare, Tags usw. Skripte, Files oder Blöcken zugewiesen werden?	Gute Kommentierung ist bei jeglicher Entwicklung wichtig.
Automatische Kommentierung	Werden sinnvolle Kommentare automatisch ergänzt, wenn Funktionalität aufgezeichnet wird oder Wizards verwendet werden?	Verschafft beim nachträglichen Bearbeiten mehr Klarheit.
Nachvollziehbarkeit	Kann man am Code direkt erkennen, »was denn nun eigentlich geschieht«?	Bei aufgezeichneten Statements kommen z.B. Screenshots hinzu.
Logging		
Testdurchlauflogs	Sind die internen Logs in irgendeiner Struktur enthalten?	Baumstrukturen usw. sorgen in den oft sehr vollgepackten Logs für mehr Übersicht.

Kriterium	Frage	Erläuterung
Kriterien Testautomatisierungswerkzeuge		
Logging		
Pass und Fail Flags	Können Negativtests bei Fehlermeldungen als »Passed« markiert werden?	Einige Tools markieren bei Fehlermeldungen den Testfall automatisch als »Failed«. Nicht gut für Negativtests.
Nachvollziehbarkeit	Kann man im Log direkt erkennen, »was denn nun eigentlich geschieht«?	Zum Beispiel werden bei jeder ausgeführten Aktion bzw. bei jedem Check Screenshots hinzugefügt.
Recording		
Recording-Modi	Können nur logische Aktionen oder nur analoge Aktionen aufgezeichnet werden? Beides?	Logisch: »Hauptfenster.click«. Analog: »Click(180,123)«, also auf Koordinaten. Oft ist es gut, zur Sicherheit beide Möglichkeiten zu haben, auch wenn erstere Variante weit wichtiger ist (z.B. wenn vereinzelt Objekte nicht unterstützt bzw. erkannt werden).
Erkennung aller logischen Aktionen	Werden z.B. in unterstützten Grids die Zugriffe auch per Zellen-ID erkannt?	Oft zeichnen Tools bei Objekten, die per Add-in identifiziert werden, nur Analoginformationen (also Koordinaten, Tastendrücke) auf.
Checking		
Kriterien	Welche Kriterien können für Checks herangezogen werden?	Können z.B. auch nicht als Erkennungskriterien definierte Attribute (Tabelleninhalte, Screenshot-Segmente usw.) als Checkkriterien definiert werden?
Recording und Check in einem Durchlauf	Muss zuerst aufgezeichnet werden, und dann werden Checks eingeführt?	Kann z.B. zwischen Recording- und Checkmodus hin- und hergesprungen werden, ist die Aufzeichnung eines Testfalls in einem möglich.
Trennung Checkcontainer und Checkdaten	Können Checks dynamisch mit Daten versorgt werden?	Viele Programme speichern die bei den Checks erwarteten Werte statisch ab. Datengesteuerte Tests funktionieren aber eleganter, wenn diese Werte dynamisch auch aus den Daten gelesen werden können.
Aufbereitung »Soll vs. Ist«	Können die Ergebnisse von fehlgeschlagenen Checks anschaulich angezeigt werden?	Checks auf Tabellen: Viele Werte, nur wenige davon verschieden. Verschiedene Werte sollten deutlich sichtbar markiert werden.
Automatisches Update von Checkdaten	Können Checkdaten automatisch aktualisiert werden?	Beispielsweise wird ein »Update«-Modus unterstützt, indem eine Ausführung des Skripts die Sollwerte auf die nun erhaltenen Werte stellt.

Kriterium	Frage	Erläuterung
Kriterien Testautomatisierungswerkzeuge		
Events		
Kriterien	Können Events nach bestimmten Kriterien ausgelöst werden?	Wenn gewisse Kriterien erfüllt sind, wird ein Event ausgelöst, auf das gewartet bzw. reagiert werden kann. Eignet sich z.B. für Recovery oder Synchronisierung.
Asynchronität	Können Events auch asynchron Codeteile triggern?	Einige Tools verwenden Events als »warte auf etwas« zur Synchronisation, lassen aber asynchrones Verwerten der Eventmasken nicht zu.
Files und Versionskontrolle		
Fileformate	Welche Formate werden verwendet?	Textfiles? XML? JPG? Datenbank? Für Maps, Skripte, Screenshots, Reports usw.
Speicherplatz	Wie viel Platz brauchen Skripte/Logs/Reports?	Beim Debugging usw. entstehen oft Unmengen an Logs und Skriptversionen, die das Repository anschwellen lassen.
Versionsmanagement	Gibt es ein integriertes Versionsmanagement? Wie gut ist es?	Manche Tools haben ein integriertes Versionsmanagement, verwenden aber eine Datenbank zum Speichern der Komponenten, was ein externes Versionsmanagement schwer macht. Andere haben keines und machen durch ihren Dateiaufbau die Verwendung eines externen Versionsmanagements schwer.
Externes Versionsmanagement	Wie leicht ist es, die Testautomatisierung in ein externes Versionsmanagement zu integrieren? (CVS[a], SVN[b])	
Parallelität		
Testbarkeit	Gibt es eine Möglichkeit, parallel ablaufende Prozesse zu testen?	Mehrere Instanzen des Testtools, Möglichkeit, parallel Code auszuführen, usw.
Ausführung	Ist es möglich, parallelisierten Code in einer Instanz des Tools zu erstellen?	Direkte Parallelität in den Testskripten, nur eine Instanz des Werkzeugs notwendig.

a. CVS: Concurrent Versions System
b. SVN: Apache Subversion

Kriterium	Frage	Erläuterung
Finanzielle Kriterien		
Kosten und Lizenz		
Kostenadäquatheit	Stehen die Kosten des Tools in Relation zur Projektgröße bzw. zu dem zu erwartenden Nutzen?	Eine Applikation, deren Entwicklung 500 € nicht übersteigen soll, mit einem Testtool testen, das im Jahr 10.000 € kostet?
Kosten in der Evaluierungs-phase	Gibt es eine kostenfreie Evaluierungslizenz? Eine günstige?	
Kosten in der Anschaffung	Wie ist der Basispreis des Tools?	Direkte Anschaffungskosten der Software exkl. Userlizenzen, Wartung und Support
Supportkosten	Wie hoch sind die Kosten für den Support des Tools?	Kosten nur Support
Schulungs-, Consulting- und Coaching-Kosten	Was kostet eine adäquate Ausbildung der zuständigen Personen? (Trainer-Tagessatz)	Vor allem in der Testautomatisierung ist oft Zusatzwissen gefordert.
Wartungs- und Update-Kosten	Wie hoch sind die Kosten bei Point-Releases? Major Releases?	Bei manchen Herstellern wird eine Lizenz für das Tool gekauft: Sowohl Point-Releases als auch volle Updates sind inkludiert.
Lizenztypen	Gibt es Floating Licenses? Per-Seat Licenses? Preise?	
Lizenzverwaltung	Muss ein eigener Lizenzserver angeschafft werden?	Viele Toolanbieter bieten Versionen sowohl als Standalone als auch als Client-Lizenzserver-Variante an.
Infrastruktur	Muss ein eigener Lizenzserver angeschafft werden? Andere infrastrukturelle Kosten?	Sämtliche Applikationen, die Floating Licenses voraussetzen.

C Glossar

.NET .NET ist Microsofts Plattform für die Entwicklung von Applikationen mit grafischen Oberflächen, sicherer Kommunikation und Prozessmodellierung. [URL: .NET]

Abnahmetest Formales Testen hinsichtlich der Benutzeranforderungen und -bedürfnisse bzw. der Geschäftsprozesse. Er wird durchgeführt, um einem Auftraggeber oder einer bevollmächtigten Instanz die Entscheidung auf der Basis der Abnahmekriterien zu ermöglichen, ob ein System anzunehmen ist oder nicht. [ISTQB 14]

Abweichung Jedes Ereignis, das während des Testens auftritt und weiterer Untersuchungen bedarf. [ISTQB 14]

Abweichungsmanagement Der Prozess der Erkennung, Untersuchung, Maßnahmenergreifung und Behebung von Fehlerzuständen und Abweichungen. Dazu gehört Protokollierung, Klassifizierung und Analyse der Auswirkung von Fehlerzuständen und Abweichungen. [ISTQB 14]

Agile Softwareentwicklung Eine auf iterativer und inkrementeller Entwicklung basierende Gruppe von Softwareentwicklungsmethoden, wobei sich Anforderungen und Lösungen durch die Zusammenarbeit von selbstorganisierenden, funktionsübergreifenden Teams entwickeln. [ISTQB 14]

Anforderung Eine vom Benutzer benötigte Eigenschaft oder Fähigkeit, die eine Software erfüllen muss, um einen Vertrag, einen Standard, eine Spezifikation oder ein anderes formales Dokument zu erfüllen. [ISTQB 14]

Anwendungsfallbasierter Test Eine Folge von Vorgängen in einem Dialog zwischen einem Akteur und einer Komponente oder einem System, die zu einem konkreten Ergebnis führen. Ein Akteur kann dabei ein Benutzer sein oder irgendetwas, was Informationen mit dem System austauschen kann. [ISTQB 14]

Auswirkungsanalyse Die Untersuchung und Darstellung der Auswirkungen einer Änderung von spezifizierten Anforderungen auf die Entwicklungsdokumente, auf die Testdokumentation und auf die Komponenten.

Automatisierungsframework Ein für die Bereitstellung von Automatisierungsfunktionalitäten entwickeltes Softwareframework. In vielen Fällen zur Sammlung und Strukturierung von domänenspezifischer Funktionalität in der Entwicklung und Durchführung von automatisierten Tests genutzt. Siehe auch Framework.

BDD siehe Behaviour Driven Development

Befehlsbibliothek siehe Programmbibliothek

Behaviour Driven Development Behaviour Driven Development vereint die Konzepte von Test Driven Development und Domain Driven Design. Ziel ist es, ein Vokabular für den Brückenschlag zwischen Fachlichkeit und Technologie zu definieren. [URL: BDD]

Capture&Replay-Werkzeug Ein Werkzeug zur Unterstützung der Testausführung. Eingaben der Benutzer werden während der manuellen Testdurchführung zum Erzeugen von ausführ- und wiederholbaren Testskripten aufgezeichnet und verwendet. Solche Testwerkzeuge werden häufig zur Unterstützung automatisierter Regressionstests genutzt. [ISTQB 14]

Cloud Das Prinzip von Cloud Computing beschreibt, dass Anwendungen, Werkzeuge, Entwicklungsumgebungen, Managementtools, Speicherkapazität, Netzwerke, Server etc. vom Anwender nicht mehr selbst bereitgestellt oder betrieben, sondern von einem oder mehreren Anbietern »gemietet« werden, die die IT-Infrastruktur über ein Netzwerk als Cloud-Services öffentlich anbieten.

Codereview siehe Review

Continuous Build/Integration Kontinuierliche Integration (auch: fortlaufende oder permanente Integration, engl. Continuous Integration) ist ein Begriff aus der Softwareentwicklung, der den Prozess des regelmäßigen, vollständigen Neubildens und Testens einer Anwendung beschreibt. Obwohl dieses Konzept älter ist, wird es häufig mit Extreme Programming in Verbindung gebracht. [URL: WikiCB]

Data Driven Testing siehe datengetriebenes Testen

Data Warehouse Ein Data Warehouse erfüllt im Wesentlichen zwei Grundsätze:

1. Die Integration von Daten aus unterschiedlich strukturierten Quellen und
2. die Separation von Daten gemäß ihrer Bedeutung und ihrem Verwendungszweck.

Datengetriebenes Testen Ein skriptbasiertes Verfahren, bei dem die Testeingaben und vorausgesagten Ergebnisse in einer (Kalkulations-)Tabelle gespeichert werden, sodass ein Steuerungsskript alle Tests in der Tabelle ausführen kann. Datengetriebenes Testen wird oft unterstützend beim Einsatz von Testausführungswerkzeugen wie Mitschnittwerkzeugen (Capture&Replay-Werkzeugen) verwendet. Siehe auch schlüsselwortgetriebener Test. [ISTQB 14]

DWH siehe Data Warehouse

Fehlermanagement siehe Abweichungsmanagement

Framework Ein Satz von Software, Dokumentation, Richtlinien und Prozessen, der die Umsetzung von technologiespezifischen, höheren Softwareelementen erlaubt. [URL: d4science]

Funktionaler Test Testen, das auf der Analyse der funktionalen Spezifikation einer Komponente oder eines Systems basiert. [ISTQB 14]

Impact-Analyse siehe Auswirkungsanalyse

Integrationstest Testen mit dem Ziel, Fehlerzustände in den Schnittstellen und im Zusammenspiel zwischen integrierten Komponenten aufzudecken. [ISTQB 14]

Java Java ist eine Programmiersprache und Softwareplattform, die 1995 von Sun Microsystems veröffentlicht wurde. [URL: Java]

Keyword Driven Testing siehe schlüsselwortgetriebener Test

Komponententest Testen einer einzelnen Komponente. [ISTQB 14]

Konfigurationsmanagement Technische und administrative Maßnahmen zur Identifizierung und Dokumentation der fachlichen und physischen Merkmale eines Konfigurationselements, zur Überwachung und Protokollierung von Änderungen solcher Merkmale, zum Verfolgen des Änderungsprozesses, Umsetzungsstatus und zur Verifizierung der Übereinstimmung mit spezifizierten Anforderungen. [ISTQB 14]

Library siehe Programmbibliothek

Metrik Die Mess-Skala und das genutzte Verfahren eine Messung. [ISTQB 14]

Mock Eine minimalistische Komponente ohne fachliche Funktionalität, die benutzt wird, um Funktionalität oder Softwarekomponenten isoliert testen zu können. Siehe auch Stub.

Nicht funktionaler Test Testen der Eigenschaften eines Systems, die nicht direkt mit der Funktionalität in Verbindung stehen, z.B. Zuverlässigkeit, Effizienz, Benutzbarkeit, Änderbarkeit und Übertragbarkeit. [ISTQB 14]

Open Source Open Source ist eine Softwareentwicklungsmethode, der verteilte Peer-Review und ein transparenter Prozess zugrunde liegt. [URL: OSS]

Programmbibliothek Gesamtheit mehrerer häufig verwendeter, mit Namen versehener Programme oder Programmteile, die in einer Datei zusammengefasst sind. [URL: Duden]

Rational Unified Process Ein proprietäres, anpassbares, iteratives Rahmenwerk für Softwareentwicklungsprozesse, bestehend aus vier Projektphasen: Konzeptionsphase, Entwurfsphase, Konstruktionsphase, Übergabephase. [ISTQB 14]

Record&Play-Werkzeug siehe Capture&Replay-Werkzeug

Regressionstest Erneutes Testen eines bereits getesteten Programms bzw. einer Teilfunktionalität nach deren Modifikation. Ziel ist es nachzuweisen, dass durch die vorgenommenen Änderungen keine Fehlerzustände eingebaut oder (bisher maskierte Fehlerzustände) freigelegt wurden. [ISTQB 14]

REST (RESTful Web Services) Im Kontext von Webservices bezeichnet REpresentational State Transfer (REST) ein Designkonzept, in dem in einer zustandslosen Client-Server-Architektur Webservices als Ressourcen betrachtet werden und über ihre URLs identifiziert werden können. [URL: Tyagi]

Review Eine Bewertung eines Produkts oder eines Projektstatus. Sie dient dazu, Diskrepanzen zu den geplanten Ergebnissen aufzudecken und Verbesserungspotenziale zu identifizieren. [ISTQB 14]

Risiko Ein Faktor, der zu negativen Konsequenzen in der Zukunft führen könnte; gewöhnlich ausgedrückt durch die Eintrittswahrscheinlichkeit und das Schadensausmaß. [ISTQB 14]

Rückverfolgbarkeit Die Fähigkeit, zusammengehörige Teile von Dokumentation und Software zu identifizieren, insbesondere die Anforderungen mit den dazugehörigen Testfällen.

Schlüsselwortgetriebener Test Ein skriptbasiertes Verfahren, das nicht nur Testdaten und vorausgesagte Ergebnisse aus Dateien einliest, sondern auch spezielle Schlüsselwörter zur Steuerung. Diese Schlüsselwörter können von speziellen Skripten interpretiert werden und den Test während der Laufzeit steuern. Siehe auch datengetriebenes Testen. [ISTQB 14]

Scrum Ein iterativ inkrementelles Vorgehensmodell für das Projektmanagement, das im Allgemeinen bei agiler Softwareentwicklung verwendet wird. [ISTQB 14]

Serviceorientierte Architektur Eine serviceorientierte Architektur (SOA) ist im Kern eine Sammlung von Services. Diese Services kommunizieren miteinander. Die Kommunikation kann entweder aus dem Transfer von einfachen Daten bestehen oder auch die gemeinsame Abstimmung von zwei oder mehr Services zur Durchführung einer Aktivität bezeichnen. Zwischen den Services ist ein Kommunikationsmittel notwendig. [URL: SOA]

Smoke-Test Eine Teilmenge aller definierten/geplanten Testfälle, die die Hauptfunktionalität einer Komponente oder eines Systems überdecken. Der Test soll feststellen, ob die wichtigsten Funktionen eines Programms arbeiten, ohne jedoch einzelne Details zu berücksichtigen. [ISTQB 14]

SOA siehe serviceorientierte Architektur

Stub Eine rudimentäre oder spezielle Implementierung einer Softwarekomponente, die verwendet wird, um eine noch nicht implementierte Komponente zu ersetzen bzw. zu simulieren [IEEE 610]. Siehe auch Mock.

Systemtest Testen eines integrierten Systems, um sicherzustellen, dass es spezifizierte Anforderungen erfüllt. [ISTQB 14]

TDD siehe Test Driven Development

Testabdeckung siehe Überdeckungsgrad

Testart Eine Gruppe von Testaktivitäten mit der Absicht, eine Komponente oder ein System auf einige zusammenhängende Qualitätsmerkmale zu prüfen. Eine Testart ist auf ein bestimmtes Testziel fokussiert, wie z.B. Zuverlässigkeitstest, Regressionstest, Benutzbarkeitstest. Die Testart kann sich auf eine oder mehrere Teststufen oder -phasen beziehen. [ISTQB 14]

Testautomatisierung Einsatz von Softwarewerkzeugen zur Durchführung oder Unterstützung von Testaktivitäten, z.B. Testmanagement, Testentwurf, Testausführung und Soll-Ist-Vergleich. [ISTQB 14]

Testbericht Ein Dokument, das die Testaktivitäten und -ergebnisse zusammenfasst. Es enthält eine Bewertung der durchgeführten Tests gegen definierte Testendekriterien. [ISTQB 14]

Test Driven Development Bei einer testgetriebenen Entwicklung erfolgt die Entwicklung und oft auch die Automatisierung der Testfälle vor der Entwicklung der Software. [ISTQB 14]

Testdurchführung Ausführung der Testfälle bzw. Testszenarien.

Testendekriterien Die Menge an abgestimmten generischen und spezifischen Bedingungen, die von allen Beteiligten für den Abschluss eines Tests akzeptiert wurden. Testendekriterien verhindern es, dass der Test als abgeschlossen betrachtet wird, obwohl Teile noch nicht fertig sind. Nach [ISTQB 14]

Testentwurfsverfahren Eine Vorgehensweise, nach der Testfälle abgeleitet oder ausgewählt werden. [ISTQB 14]

Testfall Umfasst folgende Angaben: die für die Ausführung notwendigen Vorbedingungen, die Menge der Eingabewerte (ein Eingabewert je Parameter des Testobjekts), die Menge der vorausgesagten Ergebnisse sowie die erwarteten Nachbedingungen. Testfälle werden entwickelt im Hinblick auf ein bestimmtes Ziel bzw. auf eine Testbedingung, wie z.B. einen bestimmten Programmpfad auszuführen oder die Übereinstimmung mit spezifischen Anforderungen zu prüfen (wie Eingaben an das Testobjekt zu übergeben und Sollwerte abzulesen sind). [ISTQB 14]

Testfallspezifikation Ein Dokument, das eine Menge von Testfällen für ein Testobjekt spezifiziert (inkl. Testdaten und Vor-/Nachbedingung), bei dem die Testfälle jeweils Ziele, Eingaben, Testaktionen, vorausgesagte Ergebnisse und Vorbedingungen für die Ausführung enthalten. [ISTQB 14]

Testkonzept Ein Dokument, das u.a. den Gültigkeitsbereich, die Vorgehensweise, die Ressourcen und die Zeitplanung der beabsichtigten Tests mit allen Aktivitäten beschreibt. Es identifiziert u.a. die Testobjekte, die zu testenden Features und die Testaufgaben. Es ordnet den Testaufgaben die Tester zu und legt den Unabhängigkeitsgrad der Tester fest. Es beschreibt die Testumgebung, die Testentwurfsverfahren und die anzuwendenden Verfahren zur Messung der Tests und begründet deren Auswahl. Außerdem werden Risiken beschrieben, die eine Planung für den Fall des Eintretens erfordern. Ein Testkonzept ist somit die Niederschrift des Testplanungsprozesses. [ISTQB 14]

Testmittel Alle Artefakte, die während des Testprozesses erstellt werden und die erforderlich sind, um die Tests zu planen, zu entwerfen oder auszuführen. Dazu gehören: Dokumente, Skripte, Eingabedaten, erwartete Ergebnisse, Prozeduren zum Aufsetzen und Aufräumen von Testdaten, Dateien, Datenbanken, Umgebungen und weitere zusätzliche Software- und Dienstprogramme, die für das Testen verwendet werden. [ISTQB 14]

Testobjekt Die Komponente oder das System, das getestet wird. [ISTQB 14]

Testprozess Der fundamentale Testprozess umfasst die folgenden Aktivitäten: Planung und Steuerung, Analyse und Design, Realisierung und Durchführung, Bewertung und Berichterstattung sowie den Abschluss der Testaktivitäten. [ISTQB 14]

Testrahmen Eine Testumgebung, die aus den für die Testausführung benötigten Treibern und Platzhaltern besteht. [ISTQB 14]

Teststrategie Abstrakte Beschreibung der vorgesehenen Teststufen und der Art und Weise, wie innerhalb dieser Teststufen vorzugehen ist für eine Organisation oder ein Programm – gültig für ein oder mehrere Projekte. [ISTQB 14]

Teststufe Eine Teststufe ist eine Gruppe von Testaktivitäten, die gemeinsam ausgeführt und verwaltet werden. Teststufen sind mit Zuständigkeiten in einem Projekt verknüpft. Beispiele für Teststufen sind der Komponententest, der Integrationstest, der Systemtest und der Abnahmetest. [ISTQB 14]

Tracebility siehe Rückverfolgbarkeit

Überdeckungsgrad Der Grad, ausgedrückt in Prozent, zu dem eine spezifizierte Überdeckungseinheit (z.B. Zweig) durch eine Testsuite ausgeführt wurde. [ISTQB 14]

Unit Test siehe Komponententest

VBScript VBScript ist eine von Microsoft definierte und implementierte, an Visual Basic angelehnte Skriptsprache, die im Kern für die Implementierung von webclient- und webserverseitiger Funktionalität entworfen wurde. [URL: VBScript]

V-Modell Vorgehensmodell für die Softwareentwicklung, um die Aktivitäten des Softwareentwicklungslebenszyklus von der Anforderungsspezifikation bis zur Wartung zu beschreiben. Das V-Modell stellt dar, wie Prüf- und Testaktivitäten in jede Phase des Softwareentwicklungslebenszyklus integriert und die Zwischenprodukte geprüft (validiert und verifiziert) werden können. [ISTQB 14]

Webservice Ein Webservice ist ein unabhängiger, logisch abgeschlossener Softwarebaustein, der neben seiner Implementierung über eine öffentliche Schnittstelle verfügt, die über das Internet nutzbar ist.

XML XML steht für eXtensible Markup Language. XML dient für den Transport und die Speicherung von Daten. [URL: XML]

XPath XPath wird verwendet, um durch Elemente und Attribute in einem XML-Dokument zu navigieren. [URL: XPath]

Zustandsbasierter Test Ein Blackbox-Testentwurfsverfahren, mit dem Testfälle entworfen werden, um gültige und ungültige Zustandsübergänge zu prüfen. [ISTQB 14]

D Quellenverzeichnis

Internetseiten als Quellen wurden im Februar 2015 abgefragt.

[Bath & McKay 15] Bath, G.; McKay, J.: Praxiswissen Softwaretest – Test Analyst und Technical Test Analyst, dpunkt.verlag, 2015 (engl. Ausgabe: Bath, G.; McKay, J.: The Software Test Engineer's Handbook, Rocky Nook, 2014)

[Baumgartner et al. 13] Baumgartner, M.; Klonk, M.; Pichler, H.; Seidl, R.; Tanczos, S.: Agile Testing – Der agile Weg zur Qualität, Hanser Verlag, 2013

[Dostal et al. 07] Dostal, W.; Jeckle, M.; Melzer, I.: Service-Orientierte Architekturen mit Web-Services, Spektrum akademischer Verlag, 2007

[IEEE 610] IEEE Std 610.12-1990, IEEE Standard Glossary of Software Engineering Terminology

[IEEE 829] IEEE Std 829-2008, IEEE Standard for Software Test Documentation

[ISIC 08] International Standard Industrial Classification of All Economic Activities Revision 4, United Nations New York, 2008

[ISO 25010] ISO/IEC 25010:2011, Systems and software engineering – Systems and software Quality Requirements and Evaluation (SQuaRE) – System and software quality models

[ISTQB 14] GTB Working Party Glossary; ISTQB®/GTB Standardglossar der Testbegriffe Deutsch - Englisch, German Testing Board e.V., 2014

[Kaner et al. 11] Kaner, C.; Bach, J.; Pettichord, B.: Lessons Learned in Software Testing: A Context-Driven Approach. John Wiley & Sons, 2011.

[Katz & Allen 82] Katz, R.; Allen, T.: Investigating the Not Invented Here (NIH) Syndrome: a look at the performance, tenure and communication patterns of 50 R&D project groups. 1982, R&D Management vol. 12

[**Linz 13**] Linz, T.: Testen in Scrum-Projekten: Leitfaden für Softwarequalität in der agilen Welt. dpunkt.verlag, 2013.

[**Molyneaux 09**] Molyneaux, I.: The Art of Application Performance Testing, O'Reilly 2009

[**Murphy 11**] Murphy, T. E.: Magic Quadrant for Integrated Software Quality Suites, Gartner Inc., 01/2011

[**NACE 08**] NACE Rev.2 Statistische Systematik der Wirtschaftszweige in der Europäischen Gemeinschaft, Amt für amtliche Veröffentlichungen der Europäischen Gemeinschaften, 2008

[**Pfeifer & Schmitt 14**] Pfeifer, T.; Schmitt, R.: Masing Handbuch Qualitätsmanagement, Hanser Verlag, 2014

[**Roßner et al. 10**] Roßner, T.; Brandes, C.; Götz, H.; Winter, M.: Basiswissen Modellbasierter Test, dpunkt.verlag, 2010

[**Schwaber & Gualtieri 08**] Schwaber, C.; Gualtieri, M.: The Forrester Wave: Functional Testing Solutions Q3 2008, Forrester Research, 2008

[**Sneed et al. 08**] Sneed, H.; Baumgartner, M.; Seidl, R.: Der Systemtest – Von den Anforderungen zum Qualitätsnachweis, Hanser Verlag, 2008

[**Sneed et al. 10**] Sneed, H.; Seidl, R.; Baumgartner, M.: Software in Zahlen – Die Vermessung von Applikationen, Hanser Verlag, 2010

[**Spillner & Linz 12**] Spillner, A.; Linz, T.: Basiswissen Softwaretest – Aus- und Weiterbildung zum Certified Tester Foundation Level, dpunkt.verlag, 2012

[**Spillner et al. 14**] Spillner, A.; Roßner, T.; Winter, M.; Linz, T.: Praxiswissen Softwaretest – Testmanagement – Aus- und Weiterbildung zum Certified Tester Advanced Level, dpunkt.verlag, 2014

[**SWISSQ 14**] Trends & Benchmarks Report Schweiz, SwissQConsultig AG, Zürich, 2014

[**Tanenbaum 03**] Tanenbaum, A. S.: Moderne Betriebssysteme. Pearson Studium, 2003

[**Tuinhout 08**] Tuinhout, R.: Testing Experience 3 – The Boundary Value Fallacy, Díaz & Hilterscheid, 09/2008

[**URL: .NET**] *http://www.microsoft.com/net/overview.aspx*

[**URL: AGILE**] *http://agilemanifesto.org Manifesto for Agile Software Development*

[**URL: BDD**] *http://behaviour-driven.org*

[**URL: BTG**] *http://btgrubu.com/index.php?type=urunler&value=silkTest*

[URL: Cachaca] *http://www.cachaca.de/files/imagemanagermodule/@random49b99918b4918a/testRunner.png*

[URL: Duden] Duden online, Bibliographisches Institut GmbH, *http://www.duden.de/rechtschreibung/Programmbibliothek*

[URL: d4science] *http://www.d4science.eu/glossary*

[URL: ETSI] *http://www.etsi.org European Telecommunication Standards Institute*

[URL: EXPERTLVL] *http://www.istqb.org/certification-path-root/expert-level/expert-level-in-a-nutshell.html Expert Level des ISTQB®*

[URL: Fowler] *http://martinfowler.com/bliki/ContinuousDelivery.html*

[URL: Fowler2] h*ttp://martinfowler.com/articles/mocksArentStubs.html*

[URL: Hayes] *http://worksoftinc.blogspot.co.at/2009/06/secret-to-automation-success.html*

[URL: IBM RUP] *http://www-01.ibm.com/software/awdtools/rup IBM – Rational Unified Process*

[URL: Interface] *http://www.interface.ru/iarticle/img/20214_50032753.jpg*

[URL: ISTQB] *http://istqb.org International Software Testing Qualifications Board A.I.S.B.L.*

[URL: Java] *http://www.java.com/en/download/faq/whatis_java.xml*

[URL: Oncode] *http://blog.oncode.info/wp-content/uploads/2008/07/selenium-ide.png*

[URL: OSS] *http://www.opensource.org*

[URL:PerfTestPlus] *http://www.perftestplus.com/resources/requirements_with_compuware.pdf*

[URL: QMethods] *http://www.qmethods.com/img/res/hp/HP-QuickTest.jpg*

[URL: SCRUM] *http://de.wikipedia.org/wiki/Scrum*

[URL: SOA] *http://www.service-architecture.com/web-services/articles/service-oriented_architecture_soa_definition.html*

[URL: Softpedia] *http://webscripts.softpedia.com/screenshots/soapUI-17021.png*

[URL: TMMi] *http://www.tmmi.org*

[URL: TestSPICE] *www.testspice.info*

[URL: Tyagi] Sameer Tyagi, Oracle, 2006, *http://www.oracle.com/technetwork/articles/javase/index-137171.html*

[URL: VBScript] *http://msdn.microsoft.com/en-us/library/1kw29xwf%28v=vs.85%29.aspx*

[URL: WCAG 2.0] *http://www.w3.org/TR/WCAG20*

[URL: WikiCB] *http://de.wikipedia.org/wiki/Kontinuierliche_Integration*

[URL: XML] *http://www.w3schools.com/xml/default.asp*

[URL: XPath] *http://www.w3schools.com/xpath/default.asp*

Weiterführende Literatur:

Dustin, E.; Rashka, J.; Paul, J.: Software Automatisch Testen, Springer-Verlag, 2000

Fewster, M.; Graham, D.: Software Test Automation, Addison-Wesley Professional, 1999

Hayes, L.: Automated Testing Handbook, Software Testing Institute, 1995

Vigenschow, U.: Testen von Software und Embedded Systems, dpunkt.verlag, 2010

Stichwortverzeichnis

A

B

C

U

V

W

X

Z

Sonderzeichen